AF346145

Hartwig Schmidt

Nichts und Zeit

Metaphysica dialectica – urtümliche Figuren

Meiner

Bibliographische Information der Deutschen Nationalbibliothek: Die Deutsche Nationalbibliothek verzeichnet diese Publikation in der Deutschen Nationalbibliographie; detaillierte bibliographische Daten sind im Internet über *portal.dnb.de* abrufbar.
ISBN 978-3-7873-4756-8
ISBN eBook (PDF) 978-3-7873-2106-3

Kontaktadresse nach EU-Produktsicherheitsverordnung:
Felix Meiner Verlag GmbH
Richardstraße 47, 22081 Hamburg
info@meiner.de

INHALT

Das Nichts will weder wie ein Etwas noch einfach wie nichts genommen werden, will mit irgendeinem *Etwas* genausowenig verwechselt werden wie mit irgendeiner Negation, und handle es sich um die äußerste, die kurz *nichts* heißt. Jenseits von Etwas *und* nichts hat man es zu denken – das ist die Richtung, die mein Text dem Denken des Nichts gibt. Von der Tradition weicht er ab, soweit sie das Nichts in der einen oder anderen Weise auf Negation zu reduzieren bemüht war. Zumeist tat sie das. Das Nichts als eine besonders ausladende Negation und diese Negation als das sogenannte Nichtsein, darin besteht nachgerade ein Stereotyp der abendländischen Philosophiegeschichte. Keineswegs allein der älteren, wenn man daran denkt, wie noch mitten im 20. Jahrhundert *Jean Paul Sartre* zwischen den Begriffen des Nichts und des Nichtseins übergangslos wechselte, als bildeten sie Synonyme[1]. Aus der bedrückenden Enge solcher Gleichsetzung verdient der Gedanke ans Nichts erlöst zu werden. Dabei kann trotz übermächtiger Traditionslinien an theoriegeschichtlich bereits verfügbare Einsichten angeschlossen werden. Vor allem im neuzeitlichen Philosophieren wurden die Gegenstimmen vernehmbar – als *Hegel* zwischen Nichts und Nichtsein zu unterscheiden suchte[2], *Schelling* die Negation erst im Übergang vom Nichts zum Etwas auftauchen sah[3] und *Heidegger* schließlich das Nichts sowohl gegen das Nicht als auch gegen die Negation verwahrte[4]. An die inspirierenden Einsichten läßt sich allerdings nur anschließen. Von der durch *Heidegger* vorangetriebenen Emanzipation aus der Enge der Negation profitierte die Aufmerksamkeit für Gestalten, in denen uns das Nichts begegne, ungleich mehr als der Begriff des Nichts. Je gediegener die begegnenden Gestalten gedacht wurden, desto mehr muß die dem Begriff gegenüber geübte Zurückhaltung auffallen. Diese Reserve aufzugeben, blieb Aufgabe, und ist das auch nach neueren Arbeiten zum Thema geblieben. Bis auf den Tag müht man sich, den Begriff des Nichts als einen der Negativität zu deuten und unter bloß extensional radikalisierenden Titeln wie *schlechthinnige Negation*[5] zu reinternieren.

Während der Begriff der Negation in gewissen Diskursregionen bis heute die maßlose Anwendung findet, für die symptomatisch die angestrengte Reduktion des Nichts steht, geriet er in anderen Regionen in Verruf. Unbehagen an der Negation breitete sich aus, und keineswegs nur dort, wo es in dem schrillen Urteil eklatierte, die Negation habe – mit einem bekannten Ausdruck von *Octavio Paz* – aufgehört schöpferisch zu wirken. Darauf ließ und läßt sich nun auf mannigfache Weise reagieren. Eine Möglichkeit wurde darin gesehen, die Negation aus dem Kreis der denkmächtigen, Denkweise prägenden Kategorien zu entlassen und durch einen anderen Begriff zu ersetzen. Etwa durch den der Differenz, wie das in besonders leicht nachvollziehbarer Weise *Gilles Deleuze* verheißen hat[6]. Eine andere Aussicht eröffnet sich, wenn man die guten Gründe, die für jenes Unbehagen sprechen, weniger in der Eigentümlichkeit der Negation als vielmehr in ihrer Paradigmatisierung, Dogmatisierung oder Prinzipialisierung findet. Sodann gilt es die Negation, statt sie an den Rand der Terminologie drängen zu wollen, in der Mitte der Denkweise zu relativieren, sie gerade unter dem Begriff der Nichtheit oder Nihilität zu relativieren, sie also vor Dogmatisierung zu bewahren, indem sie als eine und nur eine Gestalt der Nichtheit erkannt wird. Dieser Aussicht hat sich der vorliegende Text verschrieben. Er folgt der Erwartung, daß die Negation *weder als das einzige, noch gar als das führende nichtende Verhalten*[7] gelten kann. Nichten und Verneinen, Nihilität und Negativität werden sich näher besehen als different erweisen. Ganz so wie das lateinische *non* nur bedingt nein bedeutet, das eine Mal mit *nein*, das andere Mal mit *nicht* übersetzt werden will. Eine vertraute Regel, die zur theoretischen Erwartungshaltung ermuntern darf. Die Erwartung einmal ausgebildet, springen einschlägige Phänomene ins Auge. Allererst an der Zeit. Das *Noch-nicht und Nicht-mehr*, ohne das die Zeit kaum denkbar, gibt ein solches Phänomen her. *Hegel* tat ihm Gewalt an, als er in der Zeit blanke Negativität wüten und zur ganz abstrakt auf sich bezogenen schrumpfen sah.[8] Dabei widersetzt sich das Nicht-mehr einer Deutung unter Begriffen der Negation wie *kein* und *nichts* auf fühlbare Weise. Was *nicht mehr* geschieht, ist dennoch alles andere als *kein* Geschehen und in diesem Sinne ungeschehen, nicht geschehen. Unter Umständen werden wir sogar darauf pochen, daß es niemals wie ungeschehen gemacht werden darf, niemals mit tilgender Negation zu rechnen hat. Innerhalb der Figur des

Nicht-mehr bedeutet *nicht* offensichtlich etwas anderes als im Falle der Negation oder Verneinung. So zeichnet sich an der Zeit eine Nichtheit ohne Negativität ab. Und man braucht noch nicht einmal zu unterstellen, in Phänomenen wie diesem begegne einem das Nichts, um zu sehen, wie sehr ihr Begreifen einer grundbegrifflichen Vergewisserung bedarf, die schon das Nichts gleichgültig gegen Negation denkt. Von daher muß es sich verstehen lassen, was die in Negativität unauflösliche Nihilität ausmacht, inwiefern sie derart irreduzibel ausfällt, daß unser Wort *nicht* nur bedingt zur Verneinungspartikel taugt. Das Nichts und die *Zeit*, bis an diesen Punkt will ich die Untersuchung führen.

Für die Wahl des Themas gibt es noch ein Hintergrundmotiv. Es betrifft das Schicksal der Dialektik. Es betrifft mithin eine ganze Familie von Denkweisen; wenn im vorliegenden Text der Begriff der Dialektik fällt, ist durchweg an eine Vielfalt geistverwandter Denkungsarten gedacht.[9] Bis heute wirken wenigsten drei Konzeptionen der Dialektik fort. Zum einen die *topische* Dialektik. Hierzulande ist es vor allem *Rüdiger Bubner*, der die Dialektik als Topik konzipiert hat.[10] Das ideengeschichtliche Vorbild liefert die aristotelische *Topik*, insbesondere mit ihren ersten beiden Kapiteln.[11] Eine Kunst des Erfindens nennt *Aristoteles* dort die Dialektik. Ein Erfinden von ersten Prinzipien für sämtliche Wissenschaften, das sich dazu spezifischer Schlüsse mit gewissermaßen lebensweltlich gestützten Prämissen bedient. Zum anderen die *hermeneutische* Dialektik, als deren Stammvater *Friedrich Daniel Schleiermacher* gilt. *Hans-Georg Gadamer* hat sie als die Kunst konzipiert, im Wechselspiel von Fragen und Antworten, im Auffinden der eigentlichen Fragen das Denken ins Offene zu stellen, es zu öffnen und offen zu halten, auf daß sich uns tiefere Wahrheit offenbare.[12] Schließlich, aber nicht zuletzt: Dialektik in jener Gestalt, die ihr vornehmlich *Hegel* gegeben hat, die man gemeinhin Widerspruchsdialektik nennt, die mir am treffendsten allerdings als *Dialektik der Negativität* bezeichnet zu werden scheint. Denn ihr Element ist das Prinzip der Negativität. Alles hat notwendig sein Negatives an sich – was es ist, kann es nur sein, indem es ebensogut nicht das ist, was es doch ist – so treibt es von sich aus über sich hinaus. Diese Konzeption der Dialektik ist von der Absicht, über Nichts und Zeit, Nihilität und Negativität nachdenken zu wollen, am direktesten betroffen. Dem Prinzip der

Negativität verdankt sich die enorme Beweglichkeit, die an *Hegels* Denken erstaunt, und im Vergleich mit der sich die Denkungsart der Kritiker zumeist wie eine intellektuelle Immobilie ausnimmt. Ihm sind aber auch gewisse Schranken geschuldet. So bleibt seine Dialektik eine dichotomische, darin hält sie es mit der von ihr so oft verschmähten traditionellen Logik. Dialektik muß dichotomisch bleiben, solange sie der Negation huldigt, deren Zweiwertigkeit das Logiklehrbuch per Matrix beteuert. Es blamiert die Dialektik nicht, daß man ihr Schranken vorhalten kann. Wie sollte ausgerechnet von ihr die fertige Form erwartet werden dürfen? Dialektik tendiert dazu, sogar ihr Wesen zu ändern. Diese Neigung läßt zumal das Prinzip der Negativität erkennen. Seine Figur – daß ein Jedes das Negative seiner an sich hat und ebendeshalb über sich hinausweist – muß das Prinzip selbst auch durchlaufen. Negativität wäre alles andere als dialektisch, triebe sie nicht von sich aus über Negativität hinaus. An dieser Stelle setzt besagtes Hintergrundmotiv ein: Wenn etwas über eine Dialektik, deren Grenzen das Prinzip der Negativität gezogen hat, hinausführt, dann das Sinnen auf die in Negation keinesfalls aufgehende Nihilität. Und es käme alles andere als verwunderlich, wenn einem in dieser Suchrichtung die anderen dialektischen Figuren – die Kunst des schlüssigen Erfindens und die Kunst, fragend das Denken ins Offene zu stellen – auf neue Weise begegneten. Aber das soll einstweilen ein hintergründiges Motiv bleiben.

Bevor ich nun anfange, erklärte Absichten auszuführen, stellt sich noch die alte Frage nach dem Anfang in der Philosophie. Sie zielt eigentlich auf das Anfangen des Philosophierens. Jeder philosophische Gedankengang hat dort anzufangen, wo Philosophieren anfängt. Womit fängt es an? Damit, etwas Selbstverständliches als unselbstverständlich zu gewahren, um sich schließlich seiner vergewissern zu müssen. Indem von etwas Selbstverständlichem gewahr wird, wie unselbstverständlich es sich näher besehen ausnimmt, wie rätselhaft, merkwürdig, fragwürdig, entsteht jenes Staunen, mit dem nach Meinung der Alten alles Philosophieren beginnt. Durch ein Staunen vermittelt, ist Philosophieren lustvoll. Daß es sich in dieser einen Bestimmung so wenig erschöpft wie in jeder anderen, versteht sich. Es genügt an dieser Stelle, das Philosophieren von seinem Anfang her zu charakterisieren. Der aber liegt darin, Selbstverständliches unselbstverständlich zu machen und dieserart die Vergewisserung heraufzubeschwören. Die Philosophie kennt keinen aparten Gegenstandsbereich, schon gar nicht einen von größter Allgemeinheit. Philosophieren kann man über ein einziges Individuum, sogar mit Befunden, die allein seiner Einzigartigkeit gerecht zu werden suchen. Genuin philosophische Fragen lassen sich weder gegenständlich eingrenzen noch gleichsam dingfest machen. Worin besteht zum Beispiel ein philosophisches Fragen nach der Zeit? Selbst nach dem Wesen der Zeit wird nur allzuoft hoffnungslos unphilosophisch gefragt. Von welcher Art der Bewegung die Zeit ihrem Wesen nach sei, von der Art der Kinesis oder der Metabole? Das ist so eine Frage – *Ilja Prigogine* hat sie zugunsten der Metabole entschieden[13] – eine von den ganz und gar unphilosophischen Wesensfragen; arglos nimmt sie die ausgesprochene Selbstverständlichkeit hin, daß die Zeit halt vergeht, verrinnt, verläuft und schon deshalb irgendeine Art von Bewegung ausmachen muß, wenn nicht die eine, dann die andere, auf alle Fälle eine der Bewegung. Aber wenn die Zeit für eine Bewegung gehalten werden dürfte, müßte sie doch wie jede Bewegung in der Zeit geschehen. Die Zeit müßte dann noch ihrerseits eine Zeit haben. Und soweit man die Zeit selbst wieder in der Zeit geschehen sieht, hat man die Frage nach ihr offenkundig mehr vor sich hergeschoben als beantwortet. In Überlegungen wie dieser geriet für *Aristoteles*, *Plotin*, *Bolzano* eine Selbstverständlichkeit von besonderer Hartnäckigkeit höchst unselbstverständlich. Erst die daraus entspringende Frage gehört zu den eigentlich philosophischen. Wie läßt sich die Zeit anders als Bewegung begreifen, mithin anders auch als jene Bewegung, die Ruhe genannt wird, obwohl es jenseits von Bewegung und Ruhe gar nichts geben zu können scheint? Erst die erlebte und in Erstaunen versetzende Fragwürdigkeit des bis dahin fraglos Gewissen stiftet genuin philosophische Fragen. Unter den kunstvollen Weisen des Philosophierens verdanken viele ihre geistesgeschichtliche Wirkungsmächtigkeit namentlich der Kraft, die sie gegen den Sog des Selbstverständlichen aufzubieten helfen. Die Antinomik etwa, die *Immanuel Kant* gerne im Kanon der Philosophie etablieren wollte, weil sie die Vernunft zur Selbstprüfung nötigt, sie mit der Nase darauf stößt, wie tief sie noch in gemeinen Menschenverstand verstrickt ist, vor allem in die ihm so selbstverständliche Annahme, bloße Erscheinungen für

Dinge an sich selbst halten zu dürfen.[14] Oder die transzendentale Epoché, die *Edmund Husserl* praktiziert hat, um sich des Selbstverständlichen in der Form des natürlichen Seinsglaubens zu enthalten.[15] Oder der von *Ludwig Wittgenstein* aufgegebene Kampf gegen die Verhexung unseres Denkens durch die Sprache[16], der doch gerade deshalb geführt werden muß, weil das Selbstverständliche sein mitunter schon grauenhaftes Beharrungsvermögen nicht zuletzt aus der Festschreibung, aus sprachlicher Fixierung bezieht. Des *Thomas* methodische Antithetik, *Hegels* Anspruch, das Bekannte erst noch erkennen zu müssen, *Martin Heideggers* Art, die philosophischen Auffassungen im Hinterfragen und Überschreiben vulgärer Auffassungen zu gewinnen – alles Weisen der Verunselbstverständlichung. In der Haltung zum Selbstverständlichen differiert Philosophie von vornherein mit Wissenschaft. Wissenschaft strebt danach, sich gleichsam wie ein Hochhaus auf bebensicherem Fundament aufzutürmen. Ihre Legitimation steht und fällt damit, ihr Anspruch auf Exaktheit, auf Beweiskraft, auf überlegenes Expertenwissen. So trachtet sie nach gesicherten Grundlagen, sucht nach Ausgangspunkten von einer über allen Zweifel erhabenen Gewißheit. Solche Gewißheit läßt sich allein in zwei Sphären finden. Beim Glauben oder beim Selbstverständlichen. Aufgeklärt wie man ist, hat man sich für das letztere entschieden und verleiht ihm seriöse Taufnamen, nennt es die Axiome, die Lemmata, das Evidente, die gesicherten Protokollsätze, die absoluten Daten, die zuverlässigen Quellen. Natürlich hat die Wissenschaft in ihrer ertragreichen Geschichte so manche Selbstverständlichkeit überführt – etwa die von Sonnenaufgang und Sonnenuntergang auf das Sinnfälligste bezeugte Bewegung der Sonne um die Erde – ja, strenge Wissenschaft muß einfach jeweils bestimmte Selbstverständlichkeiten überführen, um das Ihrige zu vollbringen, sie kann das aber nur zu dem Preis leisten, dafür bei jeweils anderen ihre fraglos gewissen Ansätze zurückgewinnen zu wollen. Die Philosophie geht anders vor. Sie trachtet nicht nach Ausgangspunkten und Grundlegungen von unzweifelhafter Gewißheit. Es sei denn, man versucht sie wissenschaftlich zu betreiben, wie das *René Descartes* mustergültig vorgegeben hat, mit seinem Versuch, beim Ich-denke eine gegen Zweifel resistente Urprämisse festzuschreiben, um dabei prompt einer Selbstverständlichkeit aufzusitzen, die inzwischen von einer echten Wissenschaft mit unverkennbarer Süffisanz demontiert wird, der Unterstellung nämlich, daß ich es bin, der denkt, wenn ich sage und meine, daß ich denke. Anstatt bei Grundlegungen von zweifelsfreier Gewißheit zur Ruhe kommen zu wollen, ist Philosophie die Furie unentwegter Vergewisserung. Die Sicherheit, die sie zu bieten hat, besteht vornehmlich in der Aussicht, ihr vergewisserndes Tun mit Sicherheit fortzusetzen. In der Wissenschaft darf man unbehelligt einen Ansatz damit rechtfertigen, daß er von selbst einleuchtet, daß er evident ist. In der Philosophie gibt es kaum etwas, das so unlauter anmutet wie dies. Noch in ihren Gefilden auf Selbstverständlichkeit zu pochen, grenzt an Dummheit, an die Manier, Grenzen zu verkennen, die zu erkennen man eigentlich intelligent und gebildet genug ist. Das Selbstverständliche versteht sich gern von selbst, d. h. grundlos. Philosophie läßt den klammheimlich erhobenen Anspruch, grundlos gelten zu dürfen, nicht gelten, indem sie erst dem Unselbstverständlichen traut. Dadurch ist sie von Anfang an rational. Gleichwohl sie am Ende sogar die selbstverständlich gewordene Formel *Nihil est sine ratione* unselbstverständlich machen wird, um womöglich doch noch auf etwas Grund- und Bodenloses zu stoßen. So ist sie rationalen Geblüts, aber nicht rationalistisch. Wie sie schon lustvoll ist aber nicht unbedingt hedonistisch. Wissen ist Macht, sonderlich wenn es sich von selbst versteht. Auf das selbstverständliche Wissen stützt sich mancherlei Macht, zumal die *Diktatur des Man*, die im trendbewußten Diskursbetrieb leichtes Spiel hat. Mit der bekommt Philosophie, die auf sich hält, zu tun.

Das Selbstverständliche hat seinen angestammten Platz, seinen typischen Ort, nicht überall ist es zu Hause. Wenn ich Gedankenstränge, theoretische Netzwerke oder die mentalen Strukturen ganzer Lebenswelten durchmustere und auf Selbstverständliches hin inspiziere, finde ich es weniger in Konsequenzen, Konklusionen und Ausläufern als vielmehr in den jeweiligen Denkeinsätzen, Ausgangspunkten und Fundamenten. Richtig heimisch ist es in den eher stillschweigend als ausdrücklich gemachten Voraussetzungen derselben. Dort breitet sich seine einheimische Sphäre aus, in alldem, was ausgesprochene Grundsätze, Grundüberzeugungen, Grundbegriffe, unausgesprochen unterstellen. In der natürlichen Einstellung, im kulturgeschichtlich sedimentierten Apriori, im Horizont von Lebenswelten und anderen Kulturräumen. Dort liegt es verborgen,

verborgen durch entrückende Ferne oder blind machende Nähe. Die Philosophie, die ihm von Anfang an nachstellt, hat schon deshalb über kurz oder lang mit Fundamentalem, mit sogenannten letzten Dingen zu schaffen. Allerdings, und das erheischt mindestens gleichstarke Betonung, sie befaßt sich mit ihnen doch nicht geradezu, nicht auf schlicht definierende, klassifizierende, kompilierende Weise, sondern so, wie sie gerade in ihrer Fundamentalität, im Status des Grundlegenden durchsetzt und untersetzt sind mit lauter von selbst einleuchtenden, fraglos gewissen Unterstellungen, und sei es nur mit der Unterstellung, daß es sich bei ihnen um Grundlegendes handelt. Begriffe, die wie der des Seienden als grundlegende gelten, kann man auf das Genaueste definieren, kompilieren und klassifizieren ohne eine einzige philosophische Überlegung angestellt zu haben. Keiner dieser Begriffe verbürgt von sich aus den philosophischen Gebrauch. Philosophisch statt bloß weltanschaulich werden sie gebraucht, nicht ohne sie als Hort und Bastion der Selbstverständlichkeit auszumachen und in eine vergewissernde Bewegung hineinzuziehen. Beides zusammengenommen, der einheimische Ort der hartnäckigsten Selbstverständlichkeiten einerseits und der typisch philosophische Umgang mit ihnen andererseits, macht das Philosophieren zu einem Tun, das am treffendsten das alte Wort *metaphysika* herauskehrt. Die Fügung von *meta* und *physika* verstand sich urtümlich vordergründig örtlich und durchdringend gegenständlich, indem sie zunächst dasjenige auszeichnet, was *nach* der physis komme und als solches zum Gegenstand einer aparten Disziplin erhoben zu werden verdiene. Später dann verstand sie sich eher inhaltlich, als eine eigentümliche Figur, als eine gewisse Wendung; ganz ähnlich dem Umschlagen und Hinausgehen, das der Begriff der Metabole assoziiert. [17] Diesen Sinnes meint sie das Sichabwenden von der physis und gleichzeitige Sichhinwenden zu etwas anderem. Vom Seienden der physika sich abzuwenden, wegzuwenden, und zugleich zu einem anderen sich hinzuwenden; hin zu einem anderen Seienden und zum Seienden überhaupt, hin vielleicht auch zu einem eigentlich Seienden, hin schließlich aber zu alldem, was es jenseits vom Seienden zu denken gibt. Dies meinend, kehrt die alte Wortfügung in der Tat eine Wendung und Figur heraus, die das Philosophieren von Anfang an vollführt und durchläuft. Es ist, als würde man die typisch metaphysische Figur näher ausformulieren, wenn man sie eingedenk dessen, wie Philosophieren anhebt, folgendermaßen überschreibt: Vom Seienden der physika in seiner ganzen Selbstverständlichkeit sich abwenden, zugleich sich ihm erst zuwenden, sich ihm als einem anderen, weil unselbstverständlich gewordenen zuwenden – so wie es eben anders als von selbst sich versteht, anders als fraglos gewiß sich darbietet – sich mithin seiner vergewissern, um in der Vergewisserung seiner selbstevidenten Aura bei etwas ganz anderem anzulangen, jenseits des Seienden nämlich. In der Richtung solcher Wendung winkt dem Denken die unselbstverständliche Wahrheit[18], die Wahrheit der Vergewisserung, die kurz *Weisheit* heißt. So ist Philosophieren von vornherein metaphysisch und der Begriff der Metaphysik der passende Beiname für klassisches (oder neoklassisches) Philosophieren.

Meine Untersuchung wird konsequenterweise bei einer besonders hartnäckigen, um nicht zu sagen, ordinären Selbstverständlichkeit einsetzen. Mich ihrer vergewissernd, stoße ich auf ein eher unselbstverständliches Gebilde. Auf die Differenz von Differenz und Unterschied. Innerhalb dieser Differenz findet sich das Seiende und Nichtseiende plaziert, aber nicht allein das, sondern auch etwas, das zu beiden neutral, ja jenseitig steht, und das nach einer auf die Stoa zurückgehenden Anregung als das Etwas bezeichnet werden soll. All das, was *ist* bzw. nicht *ist* einerseits, und das Etwas, das *es gibt*, andererseits. Dieser Teil des Buches trägt den traditionellen Titel *Einführung*, treffender wäre er als Heranführung bezeichnet. Er führt an den Punkt heran, an dem sich begründet die Frage nach dem Nichts stellt. Bei der Figur Es-gibt-Etwas drängt sie sich auf. Ein durch seine Selbstverständlichkeit fast unmerkliches Es, jenes Es, das gibt, wenn es Etwas gibt, steht mir für das Nichts. Davon handelt dann der *zweite Teil* des Buches. Nachdem ich vom Seienden zum Etwas und von diesem wiederum zu der Frage nach dem Nichts vorgedrungen bin, steht im *dritten Teil* eine Art Reise rückwärts an. Sie führt zurück zu etwas, das es anders als das Nichts in der Tat gibt, zu dem Etwas namens Zeit.

EINFÜHRUNG

Differenz von Differenz und Unterschied

1 Um wie angekündigt bei einer Selbstverständlichkeit einzusetzen: Alles Seiende – alles, was existiert, was *ist* – unterscheidet sich, findet sich von seinesgleichen und in sich unterschieden. Überall Unterschied. Sogar Identitäten könnte es hier nicht geben, ohne sich voneinander zu unterscheiden und wenigstens dieserart den Unterschied an sich zu haben. Allenthalben Unterschiedenheit. Nicht, als würde diese Feststellung eine eherne Gewißheit hergeben, einen über allen Zweifel erhabenen Ausgangspunkt markieren. Es handelt sich wirklich bloß um eine Selbstverständlichkeit; fraglos gewiß und von selbst einleuchtend. Vor allem in folgendem Sinne. Selbstredend ist das, was auf Anhieb Unterschied genannt wurde, genau genommen vielerlei: Verschiedenheit, Kontrast, Divergenz, Disproportion, Distanz Andersheit, Abweichen und Abheben, Gegensatz, Dissonanz, Dissens, Dissimination usw. usf. Aber selbstredend zieht sich durch all dies eines hindurch, eines kommt in allem vor, spielt in allem mit. Daß dem so ist und was das ist, trägt der Sprachgebrauch vor sich her. Ein Kontrast, eine Ungleichheit, ein Dissens usw. macht selbstredend zugleich einen Unterschied aus, während ein Unterschied nicht unbedingt zugleich einen Kontrast, eine Ungleichheit, einen Dissens usw. ausmacht. Gleichviel also, ob jene Vielheit durchweg aus den besonderen Formen einer allgemeinen Beziehung besteht, oder aus den zahlreichen Abkömmlingen eines Grundverhältnisses, oder ob sie eine Familie von vielen nahen und entfernten Verwandten bildet, so oder so ist sie die Vielheit von Einem, und dieses Eine heißt im Deutschen *Unterschied*. Die Vielheit von Einem, das Unterschied heißt – das ist die einschlägige von Selbstverständlichkeit gezeichnete Figur. Allenthalben der Unterschied in seiner ganzen Vielgestaltigkeit. Dazu paßt es, wenn *Hegel* von der Verschiedenheit über den Gegensatz bis zum Widerspruch lauter verwandelte Formen des Unterschieds ausmacht[19], lauter Formen, die zwar keineswegs vollständig sich zurückführen lassen auf den einfachen Unterschied, aber doch gleich Metamorphosen auf ihn

zurückgehen. Von selbst versteht sich sicherlich nicht die schon recht anspruchsvolle Idee der Metamorphose, wohl aber die schlichte Figur, die sie auf ihre Weise ausführt. Was immer auch nur entfernt an ein Scheiden, ans Diskontinuierliche erinnert, wird unbedingt eine Form, eine Gestalt, einen Abkömmling jenes Einen darstellen, das als Unterschied bezeichnet gehört. Es gibt ganz selbstverständlich die Unterschiedenheit mit ihrer schier unübersehbaren Vielgestaltigkeit, und einschlägig gibt es *nur* sie, so daß alles, was einschlägig überhaupt in Betracht kommt, zu ihren Formen oder Gestalten und Ablegern gehören muß. Das mag erklären, weshalb der von romanischen Philosophien inspirierte emphatische Differenzbegriff innerhalb deutschsprachiger Diskurse weithin wie ein bloßes Synonym für den angestammten Begriff des Unterschiedes gehandelt und hantiert wird, wie das passende Fremdwort zum urtümlich deutschen Ausdruck, bestenfalls aber zur Auszeichnung besonders tiefgehender Unterschiede. Das kommt, weil selbstverständlich auch der Begriff der Differenz nur einen Unterschied bzw. eine Art von Unterschied meinen kann. Allein, die Selbstverständlichkeit hat etwas von Hinfälligkeit an sich; so massiv sie sich prima vista aufdrängt, so unselbstverständlich gerät sie zu Ende gedacht.

2 Man braucht lediglich bei dem angesprochenen Seienden, das sich allenthalben unterscheidet, weiterzudenken, braucht nur einige wenige Denkschritte weiterzugehen, um auf eine Frage zu stoßen, in Gestalt derer die so selbstverständliche Allgegenwart von Unterschied höchst unselbstverständlich wird. Auf eben die Frage war *Martin Heidegger* gestoßen, bei einem wiederholt angestellten Gedankengang über Sein und Seiendes, der üblicherweise unter dem begrifflichen Titel der ontologischen Differenz gelesen und gedeutet wird. *Heidegger* hat nämlich nicht nur besagte Differenz behauptet, um sie begreifen zu können, hat er sich zudem in besonders lichten Momenten gefragt, ob sie noch einen richtiggehenden Unterschied ausmacht, ob sie vielleicht jenseits von Unterschied gedacht werden muß, jenseits der ganze Unterschiedenheit samt ihrer Formenvielfalt. Um den Punkt zu erinnern, an dem die Frage aufbricht. Offenkundig läßt sich Seiendes ohne Sein unmöglich denken. Ebenso unmöglich kann das Sein seinerseits sein. Das Sein will mithin anders als ein Seiendes, anders als ein bloßer Spezialfall des Seienden

gedacht werden. Seiendes *ist*, das Sein hingegen *gibt es*. Wenn sich das so verhält, dann muß der Unterschied, der Seiendes gegen Seiendes abhebt, ganz anders ausfallen als die Differenz von Sein und Seiendem. Diese Differenz und jener Unterschied müßten sich dann sogar als von ganz anderer Typik, ja von anderer Wesensart erweisen. Der Unterschied zwischen Seiendem und Seiendem bleibt stets einer zwischen zwei im Grunde gleichen Gegenständen, er bleibt ihrer Identität untergeordnet. Anders die Differenz von Sein und Seiendem. Die gilt es gerade in der nämlichen Hinsicht anders zu denken, wenn denn das Sein vor Verwechslung mit einem Seienden bewahrt gehört. Aber darf sie dann überhaupt noch wie ein Unterschied gefaßt werden? Mit dieser Frage ist die Selbstverständlichkeit einer Allgegenwart von Unterschiedenheit bereits dahin. Freilich liegt es immer noch verführerisch nahe, die Frage bejahend zu beantworten und einfach zwei Arten des Unterschiedes anzunehmen, bei den sezierten Bezügen von zweierlei Sorten der Unterschiedenheit zu sprechen. Der Unterschied zwischen Seiendem und Seiendem als die eine Sorte, die Differenz von Sein und Seiendem als die andere. Mit einer solchen Deutung wäre die gerade fragwürdig geratene Selbstverständlichkeit noch einmal bekräftigt, und es entspricht der Sogkraft des Selbstverständlichen, zu seiner Apologetik zu verführen. *Heidegger* widersetzt sich der Verführung, geht einen begriffsstrategisch bedeutsamen Schritt weiter. Eine Passage in seiner Hegellektüre[20] zeigt das besonders deutlich. Dort legt er sich die Frage vor, ob man von einem Unterschied zwischen Sein und Seiendem sprechen kann, ob also die ontologische Differenz ebensogut als ein bestimmter Unterschied aufgefaßt werden darf. Die Antwort fällt abschlägig aus. Im gegebenen Fall von einem Unterschied zu sprechen, heißt es, würde bedeuten, eine nur vordergründige und in Wahrheit verderbliche Fassung des Verhältnisses von Sein und Seiendem zu wählen. Solche Rede verbiete sich, weil der Unterschied, und zwar jeglicher, die Unterschiedenen gleichsetze. Man kann nicht unterscheiden, ohne die Unterschiedenen vorab schon in einer Hinsicht gleichgesetzt zu haben und ihre Gleichheit als wesentliche, grundsätzliche oder sonstwie fundamentale zu unterstellen. Sein und Seiendes im Verhältnis des Unterschiedes zu wähnen, bedeutete daher unweigerlich, die beiden unterderhand gleichzusetzen, sie als im Prinzip gleichartige zu unterstellen, um gerade auf diese Weise das Sein doch noch dem Seienden zuzuschlagen.[21] Was aber doch tunlichst vermieden werden sollte. Nimmt man die nachgelassene Entscheidung an, muß man sich auf folgende Konsequenz einlassen. Die Beziehung des Seins zum Seienden gilt es dann als eine Differenz zu denken, die keineswegs mit einem Unterschied verwechselt werden will, von der es vielmehr heißen muß: Differenz statt Unterschied. Wenn die terminologische Entscheidung aufrecht erhalten werden kann, müßten wir eine unverwandt anmutende Konstellation allen Ernstes ins Auge fassen: Wir hätten dann eine *Differenz von Differenz und Unterschied* anzunehmen bzw. einen Unterschied zwischen Unterschied und Differenz. Womit *Differenz* natürlich aufhörte, als bloßes Fremdwort für Unterschied zu dienen.

3 Tatsächlich läßt sich jene terminologische Entscheidung aufrechterhalten, sie empfiehlt sich sogar der Kanonisierung. Das deutsche Wort *Unterschied*, mit der ihm eigentümlichen Verknüpfung von *unter* und *scheiden,* taugt ja sinnfällig dazu, eine ebenso eigentümliche Geschiedenheit auszuzeichnen. *Unter-Scheiden*, das bezeichnet doch die Scheidung *unter* Einem, die untergeordnete Geschiedenheit. Erst in dieser eingeschränkten Bezugnahme erfüllen sich die vorgängigen Bedeutungen der zusammengefügten Worte. Unterschied, so darf es heißen, ist das der Identität subsumierte Scheiden. Dagegen läßt sich die Differenz als eine abheben, die der Subsumtion zuvorkommt. Nach alldem wirkt es abgeschmackt, das Denken der Differenz mit einer Vorliebe für tiefere Unterschiede zu verwechseln. Vielmehr verheißt und verlangt es, etwas zu denken, das noch mit der Unterschiedenheit differiert. Gerade auf die Differenz von Differenz und Unterschied kommt es an. Allerdings macht die sprachliche Wendung *Unterschied und Differenz* allein im Deutschen einen Sinn, sie steht nicht zu Gebote, wo mit romanischer Zunge philosophiert wird. Aber die Idee, das Scheiden seinerseits geschieden zu sehen, und zwar so, daß es in einem Falle der Identität untergeordnet ist, während es im anderen Falle solcher Unterordnung zuvorkommt, diese Idee entwickelte sich gerade in der französischen Philosophie zur Blüte. Dafür steht vor allem der von *Gilles Deleuze* unternommene Vorstoß, eine *reine Differenz* gegen, sozusagen, unreine Differenzen abzusetzen[22], sowie *Jacques Derridas* berühmte Begriffs- und Lautbildung *différence / différance.*[23] Es

liegt nun nahe, eine Synonymität zu vermuten, das romanisch gestimmte Paar *différence / différance* und die an einer deutschen Lautung festgemachte Begrifflichkeit von Unterschied und Differenz für quasi synonym zu erklären. Immerhin heißt es über die différance, sie sei kein gegenwärtig Seiendes und falle unter keine der Kategorien des Seienden[24], während der différence die Bindung zum Seienden gleichsam auf der Stirn geschrieben stehe, und dieser Vergleich stimmt mit dem artikulierten Sinn des Paares Differenz / Unterschied auffällig gut zusammen. Deshalb gleich von Synonymität zu sprechen, als ließen sich die nämlichen Begriffspaare verlustlos ineinander übersetzen, bedeutete allerdings eine gewisse Roheit gegen das jeweils eigentümliche muttersprachliche Klangmaterial, mit dem in beiden Fällen erklärtermaßen gearbeitet wird. Aus dem gleichen Grund kann es sich viel weniger noch um konkurrierende Begrifflichkeiten handeln. Es wird eine Verwandtschaft bestehen, von Synonymität und Konkurrenz gleichermaßen weit entfernt.

4 Die geläufige Gleichsetzung von Unterschied und Differenz wird im vorliegenden Text also aufgegeben – zugunsten der Differenz von Differenz und Unterschied. Aber dieser Schritt läßt sich nur gehen, indem eine weitere Differenzierung mitgedacht wird. Wiederholung und Identität müssen gleichfalls auseinandergedacht werden, und zwar so, daß diese mit der Unterschiedenheit korreliert und jene mit der Differenz. Unterschied und Identität einerseits, Differenz und Wiederholung anderseits – eingebettet in die beiden Korrelationen lassen sich die in Rede stehenden Begriffe der Geschiedenheit gegeneinander absetzen. Die deutsche Lautung *Unter*-Scheiden vermag sinnfällig zu stehen für die Geschiedenheit unter Einem. *Unterschied,* das kann und soll die untergeordnete Differenz bedeuten. Untergeordnet worunter? Der Punkt muß genauer formuliert werden, als das zuvor geschah. Der Unterschied ist die der Wiederholung subsumierte Differenz. Und sofern die Wiederholung diese Rolle spielt, muß sie gleichfalls eine aparte Gestalt annehmen. Die Differenz dominierend und zum Unterschied herabsetzend, gerät die Wiederholung hypertroph, wächst sie zur Selbigkeit aus. *Selbigkeit,* das soll die dominante Wiederholung bedeuten. Dieser Begriff bildet das Pendant zum altgriechischen Ausdruck *tautotes* und zu der spätlateinischen Bildung *identitas,* von der sich im Deutschen

das einschlägige Fremdwort der Identität herleitet. Unterschied einerseits und Selbigkeit (oder Identität) anderseits, das ist die eine Korrelation. Wie der Unterschied in der herabgesetzten Differenz besteht, so die Selbigkeit in der überhöhten Wiederholung. Aber diese Korrelation unterstellt offenkundig, es ließen sich Differenz und Wiederholung auch ohne das vertraute Antlitz des Unterschiedes und der Selbigkeit denken, es gebe ein Differieren und Wiederholen, dem das Unter- und Überordnen per se abgeht. Das ist gemeint. Wo Differieren und Wiederholung stattfindet, handelt es sich nur bedingt um Unterschied und Identität. Was sie per se ausmachen, worin sie unmittelbar bestehen, davon wird ausführlicher noch zu reden sein. Zunächst hält sich der Gedankengang vordergründig an die vertrauten Gesichter, die sie uns gemeinhin zuwenden. Deren Begriffe beziehen sich auf ein und nur ein Verhältnis. Dasjenige Verhältnis, das von Seiten der Wiederholung die Selbigkeit genannt zu werden verdient, muß von Seiten der Differenz als Unterschied bezeichnet werden. Die Selbigkeit, also die der Differenz obwaltende Wiederholung, macht dasselbe Verhältnis aus wie der Unterschied, dieselbe Beziehung wie die der Wiederholung unterworfene Differenz. Was sollte die Selbigkeit auch anders vermögen, als im Vergleich mit allem Vergleichbaren dasselbe zu sein? Der Unterschied als solcher dagegen muß sich von der Selbigkeit unterscheiden; er kann in jeder Hinsicht nur halten, was sein Name verspricht, er vermag sich von allem immerfort nur zu unterscheiden. Insoweit fällt das Verhältnis, das allein eines ist, asymmetrisch aus und verrät darin die edlere Herkunft. Schließlich und endlich erweist sich der Unterschied zwischen Unterschied und Selbigkeit aber doch als die bunte Vorderseite einer tristen Kehrseite, als die schillernde Front der fahlen Selbigkeit von Selbigkeit und Unterschied.

Es ist – Unterschiedenheit resp. Entität

5 Weil und insofern etwas unterschieden ist, *ist* es überhaupt. Nur das Unterschiedene *ist* – in dem emphatischen Sinne des Seienden. Etwas *ist*, ist da, ist so oder so bzw. es hat Sein, hat Sosein und Dasein, es existiert, wie man nicht selten und in durchaus problematischer Weise zu sagen pflegt, sobald und solange es sich unterschei-

det. In der Unterschiedenheit liegt das Bleiben, das etwas zu etwas Seiendem macht. Darin, daß die Wiederholung dominiert und das Differieren sich also unter der Wiederholung hält, im Rahmen der Wiederholung bleibt, liegt jenes Bleiben, das dazu berechtigt zu sagen: *es ist.* Den Namen *Seiendes* trägt etwas mit Fug, weil und insofern es sich unterscheidet und dieserart bleibt. Was man in der Tradition *Dasein* genannt hat, das liegt also hinlänglich in einem So, in dem So der Unterschiedenheit. Dieses So, und nur das, stiftet Dasein. Und ein So, das Dasein verbürgt, macht jene Figur aus, die traditionell *Sosein* genannt ward. *Parmenides* sagt, nur Seiendes ist.[25] Das besagt viel mehr als die tautologische Versicherung, daß all das, was ist, in der Tat ist. Der Spruch des Eleaten meint, es verbiete sich, allem Erdenklichen zuschreiben zu wollen, daß es sei. Im Falle des Nichts beispielsweise ginge die Zuschreibung fehl. Allein das Seiende ist. Und weil es sich verbietet, allem Erdenklichen einzuräumen, zu sein, erhebt sich die Frage, wann es sich denn um dasjenige handelt, von dem sich mit Recht behaupten läßt, daß es ist, wann und wo oder unter welchen Bedingungen es sich bei etwas um etwas Seiendes handelt. Daß allein Seiendes ist und keineswegs alles Erdenkliche, darf a priori für wahr gelten[26], nur, wann macht etwas allen Ernstes etwas Seiendes aus? Die vorgeschlagene Antwort lautet: Wenn es etwas Unterschiedenes ausmacht, also etwas, das kraft subsumierter Differenz ein Bleiben hat. Ausschließlich dieses *ist.* Auf *Augustinus*[27] geht eine Denkfigur zurück, die in der Kurzfassung namentlich *René Descartes* bekannt gemacht hat. Voller Zweifel fragt man sich: existiere ich überhaupt, bin ich? Schon um daran zweifeln zu können, muß ich allerdings zweifelsfrei denken, und denke ich, so bin ich doch. Der Schluß unterstellt, wer denkt, müsse deshalb auch sein, damit er denken kann, müsse er erst einmal existieren. Der Denkende *ist* notwendigerweise, das wird unterstellt. Mit welchem Recht jedoch? Soweit Denken als eine Lebensäußerung vollzogen und Denkkraft als Lebenskraft verausgabt wird, müssen die Denkenden sicher leben, aber wieso soll Leben unbedingt Existenz verbürgen, warum sollte zu leben unbedingt heißen, zu sein? Die Frage mag als überflüssig erscheinen, weil das Erfragte selbstverständlich anmutet, für den Fall machte es sich der Vernunft gerade durch seine Selbstverständlichkeit verdächtig. Nach der vorgeschlagenen Konditionierung für den Begriff des Seienden müßte das

Leben, um durch seinen Vollzug Entität zu verbürgen, typischerweise in niederbeugenden Unterschieden und fixierenden Identitäten verlaufen. Aber kaum etwas erliegt dieser Fixierung weniger als
das Leben. Und was das Denken als solches betrifft, unabhängig von
einer unter Umständen ausbedungenen Lebendigkeit denkender
Wesen: an Entität gebunden findet es sich allein in einer Form, in
der Form des Bewußtseins, soweit es als Element oder Teil oder
Gestalt des Bewußtsein sich vollzieht. Ausschließlich in dieser Form
läuft das Denken vordergründig in den Bahnen des Unterscheidens
und Identifizierens ab, innerhalb derer es an Seiendes gebunden ist
und seinerseits richtiggehend *ist*. Nur ein ganz engherziges Denken
über das Denken kann dieses so unentrinnbar zwischen Unterscheiden und Identifizieren eingeklemmt sehen, daß sein zweifelsfreier
Vollzug hinlänglich dazu berechtigen dürfte, es selbst wie schon das
Gedachte für seiend zu halten, und den Denkenden gleich inklusive.
Eine Formel wie *esse est percipi*[28] läßt sogar den Versuch einer Antwort auf die Frage nach dem Zu-sein vermissen, es sei denn, Wahrnehmen und Empfinden geschehen unbedingt als *Unter*-Scheiden.
Von sich aus impliziert das Es-ist weder Objektivität noch Subjektivität, notwendigerweise unterstellt es nur die Unterschiedenheit, die
ihrerseits zur Objektivität und Subjektivität völlig gleichgültig steht.
Wer sagt, die für seiend gehaltenen Dinge würden subjektiv fingiert,
imaginiert, konstruiert, oder aber, diese Dinge existierten doch
objektiv, sagt über das, was sie zu seienden macht oder machen
könnte, kein Wort. Auch kein einschränkendes Wort. Das fingierte
Seiende gar für ein eigentlich Nichtseiendes zu nehmen, bedeutete
ein vollständiges Mißverständnis der Entität. Man hat am Gebrauch
des Wortes *ist* Gebrauchsweisen ausdifferenziert. *Gottlob Frege*
schied seinen Gebrauch als bloße Kopula von seinem Gebrauch als
Ausdruck logischer Gleichungen[29], *Bertrand Russell* differenzierte
zwischen seiner prädikativen und seiner existentiellen Verwendung[30], *Ludwig Wittgenstein* sah es in dem Satz, Die Rose ist rot, auf
andere Weise gebraucht als in der Gleichung, 2 mal 2 ist 4.[31] In welcher Richtung immer das Ausdifferenzieren diverser Gebrauchsformen von *ist* unternommen und weitergetrieben werden mag[32], es
unterscheidet Unterschiedenheit, scheidet solche von solcher Unterschiedenheit. Die Aussage, *S ist*, die soviel meint wie, S existiert,
und die damit die sogenannte existentielle Anwendungsform des

Wortes *ist* bildet – sie bedeutet, daß etwas überhaupt als ein Unterschiedenes figuriert. *S ist P* – die sogenannte prädikative Verwendungsform – bedeutet dagegen näher und bestimmter schon: Etwas unterscheidet sich von etwas wie von sich selbst, oder wie von einem anderem an ihm. Etwas unterscheidet sich also von etwas als es selbst vom anderen an ihm. So figuriert *dieses* als ein Prädikat, das *jenes* an sich hat.

6 Ohne Unterschiedenheit also keine Entität – kann man dafür auch sagen: *Ohne Identität keine Entität?* Letztere Formulierung gab *Willard Van Orman Quine*[33] einem Gedanken, um dessen willen sich zahlreiche Autoren zitieren ließen.[34] Die zitierte Formel hat ihre Richtigkeit. Ohne Selbigkeit keine Seiendheit, darin faßt sich der vorstehende Gedankengang sehr wohl nach einer Seite hin zusammen. Allerdings nur unter der Voraussetzung, daß die Selbigkeit wahr gedacht wird – als Schatten der Unterschiedenheit. Die Herabsetzung der Differenz, ihre Erniedrigung zum Unterschied macht das ontische Grundgeschehen aus, das die Kultur des seßhaften Menschen charakterisiert. Von daher versteht sich Selbigkeit resp. Identität, allein von daher. Unter-Scheiden wirft Identität ab. Und wie schon die Identität von der Unterschiedenheit her gedacht werden will, so erst recht die Entität. Interessanter als *Quines* Formel wirkt ohnehin die Umkehrung, die *Donald Davidson* vorgenommen hat: *Ohne Entität keine Identität*[35]. Nachgerade verheißungsvoll erscheint sie im Kontext der vorstehenden Thesen über Differenz und Unterschied. Vor diesem Hintergrund mündet sie in eine Konsequenz ein, die ihrem Autor allerdings nicht vorgeschwebt haben muß. Mit einer zur epigrammatischen Intonation berechtigenden Emphase zu sagen, ohne Entität keine Identität, macht erst Sinn, wenn es etwas gibt, das Entität vollständig vermissen läßt, wenn sich also etwas denken läßt, das man unter dem Seienden vergeblich sucht, dem Entität vollends abgeht, und das es dennoch gibt. Bar aller Entität und doch gegeben. Angesichts seiner kann dann sinnvoll betont werden, ohne Entität auch keine Identität; soweit jenes etwas die Entität vermissen läßt, insoweit auch eine Identität. Um danach mit der Folgerung fortzusetzen: Was es in der Tat gibt, obschon ihm Entität abgeht, das müßte sich anders verstehen als etwas Identisches und Unterschiedenes. Ein richtiggehendes Gegebenes

und doch anders als ein Unterschiedenes / Identisches. Eine wirklich verlockende Aussicht, der ich mich allerdings nicht sogleich hingeben kann; vorerst habe ich mich noch an das Unterschiedene und mithin seiende zu halten.

Es ist nicht – Negation

7 Zur Selbigkeit verfestig und überhöht, zieht die Wiederholung Grenzen. Das Wiederholte, das sich im Differieren identisch beharrend durchhält, wenn es dieses dominiert und zum Unterscheiden erniedrigt, setzt ihm damit eine Grenze. Vor allem im Begrenzen offenbart die Selbigkeit den Charakter der Dominanz, namentlich in der Begrenztheit verrät das Unterscheiden den Charakter der Unterordnung. Alles Unterschiedene, alles Seiende hat ein begrenztes und in diesem Sinne geschlossenes So. Als Grenze und Begrenztheit zeigen sich Selbigkeit und Unterschied zugleich um eine nennenswerte Bestimmung erweitert. Was auswendig von seiner Grenze, ist das Seiende *nicht*. Indem etwas unterschieden ist, ist es überhaupt, kennt es die Grenze, und all das, was auswendig von der Grenze, ist es *nicht*. So impliziert jegliche Unterschiedenheit zusammen mit der Grenze ein Es-ist-nicht. *Unterschieden von etwas* bedeutet zugleich *nicht dieses*. Was selbst bei denkbar behutsamen Umgang mit der Partikel *nicht* wenigstens soviel besagt: unveräußerlich eingelassen in die Unterschiedenheit findet sich ein Nichten. Dafür steht die Partikel ja zweifelsfrei, für ein Nichten. Per se verquickt damit zeigt sich die Unterschiedenheit erst recht als die prozessierende Unterschiedenheit, die den Namen *Veränderung* verdient. Alle Veränderung – mit dem Werden überhaupt nur bei leichtgläubiger Extrapolation zu verwechseln – zeichnet sich durch folgendes Verhältnis zwischen wiederholenden und wechselnden Bestimmungen des Seienden aus. Die wiederholenden Bestimmungen verhalten sich zu den wechselnden wie wesentliche, substantiale, eigentliche Bestimmungen zu erscheinenden, akzidentellen, uneigentlichen. Indem aber das Wiederholte im Vergleich mit dem Wechselnden die Schwere des Wesentlichen hat, behauptet es sich als die Identität des in Veränderung begriffenen Seienden. So bleibt das Seiende noch in unentwegter Veränderung dasselbe, und genau so hält sich die Veränderung

in Grenzen. Als die erscheinenden, akzidentellen, uneigentlichen sind die wechselnden Bestimmungen darauf begrenzt, die wiederholenden zu variieren, zu modifizieren, immer anders auszuprägen, ihnen immerfort und unentwegt wechselnde Ausdruckformen zu geben. In dem Flachhalten des Wechselnden auf dem Niveau von rastlos einander ablösenden Ausdrucksformen desselben liegt die Grenze. Die Grenze des Seienden kann freilich überschritten werden, und sie wird überschritten, aber doch mit dem Effekt, daß die Überschreitung dieses Seiende *nicht* ist. Man mag der Unterschiedenheit durch alle erdenklichen Gestalten und Ausläufer folgen, sie wird sich unbedingt in unauflöslicher Verbindung mit einem Nichten darbieten. Ebenso unbedingt wird aber auch das Nichten seinerseits in solcher Verbindung als ein bestimmtes, besonderes, apartes sich erweisen. Wovon es unzertrennlich ist, davon erfährt es Besonderung. Stets also wird es sich bei ihm um alles andere als um ein Nichten schlechthin und überhaupt handeln können. Wie auch die Partikel *nicht* in diesem Kontext eine eingeschränkte Bedeutung angenommen haben muß. Welche eingeschränkte Bedeutung hat sie im besagten Kontext, und welche aparte Gestalt das Nichten in der markierten Konstellation? Die Behauptung ist die: Eingelassen in die Unterschiedenheit, gebunden an die Grenze, die Grenze gleichsam exekutierend – dieserart ist das Nichten *Negation* oder Verneinung, und sein partikularer sprachlicher Ausdruck hat sodann die engere Bedeutung der Verneinungspartikel. Von der auf diese Weise konditionierbaren Negation wird sich noch zeigen, wie unüberbrückbar fern sie dem Noch-nicht und Nicht-mehr der Zeit steht. Es ist die Negation und nur die Negation, wovon sich die Unterschiedenheit niemals trennen läßt. So die Behauptung, die freilich der Begründung bedarf. Daß Nichten und Negation auseinandergehen, versteht sich, daß aber die Negation in der behaupteten Weise spezifiziert werden darf, versteht sich deshalb noch lange nicht. Mit welchem Recht wird das behauptet?

8 Zwei gleichermaßen einseitige Verfahren gilt es beim Bilden des Begriffs der Negation zu meiden. Das eine ist das von *Ludwig Wittgenstein* kritisierte. Man sucht nach einer Natur der Negation, um mit der Autorität des Natürlichen auf den rechten Gebrauch des Begriffes der Negation schließen zu können. Als würden aus der

Natur der Negation die Regeln über Negationszeichen beispielsweise richtiggehend gefolgert werden können, so daß die Negation eigentlich vor den einschlägigen grammatischen Regeln vorhanden sein müßte.[36] Das Verfahren müßte moniert werden, unterstellt es doch, dem Wortgebrauch und grammatischen Reglement ginge der Eigensinn so vollständig ab, daß ihnen nur übrig bleibt, eine vorgegebene Natur der Negation abzubilden. Hiernach kann man sich verführt fühlen, im Gegenzug allein vom Sprachgebrauch und seinen Regeln her einen Begriff der Negation aufbauen zu wollen. Darin besteht das andere, kaum minder einseitige Verfahren. Man verheißt, den Begriff der Negation zu definieren, zu explizieren oder auf andere Weise zu bilden, in der Ausführung jedoch begnügt man sich damit, die gebräuchlichen Regeln der ausgesprochenen Verneinung zu beschreiben, eine fraglos hingenommene Wahrheitsmatrix der Negation an ausgewählten Sätzen der Alltagsrede zu erläutern und in wechselnden Formulierungen auszuformulieren. Die Arbeit am Begriff bleibt in Gebrauchsbeschreibungen stecken. Und während Versuche, mit der erstgenannten Methode zu arbeiten, historisch nur selten unternommen wurden, so selten, daß man nach den Adressaten von *Wittgensteins* Polemik intensiv suchen muß, erscheint die zweitgenannte Methode als die geläufige. *Christoph Sigwart* hat sie sogar zur unausweichlich einzigen Möglichkeit erklärt. Was der Begriff der Negation bedeutet, vermag niemand zu definieren, versichert er, es lasse sich lediglich an das erinnern, was ein jeder dabei tut.[37] Die Gleichsetzung von Bedeutung und Gebrauch bildet den Kern des Verfahrens. Dadurch fällt es uneingeschränkt der Kritik anheim, die *John R. Searle* an der *Gebrauchstheorie der Bedeutung*[38] geübt hat. Reduktion der Begriffsbildung auf Gebrauchsbeschreibungen hier, möglichst vollständige Zurückführung des Begriffs und seines Gebrauchs auf eine Natur der Negation dort – beide Verfahren leiden in ungleicher Weise an der gleichen Zumutung vollständiger Kommensurabilität. Von der einen zur anderen wechselnd, kehrt man lediglich die Richtung der Reduktion um. Wie kann statt dessen vorgegangen werden? Den Einseitigkeiten vorgezogen zu werden verdient eine *Assoziation von Gedanke und Wort*. Sie besteht in der Zusammenführung eines Gedankengangs, der auf den Begriff gebracht zu werden verlangt, mit einem Wort, das zu dieser Begriffsbildung kraft seiner gebrauchsorientierten

Bedeutungskapazität taugt. *Erstens.* Die Situation, in der sich das erforderlich macht, ist typischerweise und grob skizziert die: Wir philosophieren und stoßen dabei auf ein zu Denkendes, das wir zwar mit vielfältigen Aussagen einkreisen, die alle schon gewisse Begriffe zur Anwendung bringen, jedoch ohne mit einem von ihnen den Gedankengang auf den Begriff bringen zu können. Eine weiterführende Begriffsbildung steht an. *Zweitens.* Zu diesem Zweck fragt sich, welches Wort dazu taugt, den Gedankengang zu fassen, um sodann, gleichsam aufgeladen von ihm, zum vollen philosophischen Begriff auszuwachsen oder neuformuliert zu werden. Alle sprachlichen Ausdrücke, die der artikulierte Gedankengang bereits verwendet, scheiden dafür aus. Welches unbenutzte Wort ihn zu fassen vermag, entscheidet sich am Sprachgebrauch. Den gilt es für viele oder wenige Kandidaten aufzuarbeiten, um sich vor allem der gestaltbaren Bedeutungsmöglichkeiten zu vergewissern. Auf daß *drittens* schließlich beschieden werden kann: welches Wort hat das gebrauchsabhängige Fassungsvermögen, jenes Gedankenensemble als seine Bedeutung anzunehmen und diesen Sinnes als philosophischer Begriff zu fungieren. Statt eine Zurückführung anzustrengen, sei es des Semantischen auf das Pragmatische, sei es umgekehrt des Pragmatischen auf das Semantische, wird die Zusammenführung beider versucht, anstelle der Reduktion eine Assoziation. Zwischen Semantik und Pragmatik einen Primat zu vergeben, entfällt damit offenkundig.

9 Eine von den Situationen, die der zurechtgelegten Methode das Feld eröffnen, war eigentlich schon eingetreten, gleich zu Beginn der laufenden Überlegungen über Negation. Sie war nur verkannt und vertuscht worden durch einen gewohnheitsmäßigen Einsatz des Wortes *nicht.* Ich will an der Stelle noch einmal einsetzen, absichtlich mit zunächst gleichlautenden Aussagen. Zur Selbigkeit verfestigt und überhöht, hieß es, zieht die Wiederholung Grenzen. Das Wiederholte, das sich im Differieren identisch beharrend durchhält, wenn es dieses dominiert und zum Unterscheiden erniedrigt, setzt ihm damit eine Grenze. Vor allem im Begrenzen offenbart die Selbigkeit den Charakter der Dominanz, namentlich in der Begrenztheit verrät das Unterscheiden den Charakter der Unterordnung. Alles Unterschiedene, alles Seiende hat ein begrenztes und in die-

sem Sinne geschlossenes So. Als Grenze und Begrenztheit zeigen sich Selbigkeit und Unterschied zugleich um eine nennenswerte Bestimmung erweitert. Bis zu dieser Ankündigung war der Gedankengang schon einmal gelangt. Daran schließe nun eine erneute Fortsetzung an, die den eher gewohnheitsmäßigen Einsatz von Ausdrücken der Nichtheit meidet und dazu mit folgendem Schluß anhebt. Wenn es das dominante Wiederholen ist, was die Grenze zieht, dann wird sich die Grenze selbst auch als der heikle Ort eines noch spezifischeren Wiederholens erweisen, eines, das wie ein Prozeß des Grenzens geschieht, wie ein logischer Grenzverkehr gleichsam. Und tatsächlich stößt man an der Stelle auf ein Wiederholen von ganz besonderer Art. Es handelt sich um die *definite Wiederholung*, die endgültige. Deren Endgültigkeit besteht in einem Ineinanderspielen von Ausschließen, Einschließen und Abschließen. Erstens geschieht sie als das Ausschließen von etwas. Sie wiederholt dieses zwar, jedoch einzig und allein als das Ausgeschlossene. Zweitens geschieht sie als das Einschließen von etwas anderem. Sie wiederholt das gleichermaßen, aber doch als das Eingeschlossene. Drittens schließt sie *sich* ab, indem sie das eine ausschließt und das andere einschließt. Letzteres befindet sich damit inwendig, ersteres auswendig. Dazwischen scheint noch einmal die Grenze auf. Alles zusammen macht definites Wiederholen aus. Soweit der Gedankengang, der die Unterschiedenheit, die Entität weiter auslegt und dazu allein bei zuvor angestellten Überlegungen anschließt. Mehrgliedrig wie er noch in der Zusammenfassung ausfällt – definites Wiederholen – wartet er darauf, auf *einen* Begriff gebracht zu werden. Keiner der bereits verwandten Termini kommt dafür in Betracht, welcher dann? Welches Wort taugt zu der anstehenden Begriffsbildung, indem es seinem Gebrauch nach, mit den daran ablesbaren Bedeutungsmöglichkeiten, dem absolvierten Gedankengang entgegenkommt? Vermutlich ist das der Ausdruck *Negation* bzw. *Verneinung*. Die Vermutung gehört auf den Prüfstand, unter der Frage, ob dieser Ausdruck seinem Gebrauch nach über das semantische Fassungsvermögen verfügt, um definites Wiederholen bedeuten zu können.

10 Der einschlägige Sprachgebrauch, der die Vermutung allein rechtfertigen könnte, ist in wichtigen Punkten längst festgehalten, ausgedeutet und teilweise schwarz auf weis normiert worden. Ich

brauche das lediglich aufzubereiten und kann dabei von allen ins Detail gehenden Differenzierungen (z. B. zwischen interner und externer Negation) absehen. Den Anfang mag eine Gebrauchseigenschaft machen, die *Gottlob Frege* die *Ergänzungsbedürftigkeit* der Verneinung nennt. Sie besteht darin, daß jedes ausdrückliche Negieren als die Verneinung *von* etwas gebraucht wird.[39] Besser gesagt, um der drohenden Dopplung vorzubeugen, als *Nichten-von-etwas* geschieht ausgesprochenes Verneinen. Die geläufige Symbolik ~A erinnert sinnfällig daran. Das verdient auch herausgestrichen zu werden, es könnte ja noch ein Nichten-*zu*-etwas oder dergleichen geben. Ferner. Als das Nichten-*von*-etwas vollzogen, gilt die Negation stets einem Vorgängigem. Negation erfahren kann ausschließlich etwas ihr gegenüber *Vorgängiges*. In diesem Sinne beschreibt *John Dewey* die speziell wissenschaftliche Praxis der verneinenden Aussage als Verwerfung von Material.[40] Griffiger läßt sich die Bindung der Negation ans Vorgängige kaum fassen, als daß man das letztere wie ein Material verworfen sieht. Ganz ähnlich, wenn *Wittgenstein* erwägt, ob das Wörtchen *nicht*, das er offensichtlich für die Verneinungspartikel nimmt, eine abwehrende Geste macht.[41] Die abwehrende Geste wird sicher nur einem Vorgängigen gelten. Eine weitere Eigenheit nennt *Frege* den *Hüllencharakter* der Verneinung. Er vergleicht sie mit einer Hülle, die sich, statt aus eigener Kraft, nur durch das Umhüllte aufrecht hält.[42] In der symbolischen Fassung ~A steht dafür der augenscheinliche Vorzeichencharakter der Negation. Er besagt, die Verneinung bezieht sämtlichen Inhalt vom Verneinten; abgesetzt gegen das Verneinte, geriete das Negationszeichen inhaltslos und bedeutungslos. Dafür okkupiert die Verneinung inhaltlich das Verneinte restlos, unverkürzt, uneingeschränkt. Sie beinhaltet nichts anderes als dieses, und sie beinhaltet es in Gänze, sie *repräsentiert* es geradezu, nur eben mit einem dazukommenden, hinzutretenden Vorzeichen. Das heißt, sie repräsentiert es zwar vollständig, aber doch auf eine besondere Weise. *Negation* wird also, um Zwischenbilanz zu ziehen, so gebraucht, daß erstens nur ein Nichten *von* etwas gemeint sein kann, zweitens und genauer das Nichten von etwas *Vorgängigem*, und dies drittens unter der Bedingung, daß das Vorgängige, das Verneinte dabei eine ebenso vollständige wie spezifische Repräsentation erfährt. Diese der Negation eigentümliche Weise vollständigen Repräsentierens macht offenkundig erst den springenden Punkt, und sie ist fraglich. Worin sie besteht, müßte sich eigentlich an den formulierten Regeln ausdrücklichen Negierens zeigen. Die Regeln der Wahrheitsbewertung, der doppelten Verneinung und des Ponierens, an diesen vordergründig normativen Gebrauchweisen müßte sich die fragliche Weise vollständiger Repräsentation ablesen lassen. Das könnte sogar leicht fallen, stünden die Regeln unstrittig fest. Tatsächlich sind sie ziemlich umstritten. Nahezu unumstritten steht höchstens die zuletzt aufgeführte da: Daß *Negation poniert*, daß sie zugleich etwas bejaht, etwas setzt oder auf andere Weise poniert. Zwar erhob sich auch dagegen wenigstens einmal prominenter Einspruch – als *Theodor W. Adorno*[43] die Dialektik von *derlei affirmativem Wesen* befreien wollte – noch dieser Einspruch erkannte jedoch in seinem Widerpart übermächtiges Brauchtum. Weithin gilt als Regel: Negation poniert. Schon bei dem direkt anschließenden Fragepunkt, *was* die Negation poniere, überwiegt dann der Dissens. Während man zumeist annimmt, Verneinungen verweisen regelmäßig auf das Konträre des Verneinten, wird in einer bei *Platons* Dialogen[44] anknüpfenden Traditionslinie darauf beharrt, die Verneinung verweise regelmäßig lediglich auf etwas vom Verneinten Verschiedenes, höchstens möglicherweise also auf das Konträre. Der Dissens hat Folgen für weitere Gebrauchsformen. Als nächstes betrifft das die doppelte Verneinung. Allein dann, wenn die Negation etwas Konträres poniert, kommt es folgerichtig, zu unterstellen, doppelte Verneinung sei gleichbedeutend mit Affirmation – *duplex negatio affirmatio est*. Nur soweit die Verneinung das Konträre impliziert, kann ihre Verdopplung das Konträre der Verneinung und also eine Bejahung implizieren. Damit man etwas bejaht hat, indem man seine Verneinung abermals verneint, damit man also das Konträre der Verneinung getan hat, indem man auch sie wieder verneint, muß schon die einfache Verneinung auf Konträres verweisen. Und wird eben dies bestritten, muß auch die in klassischer Formulierung überlieferte Regel bestritten werden, wie das neben anderen *Edmund Husserl*, er mit besonderer Vehemenz, getan hat.[45] Aus dem gleichen Grunde unterliegt ferner die Wahrheitsbewertungsregel der Negation dem Dissens. Die geläufigste Fassung der Regel, bekannt vor allem als symbolische Wahrheitsmatrix, besagt: Die Verneinung einer wahren Aussage ist falsch, die einer falschen wahr.[46] Anwenden läßt sie sich offenkundig nur auf Verneinungen, die überhaupt der Wahrheitsbewertung unterstehen, auf die propositionalen[47], selbst für diese kann sie aber nur unter einer Voraussetzung gelten, die gerade fraglich ist. Denn aus der Wahrheit einer Aussage folgt die Falschheit ihrer Verneinung ausschließlich dann, wenn die Verneinung unbedingt den konträren Wert der verneinten Aussage annimmt, diesen konträren Wert hat sie jedoch mit Notwendigkeit anzunehmen nur, wenn sie überhaupt das Konträre des Verneinten poniert. Allein unter dieser fragwürdigen Voraussetzung. In summa, es steht dahin, worum die geläufige Wahrheitswerteregel auch nur für die einschlägigen Verneinungen ex cathedra gelten und den rechten Gebrauch verbürgen soll, wie es auch dahin steht, ob doppelte Verneinung zu Recht als eine Bejahung gebraucht wird, und dies schon deshalb, weil es vor allem dahin steht, *was* die Negation poniere. Fest steht allenfalls, *daß* sie poniert. Wenigstens soviel läßt sich aus einem überwiegend strittigen Gebrauch als nahezu unstrittig gebräuchlich bergen. Daran dürfte sich endlich jene fragliche Weise vollständigen Repräsentierens auffinden lassen, um derentwillen ich mich der durchgegangenen Gebrauchsregeln zu vergewissern hatte. Am Ponieren, am Gebrauch von *Negation* als einer ponierenden, daran also, daß die Verneinung von etwas regelmäßig den Verweis auf etwas anderes als das Verneinte zumindest implizit mit meinen muß, eben daran wird sich auch zeigen, wie sie das Verneinte zwar vollständig, aber doch auf eine besondere und ihr allein eigene Weise repräsentiert. Ein verneinender Satz mag prototypisch so lauten: Es ist nicht dieses. Der vergewisserten Regel entspricht es, wenn der Satz sich wenigstens implizit um ein Sondern verlängert: Es ist nicht dieses, sondern etwas anderes. Der Satz führt unausgesprochen sogar eine Schlußfigur mit: Wenn es nicht dieses ist, dann etwas anderes, irgendwas auf alle Fälle. Eingedenk dessen darf ich nun festhalten, daß der für das Verneinen prototypische Satz mit dem Ausdruck *nicht dieses* auf folgende Weise das Verneinte vollständig repräsentiert. Er schließt *dieses* aus, schließt es aus dem Es aus, schließt es daraus vollständig aus, was er aber doch nur kann, weil und insofern er ebenso vollständig etwas anderes, irgendwas, einschließt, in das Es einschließt. Ansonsten fehlte zur Exklusion die Positivität, aus der etwas überhaupt ausgeschlossen zu werden vermag. Der verneinende Satz kann das eine ausschließen nur, weil er das andere einschließt, mit anderen Worten, weil er poniert, unausgesprochen schon den Verweis auf etwas anderes regelmäßig mitführt und mit meint. Ausschluß vermittels Einschluß, ein Ausschließen das jenes Einschließen mitführt, vermittels dessen es überhaupt nur geschehen kann. In diesem Spiel findet das Es einen gewissen Abschluß, eine Geschlossenheit, die das Eingeschlossene und das Ausgeschlossene auseinanderfahren läßt zum Inwendigen und Auswendigen, zum Innerhalb und Außerhalb. An dem nunmehr schon dreistelligen Spiel von Ausschluß, Einschluß, Abschluß erkennt man aber unschwer eine Figur wieder, auf die bereits die Überlegung gestoßen war, die sich in dem Gedanken an definites Wiederholen zusammenfaßte.

11 Am Anfang der laufenden Vergewisserung stand ein Gedankengang, der darauf wartet, auf den Begriff gebracht zu werden, der Gedanke an ein gewisses Wiederholen, an die in alle Unterschiedenheit unveräußerlich eingelassene *definite Wiederholung*. Zum Ende hin steht ein reflektierter Sprachgebrauch, die geprüfte Gebrauchsweise von *Verneinung* oder *Negation*. Regelmäßig wird die ausdrückliche Verneinung als eine vollständige Repräsentation dessen, dem sie gilt, gebraucht. Darin korrespondiert sie auffällig dem Gedanken an eine Wiederholung. Überdies wird sie als eine vollständige Repräsentation von besonderer Art gebraucht. Sie repräsentiert das Vorgängige, dem sie gilt, zwar vollständig, aber doch nur als etwas vollständig Ausgeschlossenes, und dies indem sie etwas anderes ebenso vollständig einschließt, wodurch dasjenige, woraus sie das eine ausschließt und worin sie das andere einschließt, eine Abschließung erfährt. Mit dieser Gebrauchsform kommt sie dem Gedanken an definites Wiederholen förmlich entgegen. Der faßt genau solch ein Spiel von Ausschluß, Einschluß und Abschluß zusammen. Das heißt, das Wort *Verneinung* resp. *Negation* besitzt pragmatisch das semantische Fassungsvermögen, um den Gedanken an definite Wiederholung aufzunehmen und solchen Inhalts als philosophischer Begriff zu dienen. Die unternommene Vergewisserung gelangt damit zu folgendem Ergebnis. Definite Wiederholung darf als Negation bezeichnet werden, *Negation* bedeutet definite Wiederholung. Danach entscheidet sich, wann die Lautung *nicht* in der Tat für Negation steht. Immer dann, wenn sie im Verbund des Nichten-

von-etwas figuriert, wenn mit ihr auf etwas Bezug genommen wird, das definite Wiederholung erfährt. Dann dient sie richtiggehend als Verneinungspartikel. Und nur dann, das gleiche Schriftbild eignet sich dazu, noch andere Bedeutungen anzunehmen, weitere Funktionen zu erfüllen.

12 Nachdem der Negationsbegriff das beidseitige Gepräge erhalten hat, hebt er sich markanter gegen seine terminologischen Verwandten ab. Als nächstes betrifft das die *Pejoration*, die sich mit der Vorsilbe *un-* ausdrücken läßt, wie das die Ausdrücke *der Unmensch, das Untier* und *zur Unzeit* tun. Entgegen der verbreiteten Neigung, dieses Präfix der Verneinung zuzuschlagen[48], bezeichnet es oft, wenngleich keineswegs durchgängig, die Pejoration, die mit Negation genausowenig verwechselt werden will wie der Unmensch mit einem Nicht-Menschen. Nur Menschen können unmenschlich sein, nichtmenschliche Wesen niemals.[49] Das Nichtmenschliche ist definite Wiederholung des Menschlichen, das Unmenschliche gehört ganz positiv zum Menschlichen, als dessen Pejoration statt Negation. Gleichfalls markanter zeichnet sich nun der traditionell behauptete Abstand der Negation zur *Absenz* ab. Alle Negation gilt einem Vorgängigen; es muß erst gegeben oder angenommen sein, um überhaupt Wiederholung, und erst recht um definite Wiederholung durchlaufen zu können. Anders die Absenz, die Abwesenheit von etwas; statt dieses als vorgängig zu unterstellen, kommt sie ihm zuvor. Ausdrückliche Negation bedient sich direkt oder indirekt der Verneinungspartikel, die ausgesprochene Absenz bedient sich vor allem der Partikel *ohne*. Auch hinsichtlich dieses Ausdrucks besteht eine Neigung, ihn generell zum Derivat von Verneinung abzuflachen. Nur scheinbar läßt sich die generelle Zurückführung mit Exempel belegen, in denen das fragliche Wort unabhängig vom Begriff der Absenz fungiert. Davon unbeschadet bleibt, daß es für Absenz stehen kann und in dem Falle etwas anderes als Verneinung meint. Vor allem fehlt der Absenz und Pejoration die notwendige Bindung an die Unterschiedenheit. Unveräußerlich gebunden an Unterschiedenheit, unzertrennlich von ihr ist allein die Negation.

13 Vor allem aber besteht die gerade betonte Bindung in umgekehrter Richtung, als eine der Unterschiedenheit an Negation. *In jeglichen Unterschied unveräußerlich eingelassen findet sich Negation.* Sich von etwas zu unterscheiden, heißt stets auch, *nicht* wie dieses zu sein. Zwangsläufig wird etwas all das, wovon es sich unterscheidet und insofern es das tut, nicht sein. Soweit a von b unterschieden, insoweit ist a nicht b. Das mag als die unveräußerliche Einlassung von Negation in Unterschiedenheit resp. subsumierte Differenz bezeichnet werden. Sollte Differenz einmal die negative Einlassung par tout vermissen lassen, wird es sich bei ihr garantiert um eine andere als die zum Unterschied herabgesetzte handeln. Kein Unterschied ohne negative Einlassung. Eine Feststellung, die in eine denkwürdige Konsequenz einmündet, sobald sie mit einer weiteren, noch unerwähnten aber naheliegenden Feststellung verknüpft wird. Die besagt, *daß alles Unterschiedene sich schon in sich unterscheidet.* Das ließe sich leicht aus dem bereits freigelegten Syndrom von Unterschied, Grenze, Negation und Auseinanderfahren zum Inwendigen und Auswendigen herleiten, um jedoch abzukürzen: Was sich voneinander unterscheidet, muß sich jeweils in sich unterscheiden. Etwas Unterschiedenes ist immer wenigstens zweierlei, a und b zum Beispiel, und dies genauer so, daß sich das eine vom anderen und dieses von jenem regelrecht unterscheidet. Soweit die beiden Thesen, die darauf warten, zusammengedacht zu werden; die von der unbedingten Einlassung der Negation in alle Unterschiedenheit und die von der ebenso unbedingten Unterschiedenheit des Unterschiedenen in sich. Sie fügen sich zu folgendem Schluß. Wenn etwas a und b richtiggehend *ist* und das ja nur sein kann, indem es die eine Bestimmung im Unterschied zur anderen an sich hat, wenn es derart also in sich unterschieden, und diese seine inwendige Unterschiedenheit wie jede subsumierte Differenz die Negation mit sich führt, dann muß es doch zusammen mit der von a unterschiedenen Bestimmung auch die Negation davon sein, muß es mithin sowohl a sein als auch – in Gestalt der davon unterschiedenen Bestimmung b – nicht a sein. Es muß a *und* nicht a sein. Oder aber seine Bestimmungen differieren irgendwie anders als in der Art des Unterschie-

des, und dann kann es sich bei ihm schwerlich um ein Seiendes handeln. Handelt es sich dagegen in der Tat um etwas Seiendes, um eines mit den Bestimmungen a und b, muß es zu diesen Bestimmungen im wahrsten Sinne des Wortes unterschieden sein, und dann wird es jede der beiden haben und – kraft der von ihr unterschiedenen anderen Bestimmung – zugleich nicht haben. Es wird nicht das sein, was es doch ist. Der Grund dafür liegt bei der unveräußerlichen Einlassung von Negation in alle Unterschiedenheit. Was ein Bleiben durch subsumierte Differenz hat und darum ein Seiendes genannt zu werden verdient, ist unbedingt auch nicht das, was es ist. Konsequenterweise gipfelt die Beschreibung von Seiendem in Aussagen, die schon auf den ersten Blick *kontradiktorisch* anmuten, und von denen die Beschreibung nur freigehalten werden kann, indem man notwendige Implikationen des ausdrücklich Gesagten übersieht, ignoriert, unterdrückt oder klammheimlich unterkehrt. Gewiß, in dem ausgebreiteten Beschreibungsmuster finden auch Fälle Platz, die eher harmlos wirken und den Begriff der Kontradiktion mit seinen beunruhigenden Querverbindungen kaum rechtfertigen. Beispielsweise, daß die Rose rot und grün ist, daß sie also rot und nicht rot, weil grün bzw. grün und nicht grün, weil rot ist, wenn denn Rot und Grün sich regelrecht unterscheiden. Das scheint harmlos, zu übersichtlich verteilen sich die Farbbestimmungen auf Blütenblätter einerseits und Blattwerk andererseits. Die Harmlosigkeit schwindet, wenn wir uns der Entität als solcher zuwenden, uns direkt an ein und dieselbe Figur der Entität halten, um dann zu gewahren, wie Aussagen, in denen sie sich per definitionem beschreibt, eigentlich nur zusammen mit ihren Verneinungen wahr ausfallen und guten Gewissens behauptet werden können.

14 *Entität und Kontradiktion.* Die einfachste und gewissermaßen konstitutive unter jenen Aussagen lautet wie gehabt: Es unterscheidet sich … Macht es das allen Ernstes, *ist* es richtiggehend – denn ein Seiendes darf wie gesagt genannt werden, was durch subsumierte Differenz ein Bleiben hat – so daß es von ihm *erstens* heißen kann: Es ist unterschieden. *Zweitens.* Schon deshalb muß es dasselbe sein, Identität aufweisen. Herabsetzung von Differenz zum Unterschied überhöht postwendend Wiederholung zur Identität. Beide bilden dasselbe Verhältnis der Über- und Unterordnung, nur mal

von seiten des Untergeordneten, mal von seiten des Übergeordneten. *Drittens.* Diese Perspektivität des Verhältnisses verbürgt, wie sehr sich innerhalb desselben die Unterschiedenheit von der Identität selbst wieder unterscheiden muß. Das macht den springenden Punkt. *Viertens.* Zunächst stehen nämlich Unterschiedenheit und Identität einfach konträr zueinander, wie alles Konträre halten sie die äußersten Enden einer Abstufungsebene besetzt; und bekanntlich fällt Kontrarität mit Kontradiktion keineswegs unbedingt zusammen. Im Falle des Seienden aber tut sie das sehr wohl, eben weil sie hier die Form des Unterschiedes hat, die eines Unterschiedes zwischen Unterschiedenheit und Identität, der seinerseits Negation mitführt. Es ist genauso unterschieden wie identisch, und zwar derart, daß es das eine im Unterschied zum anderen wie auch dieses im Unterschied zu jenem ausmacht, in beiderlei Richtung aber führt der Unterschied Negation mit. *Fünftens.* Unter dieser Voraussetzung gilt von ihm: Es ist die eine Bestimmung und zugleich kann es gerade die – in Gestalt der von ihr unterschiedenen und sie mithin auch negierenden anderen Bestimmung – nicht sein. Wie es ebenso die andere Bestimmung ist, zugleich aber – in Gestalt der einen von ihr unterschiedenen und sie mithin auch negierenden Bestimmung – gerade die nicht sein kann. In derselben Entität liegt, daß es zugleich unterschieden und nicht unterschieden ist, identisch und nicht identisch. Es macht geradeso ein Identisches wie ein nicht Identisches aus. Es hat mithin ein Bleiben per subsumierter Differenz und hat auch keines. Weshalb es zumindest in gewisser Hinsicht von ihm heißen muß, daß es sowohl existiert als auch nicht existiert. In jeder Hinsicht aber wird es notwendigerweise nicht das sein, was es doch notwendig ist. Eine durch und durch *notwendige* Kontradiktion, weil eine beiderseits notwendig bestimmte, nach beiden Seiten hin in die Entität selbst eingelassene. Eine, durch die das Seiende so fragil dasteht, als ginge es in seiner eigenen Gestalt mit dem Nichtseienden einher. Bei diesem untergründig rumorenden Phänomen findet neben anderen die geistesgeschichtlich nicht ganz unbedeutende Vorstellung einen Halt, Gott habe die Wahl gehabt, ob er das Existierende zuläßt oder nicht, und wenn er sich zugunsten des Existierenden entschied, so nur, weil es sich sichtlich zur besten aller möglichen Welten fügt. (Bei der Zeit allerdings kann er nicht die Wahl gehabt haben, zum Wählen braucht es Zeit). Den logischen Raum für solche Vorstellungen eröffnet die aufgezeigte Kontradiktion in der Figur der Entität. Daß es sich beim Seienden lediglich um etwas quasi wahlweise Existierendes handelt, um etwas Kontingentes, so daß in seiner Existenz gleichsam die Option, nicht zu existieren, mitbesteht, daß ferner mit dem Es-existiert ein Es-existiert-nicht korreliert, was sich noch als Eigenheit der Entität schärfer abzeichnen wird, ja, daß überhaupt so etwas wie das Nicht-seiende begegnen kann, was immer darunter näher zu verstehen sein mag, darüber später, dies und noch mehr liegt urtümlich in der als eine kontradiktorische erkannten Figur. Wieder fragt sich, auf welchen Begriff die mehrgliedrige Figur sich wohl bringen lasse. Diesmal fällt die Antwort leichter. Es ist der von seinen Gebrauchs-möglichten her recht scharf konturierte Begriff der Antinomie.

15 *Antinomie.* Mit dem Ausdruck *Widerstreit der Gesetze* übertrug *Immanuel Kant* das fremde Wort.[50] Das trifft seine Bedeutung, so-weit schon in der Komposition von *anti* mit *nomoi* so etwas wie eine Bedeutung liegt. Seine philosophische Anwendbarkeit wird durch die kompositorische Vorbedeutung ziemlich rigide eingesteuert. An zwei Bedingungen findet sie sich gebunden. *Erstens.* Wenn über-haupt, so kann ausschließlich bei einem Widerspruch von Antino-mie die Rede sein; allein Widersprüche können Antinomien darstel-len. Der Begriff des Widerspruchs wiederum steht synonym zu dem der Kontradiktion, und die Kontradiktion besteht in der Verknüp-fung einer Bestimmung mit ihrer Negation. Wenn überhaupt, so kann also nur bei Verknüpfungen jeweils einer Bestimmung mit deren Negation von Antinomien gesprochen werden. Damit ist eine notwendige, keine hinreichenden Bedingung angegeben. Selbst diese notwendige Bedingung erfüllt keineswegs schon die Kontrari-tät. Die Behauptung, etwas sei zugleich schwarz und weiß, bildet keinen Widerspruch, es sei denn, es lassen sich Regeln aufbieten, nach denen sie in den Ausdruck überführt werden darf, etwas sei zugleich schwarz und nicht schwarz bzw. weiß und nicht weiß. Die Kontrarität als solche bildet keinen Widerspruch, nur unter Um-stände läßt sie sich regelrecht in Kontradiktionen, sprich Wider-sprüche überführen[51] Weshalb die noch in der zeitgenössischen Logik gelegentlich angestrengte Klassifizierung der Widersprüche zu konträren einerseits und kontradiktorischen andererseits[52] wirkt,

als hätte man sie nicht zu Ende gedacht. Indem der Begriff des Widerspruchs an Kontradiktion und die wieder an Negation gebunden ist, gilt in der Tat: *Jeder Satz der einem anderen widerspricht, verneint ihn.*[53] All das ist notwendig ausbedungen für die Anwendbarkeit des fraglichen Ausdrucks. Um Antinomien kann es sich nur bei Widersprüchen resp. Kontradiktionen handeln, bei Verknüpfungen jeweils einer Bestimmung mit ihrer Negation. *Zweitens.* Alle Antinomien sind Widersprüche, nicht alle Widersprüche aber sind Antinomien. Damit eine Kontradiktion obendrein als eine antinomische gefaßt werden darf, muß sie eine zusätzliche Bedingung erfüllen. Sie muß nach beiden Seiten hin notwendig bestimmt ausfallen. Jene Bestimmungen und Verneinungen, die sich zur Kontradiktion kurzschließen, müssen gleichermaßen Notwendigkeit auf der Seite haben, gleiche Denknotwendigkeit oder Folgenotwendigkeit überhaupt, statt daß bestenfalls die eine der beiden solche Notwendigkeit verbürgt. Ganz so wie das zugespitzt der Fall ist, wenn eben Gesetze kurzschließen, zum *Widerstreit der Gesetze.* Prominenter Wortgebrauch liefert dafür zum Teil mustergültige Exempel. Wo *Kant* die dynamische Antinomie der Kausalität formuliert[54], *Hegel* eine Antinomie der moralischen Weltanschauung aufstellt[55], *Karl Marx* die Antinomie in der Genesis des Kapitals ausmacht[56], jedesmal präsentiert man eine These und ihre Antithese, eine Bestimmung und ihre Verneinung als gleich beweisbar, gleich denknotwendig, gleichermaßen notwendig gründend. Der Ausdruck *Antinomie* vermag schlußendlich dies und eigentlich nur dies zu bedeuten: *Den notwendigen Widerspruch.* Und das heißt, die beidseitig notwendig bestimmte Kontradiktion – im Unterschied zu einer bestenfalls einseitig notwendigen. Darin trifft er sich mit gewissen Aussagen, die sich zuletzt angesichts des Seienden ergaben. Seiendes ist auch nicht, was es doch ist, und beides notwendigerweise, weil es zur Identität des Seienden gehört, in der Entität stiftenden Unterschiedenheit selbst liegt – dieser Satz bringt eine Antinomie zur Sprache. Eine des Denkens wie des Gedachten. Seiendes findet sich per se antinomisch verfaßt.

16 *Satz des Widerspruchs.* Leicht kann es so erscheinen, als würde die These, Seiendes ist nicht, was es ist, mit dem Satz des (ausgeschlossenen) Widerspruchs kollidieren. Schwerer fällt es schon,

anzugeben, in welcher Formulierung der Satz überhaupt als ein verbindlicher Maßstab zu dienen vermag. Taugt dazu die auf *Aristoteles* zurückgehende Fassung[57], der zufolge es unmöglich sei, daß dasselbe demselben zugleich und in derselben Hinsicht zukomme und nicht zukomme? *Kant* hat das verworfen, hat die überkommene Fassung einer weitgehenden Kritik unterzogen und sie als Satz vom auszuschließenden Selbstwiderspruch[58] novelliert. Kann nun die *Kantsche* Variation zum Thema eine verbindliche Norm stiften? Sie ist ihrerseits wieder der Kritik anheimgefallen. Als einen Schlag in die Luft wollte *Christoph Sigwart* sie qualifizieren.[59] Womit die Geschichte des geheiligten Satzes als einer Geschichte von Verwerfungen keinesfalls ihren Abschluß fand. Es gibt nicht nur viele Fassungen, sie konkurrieren auch miteinander, wurden zumeist unter Kritik anderer Fassungen in den philosophisch-logischen Diskurs eingeführt. Je heftiger sie miteinander konkurrieren, desto weniger empfehlen sie sich verständlicherweise als verbindlicher Maßstab. Ließe man sich darauf ein, jene These über das Seiende einer Prüfung am Maßstab des *aristotelischen* Satzes vom auszuschließenden Widerspruch auszusetzen, ergäbe sich gewiß ein positiver Befund. Zur Vielzahl der Sätze vom Widerspruch gehören jedoch auch solche, mit denen sich die These sehr wohl verträgt. Nach *Alfred Tarski* zum Beispiel liegt ein auszuschließender Widerspruch erst vor, wenn in einer (deduktiven) Theorie eine Aussage vorkommt, die innerhalb dieser Theorie sowohl bewiesen als auch widerlegt werden kann.[60] Während sich die Antinomie des Seienden innerhalb des vollzogenen Gedankengangs nur beweisen und keinesfalls widerlegen läßt. Zwar enthält sie zusammen mit einer Bejahung auch die Verneinung des Bejahten, jedoch gehört es zur Typik des Antinomischen, daß Bejahung und Verneinung gleichermaßen begründbar ausfallen, daß also die Verneinung einer solchen Begründung fähig sein muß, die gerade nicht einer Widerlegung der Bejahung gleichkommt. So handelt es sich um einen Widerspruch, nicht jedoch um den von *Tarski* tabuisierten. Gemessen an der einen Fassung könnte die Aussage über das Seienden als unbedenklich abschneiden, an einer anderen Fassung gemessen, würde sie dagegen verwerflich erscheinen. Wie wollte man angesichts so divergierender Befunde von einer Verletzung *des* Satzes vom Widerspruch sprechen? Nicht genug, daß es bei den divergierenden Formulierungen, die unter seinem Zeichen angeboten werden, viel zu offensichtlich ist, wie sie sich gegenseitig deautorisieren, um eine von ihnen als den Richterstuhl zu respektieren, vor dem die These über das Seiende zu bestehen hätte, gegen die Prozedur spricht schon ein ungleich wichtigerer Umstand. Um ihn zunächst formelhaft knapp zu markieren. Die in Rede stehende These – Seiendes ist notwendig nicht das, was es notwendig doch ist – kann einen wie immer ausgeführten Satz des ausgeschlossenen Widerspruchs gar nicht verletzen, sie kommt für solche Verletzung überhaupt nicht in Frage, weil sie eine Gegenstandsdefinition darstellt. Näher meint das folgendes. Jede denkbare Formulierung des Satzes unterstellt, mit *Jan Lukasiewicz* gesprochen, eine *Gegenstandsdefinition*[61], eine stillschweigend mitgedachte oder eine ausdrücklich vorangestellte. Auch der Satz vom Widerspruch bedarf schließlich der Begründung, und die Begründung des Satzes kann unmöglich bereits dem zu begründenden Satz unterstehen. Er darf sämtlichen logischen Phänomenen obwalten, darf für alle Aussagen gelten, mit einer Ausnahme: Seine Begründung kann ihm keineswegs schon unterstehen. Begründbar ist er von einer Gegenstandsdefinition her. Die Gegenstandsdefinition beinhaltet, in welcher Verfassung etwas als *ihr* Gegenstand auftaucht; und indem sie dieserart Gegenständlichkeit auszeichnet, definiert sie, in welcher Verfassung etwas überhaupt zum Gegenstand von Aussagen gerät, zum Gegenstand all der Aussagen, von denen frühestens zu erwarten steht, daß sie einen Satz des Widerspruchs befolgen sollten. Dieser Satz kann nur normativ ausschließen, was die Gegenstandsdefinition propositional ausschließt; niemals vermag er also mehr zu leisten, als aus der Gegenstandsdefinition eine normative Konsequenz zu ziehen. Statt jemals am Maßstab eines so oder so formulierten Satzes vom Widerspruch beurteilt werden zu können, bietet die Gegenstandsdefinition stets nur den Ausgangspunkt, von dem her es einen solchen Satz zu kreieren gilt. Wird der Gegenstand so definiert, als sei das Seiende per se widerspruchsfrei beschaffen, darf der Satz gebieten, keine Aussagen über Seiendes zu bilden und zu dulden, die widersprüchlich ausfallen und die man als solche nur hinnehmen kann, indem dem Seienden irgendeine Widersprüchlichkeit zugeschrieben wird. Muß dagegen der Gegenstand so definiert werden, daß das Seiende per se antinomischen Charakters, kann ein Satz vom auszuschließenden Widerspruch höchstens gebieten, keine Aussagen über das Seiende zu bilden und zu dulden, die ihm eine andere als die antinomische Widersprüchlichkeit zuschreiben. Eben dies steht an. Seiendes ist notwendig nicht das, was es notwendigerweise doch ist, Seiendes hat antinomischen Charakter – so lautet die Gegenstandsdefinition. Die steht niemals der Beurteilung am Maßstab eines Satzes vom Widerspruch zur Verfügung, vielmehr muß sie den Ausgangspunkt bilden, von dem her es auf einen Satz des Widerspruchs zu sinnen gilt. Wenn Seiendes antinomischen Charakters, dann liegt es nahe, den auszuschließenden Widerspruch in Kontradiktionen zu suchen, die sich von Antinomien unterscheiden. Wenn ferner als Antinomien die notwendigen Kontradiktionen bezeichnet werden, so liegt es nahe, die dagegen abzuhebenden Widersprüche, zumindest aber einen Teil von ihnen, unter dem Titel der *kontingenten Kontradiktionen* zusammenzufassen. Deren Kontingenz besteht nicht zuletzt darin, daß sie mit Notwendigkeit höchstens der nachlässigen Denkart, der Dummheit und vergleichbarer Defizite geschuldet sind. Weshalb sie auch die geringschätzigen Bezeichnungen *Ungereimtheiten, Konfusionen* und *Unsinn* verdienen. Diese Art der Kontradiktionen hat der fragliche Satz unter Tabu zu stellen. Er gehört als *Satz vom auszuschließenden, weil kontingenten Widerspruch* formuliert.

17 *Der Satz vom auszuschließenden, weil kontingenten Widerspruch*[62] erlaubt gewisse Kontradiktionen, die Formulierung antinomischer Widersprüche gebietet er sogar, aber genauso vehement verbietet er kontradiktorische Aussagen, die den hohen Anspruch der Antinomie unterbieten. Unter dieser Voraussetzung entfällt *Karl R. Poppers* Argument, die Zulassung kontradiktorischer Aussagen eröffne der logischen Beliebigkeit Tür und Tor.[63] Der Beliebigkeit zu wehren, verlangt durchaus nicht, jegliche Kontradiktion zu verwerfen, das geschieht schon hinlänglich, indem die beidseitig notwendig bestimmte Kontradiktion, die antinomische, gegen die kontingente verwahrt wird. Unter dieser Voraussetzung erscheint *Wittgensteins* Vision als verheißungsvoll, dereinst werde man es sich noch zugute halten, sogar vom Gebot der Widerspruchsfreiheit sich emanzipiert zu haben.[64] Unter der gleichen Voraussetzung mag *Hegels* Habilthese bedingte Geltung erlangen oder wiedererlangen: *Contradictio est regula veri, noncontradictio falsi*, der Widerspruch ist die

Regel für das Wahre, der Nicht-Widerspruch für das Falsche.[65] *Hegel* seinerseits könnte von den gemachten Aussagen gleich mehrere unterschreiben, keineswegs alle, aber doch einige. Die Allgegenwart der Antinomie hat er bekanntlich gegen *Kant* behauptet. Und daß etwas all das, was es notwendigerweise ist, nur sein kann, indem es gerade das ebensogut nicht ist, diese Figur bildet den Dreh- und Angelpunkt der Dialektik der Negativität. Es kommt eben nicht darauf an, Dialektik à la *Hegel* zu verwerfen, sondern ihr den Platz im Pantheon der Weisheiten anzubieten und anzuweisen, den zu besetzen sie verdient und vermag. Das einheimische Reich dieser Dialektik bildet das Seiende. *Hegel* sah sich in Übereinstimmung mit *Aristoteles* und der Etymologie, als er unter *Kategorien* das verstand, was vom Seienden ausgesagt werden kann. In diesem Sinne darf die Dialektik der Negativität auch die *kategoriale* heißen. Ihre einheimische Sphäre, die des Seienden, gehört zu einem historischen Kulturkomplex. Der Kultur des seßhaften Menschen, die mit den neolithischen Revolutionen anhob, gehört sie an. Wo nun die Kultur des seßhaften Menschen zu Ende geht, ohne dabei zwangsläufig ins historisch vorgängige Nomadisieren zurückzufallen, müssen die Schranken der kategorialen Dialektik fühlbar werden. Daß ich meinerseits nichts weniger vorhabe, als in der Sphäre des Seienden mich niederzulassen und mit Kategorien wie denen der Unterschiedenheit und der Antinomie mich zu bescheiden, versteht sich.

18 Die Tradition hat das Fachwort *Nichtseiendes* hinterlassen. Was *ist* das Nichtseiende? Kann man so fragen, ohne das Erfragte bereits als etwas unterstellt zu haben, um das es sich gerade nicht handeln wird? Worauf läßt sich der überkommene Ausdruck überhaupt anwenden, worüber läßt sich sinnvoll wie über Nichtseiendes sprechen? Handelt es sich bei vernichteten Dingen und verendeten Lebewesen um Nichtseiendes, oder nur bei den Chimären, den Einbildungen ohne Urbild? Wie schon im Falle des Seienden muß man es sich auch angesichts des tradierten Wortes *Nichtseiendes* versagen, ihm Signifikanten per empirischer Sinnfälligkeit zuordnen zu wollen. Es liegt nahe, vom Nichtseienden im Sinne einer Verneinung zu sprechen und dabei die Negation eines Seienden zu meinen, oder die des Seienden schlechthin und überhaupt bzw. die der Seiendheit, um diesen Sinnes schließlich festzuhalten: Wie man als etwas Seiendes all das zu bezeichnen hat, was richtiggehend ist, so als Nichtseiendes, was eben nicht ist. Nun *ist* etwas dadurch, daß es sich unterscheidet, daß es ein Bleiben per subsumierter Differenz hat. Analoger Weise *ist nicht*, was sich nicht unterscheidet. An die Nicht-Unterschiedenheit, an diese Negation findet sich der Begriff des Nichtseienden gebunden. Oder sagen wir, an die *Ununterschiedenheit*. Auch wenn das Präfix *un-* nur bedingt für die Verneinungspartikel zu stehen vermag, im gegebenen Kontext stehe es dafür. Dies vorausgesetzt, läßt sich der fragliche Begriff wie folgt festschreiben: Seiendes als Unterschiedenes – Nichtseiendes als Ununterschiedenes; Unterschiedenes *ist* – Ununterschiedenes *ist nicht*.

19 Das Nichtseiende, soviel erscheint gewiß, bildet ein Negat, besteht aus einer Negation. Diese Negation muß nun genauso wie jede andere Negation sich eingelassen finden in einen Unterschied. Folglich muß das Nichtseiende sich unterscheiden, mithin etwas Unterschiedenes ausmachen, und in dem Sinne wider Erwarten doch etwas Seiendes. Zu dem gleichen Schluß führt der Ansatz beim Begriff der Ununterschiedenheit. Wie gesagt, das Unterschiedene ist, das Ununterschiedene ist nicht. Nicht zu sein, das heißt, sich nicht zu unterscheiden. Diese Negation macht den springenden Punkt. Nun läßt sich Negation auch in diesem Falle nicht anders denken, denn als eine vom Unterschied implizierte. Sogar die Negation von Unterschiedenheit kann darum wieder nur Unterschied vollstrecken, wird ausgerechnet das vollstrecken, was sie verneint. Noch das Ununterschiedene muß sich unterscheiden. Und wovon? Vom Unterschiedenen sicherlich. Damit also das Nicht-Unterschiedene gedacht werden kann, hat man eine Negation anzunehmen, die sich ihrerseits in einem Unterschied eingelassen findet und eben darum aus dem Nicht-Unterschiedenen hinterrücks ein Unterschiedenes macht. Was eingedenk der Bindungen der Begriffe des Seienden und Nichtseienden an Unterschiedenheit und Ununterschiedenheit folgendes zur Konsequenz hat. Weil das Nichtseiende sich als Negation von Unterschiedenheit wenigstens noch von eben dieser *unterscheidet*, muß es schließlich doch tun, was es als Nichtseiendes nicht tut

– es muß sein. Damit hat sich die Explikation zur Antinomie kurzgeschlossen. Die These lautet: Nichtseiendes ist nicht. Die These selbst geht schon mit ihrer Antithese schwanger. Nichtseiendes ist nicht, und schon deshalb, schon wegen der Negation, wegen des Unterschiedes, den diese unweigerlich macht, muß es noch irgendwie sich unterscheiden, irgendwie ein Unterschiedenes darstellen, und mithin kann es auch nicht einfach nicht sein, muß es doch sein. Eine Antinomie, die notwendiger kaum auszufallen vermag, weil hier die Antithese aus der These selbst folgt, statt daß die beiden Bestimmungen aus einer dritten wie aus einer gemeinsamen Wurzel herauswüchsen. In dieser antinomischen Figur findet der Begriff des Nichtseienden, nachdem er an die Ununterschiedenheit gebunden ward, seine folgerichtige Ausführung. Das ist die Denknotwendigkeit. Wie aber ist das Denknotwendige möglich? Wie kann das Ununterschiedene dennoch sich unterscheiden, das Nichtseiende zugleich noch sein? Gewisse unterschiedliche Hinsichten erlangen da Bedeutung und Gewicht; was sich wenigstens hintergründig unterscheidet, kennt ja unterschiedliche Hinsichten. Einerseits das, was die Negation erfährt, die der Begriff des Nichtseienden zweifelsfrei meint, gewissermaßen der Referent der Negation, das Negierte. Andererseits das Negat. Negiertes und Negat. Ersteres muß dadurch, daß es besagte Negation erfährt, nicht sein. Das Negat aber kann unbeschadet dessen sehr wohl sein. Darin setzt sich schließlich die Beschaffenheit der Negation durch, eine Wiederholung auszumachen, zwar die definite, aber doch eine Wiederholung. Unsere Sprache bringt die verwickelten Bezüge zum Sprechen, indem sie uns zu sagen erlaubt: Es ist nicht existent. Das heißt, es *ist* zumindest dies, das es *nicht ist*. Der Spruch des *Parmenides*, wonach ausschließlich Seiendes ist, verdient angesichts der gezogenen Konsequenzen um keinen Deut eingeschränkt oder gar zurückgenommen zu werden, ebensowenig aber läßt er sich zu der Behauptung verlängern, dasjenige, was mit Fug und Recht als Nichtseiendes bezeichnet wird, fände sich schlechthin jenseits vom Seienden und würde darum schlechthin nicht sein. Allein Seiendes ist, dabei bleibt es. Denn nur insofern, wie das Nichtseiende in der markierten Hinsicht selbst noch als ein Seiendes figuriert, ist es als solches doch.

20 Der Widerspruch, daß sogar das Ununterschiedene sich notwendigerweise unterscheiden wird, gibt die Bestimmung ab, kraft derer der Begriff des Nichtseienden mit dem Zwang gebotener Folgerichtigkeit zu der angekündigten Konsequenz treibt, etwas ganz anderes als das Seiende und Nichtseiende in den Blick nehmen zu müssen. Als seine Konsequenz drängt sich das auf, sobald er in äußerster Extension angesetzt wird – mit dem denkbar weitesten Umfang einer totalen Negation von Entität. Alles Seiende möge als solches die Negation erfahren und zu Nichtseiendem sich verflüchtigt haben. Übrig bliebe die totale Ununterschiedenheit. Der Gedanke daran bildet das extensionale Pendant zu der von *Hegel* gedachten (aber mit dem Nichts verwechselten) Ununterschiedenheit-in-ihm-selbst. Totale Ununterschiedenheit – in dieser Extension gerät die Antinomie des Nichtseienden akut. Auch bei solchem Ausmaße muß das Ununterschiedene sich immer noch unterscheiden. Aber wovon sollte sich totale Ununterschiedenheit unterscheiden können? Von einem Seienden? Diese Möglichkeit entfällt im angesetzten Fall. Nur noch ein Seiendes steht in diesem Falle zu Gebote, jenes Seiende, als welches das Nichtseiende selbst hinterrücks figuriert, indem es sich unterscheidet. Und von dem Seienden, als welches es sich selbst näher besehen erweist, kann es sich schwerlich unterscheiden. Erst durch seinen Unterschied füllt es ja die Rolle des verborgenen Seienden aus. Nicht genug der Schwierigkeiten, die es schon bereitet, eine unterschiedene Unterschiedslosigkeit zu denken, wenn es die obendrein im Ausmaße der Totalität zu denken gilt, fragt sich, in Bezug worauf ein Unterschied überhaupt noch bestehen können soll. Darin liegt das Problem der totalen Ununterschiedenheit: als eine Ununterschiedenheit muß sie sich zwangsläufig unterscheiden, als die totale aber kann sie sich von etwas offensichtlich Seiendem genauso wenig unterscheiden wie von dem verborgenen Seienden, das sie selbst ausmacht. Als die totale kann sie sich höchsten von etwas unterscheiden, das weder Seiendes noch Nichtsseiendes darstellt. Etwas, das weder *ist* noch *nicht ist* und dennoch einem Unterscheiden zu Gebote steht. Was ist das, was könnte das sein? – Fragen dieser Art zu stellen, verbietet sich dann natürlich. Man möchte in der markierten Suchrichtung vielleicht das Nichts vermuten, aber der Gedanke daran kommt voreilig. Bevor sich das Nichts denken läßt, gilt es einen anderen Begriff zu bilden oder zu reaktivieren.

21 Zu der avisierten Begriffsbildung inspiriert eine Idee der älteren Stoa beziehungsweise die theoriegeschichtliche Deutung dieser Idee. Danach haben einige Stoiker die Auffassung vertreten, es gebe eine Gattung, die noch über der des Seienden und Nichtseienden steht, deshalb als die *erste* Gattung gewürdigt zu werden verdient und die Bezeichnung *das Etwas* tragen soll. Wer genau die Idee hervorgebracht hat, ist namentlich nicht bezeugt. Der einzige Vertreter der stoischen Schule, von dem uns wenigstens eine Kommentierung der Idee überliefert blieb, ist *Seneca*. Seinem Kommentar zufolge könnten die namenlosen Ahnen diese erste, noch über dem Seienden stehende Gattung allerdings auch das *Was (quid)* statt das *Etwas (aliquid)* genannt haben.[66] Ansonsten kennen wir die Idee nur aus den Stellungnahmen ihrer Kritiker, wozu unter anderen *Plutarch* und *Sextus Empiricus* zählen[67], und deren Darstellung bietet alles andere als ein homogenes Bild. Teils fällt die Kritik so aus, als hätten die stoischen Widersacher in der ersten Gattung lediglich das Seiende und Nichtseiende zusammenfassen wollen, teils dagegen so, daß sie mit dieser Gattung in der Tat ein Drittes, etwas im Vergleich mit dem Seienden und Nichtseienden anderes in den Blick genommen haben mußten, und es ist eher dieser Gedanke, der anregend wirkt, den beanspruchten Status einer ersten Gattung erfüllt sogar ausschließlich er. Aber gleichviel, was jene Stoiker nun tatsächlich geschrieben oder gesagt oder auch nur gemeint haben mögen, durch die vielfältigen Interpretationen ihres Gedankens, durch seine angemessene oder unangemessene Überlieferung, durch die heftige Kritik, die er in der jeweils überlieferten Form und in divergierenden Richtungen fand, ist auf uns eine inspirierende Deutungsvielfalt gekommen, mit der Möglichkeit, unter dem Etwas gerade das zu verstehen, was per se weder Seiendes noch Nichtseiendes ausmacht. In diesem Sinne wird der vorgefundene Terminus hier aufgegriffen. Durchaus bestehende weitere Möglichkeiten der Auslegung werden damit freilich vernachlässigt, vor allem die von *Hegel* bevorzugte etymologische Rückbindung an die Kleinschreibung *etwas, ein wenig*, die es ihm erlaubte, mit einer gewissen Folgerichtigkeit unter dem Etwas das bestimmte, beschränkte Seiende – gewissermaßen die Portion Entität – zu verstehen, aber im Vergleich mit dem ausgewählten ety-

mologischen Gesichtspunkt darf die ideengeschichtliche Herkunft die größere Autorität beanspruchen. Vor dem Hintergrund einer schillernden Tradition ist es konsequent, das Etwas ganz entschieden gegen alles Seiende und Nichtseiende abhebend zu denken. Das heißt, der Begriff des Etwas hat den Gedanken an das Seiende zu überschreiten, ohne dabei ein Nichtseiendes meinen zu können, und er hat den Gedanken an das Nichtseiende zu überschreiten, ohne postwendend etwas Seiendes meinen zu müssen. Den Gedanken an beides soll er gleichermaßen überschreiten, unbeschadet dessen aber doch gehaltvoll ausfallen. Bleibt nur noch die Frage, woher bei solchen Konditionen ein Begriffsinhalt stammen kann.

22 An dieser Stelle angelangt, gilt es einen Gedanken in Gänze zu reaktivieren, der eingangs bereits vorgetragen und zwischenzeitlich nur einseitig ausgeführt wurde – die Einsicht in die Differenz von Differenz und Unterschied. Kapitelweise kam sie vordergründig allein nach einer Seite hin, nach der Seite der Unterschiedenheit, zur Geltung. Für den Begriff der Entität genügte das. Wenn wir nunmehr die Differenz von Differenz und Unterschied wieder nach allen Seiten hin vordergründig bedenken, eröffnet sich dem fraglichen Begriffsinhalt logischer Raum. Deutlich genug zeichnet sich dann ab, was ein Begriff quasi positiv noch bedeuten kann, nachdem für ihn ausbedungen wurde, weder das Seiende oder Unterschiedene noch das Nichtseiende oder Ununterschiedene zu bedeuten. Er wird dann auf jenes Differieren abheben, das noch mit dem Unterschied differiert. Diese Differenz meinend, dafür stehend, darauf Bezug nehmend – und was an einschlägigen Ausdrücken hinzuzufügen ist, sei automatisch hinzugefügt – kann der Begriff als ein über die Unterschiedenheit resp. Entität und ihre Negationen erhabener passieren und dennoch gehaltvoll ausfallen. *Das Etwas* mag also den Inbegriff für Differenz, Differieren und Differentes im emphatischen Sinne des Wortes abgeben. Ausführlicher gesagt, *Das Etwas* stehe inbegrifflich für die Differenz und Wiederholung, die der Unterschiedenheit und Selbigkeit zuvorkommt und erst in Gestalt des Seienden sich zur subsumierten Differenz herabgesetzt bzw. zur hypertrophen Wiederholung überhöht findet. Den Titel *Etwas* verdient all das, was differiert, ohne unmittelbar zum Unterschiedenen erniedrigt zu sein, und wiederholt, ohne per se zum Identischen

geronnen zu sein. Von dem so verstandenen Etwas könnten wir nur irrtümlicherweise behaupten, es sei kein Seiendes, sei *nicht* ein Seiendes. Die Exklusion seiner aus dem Umkreis des Seienden ginge genauso fehl wie die Inklusion. Zutreffenderweise dürfen wir dafür sagen, das Etwas falle *anders* aus als Seiendes, anders daher auch als Nichtseiendes, um dabei allerdings schon einen Begriff der Andersheit in Anspruch zu nehmen, der noch aufzubereiten bleibt. Wieder falsch wäre es zu sagen, das Etwas unterscheide sich vom Seienden. Zu unterscheiden vermag sich nur dieses von jenem, während das Etwas noch mit dem Unterschied des Seienden zu ihm unentwegt differiert. Am einfachsten fällt es, den Begriff des Etwas damit zu umschreiben, daß es im All oder Universum mehr gibt als bloß Seiendes und Nichtseiendes. Eine Welt voll von Seiendem oder Nichtseiendem, darum kann es sich höchstens bei einer beschränkten Welt, einem Torso des Alls handeln. Ja, ein All, darin jegliches zu sein oder nicht zu sein scheint, läßt sich bestenfalls als eine kulturelle Setzung deuten, die einem transitorischen Kulturkomplex das beherrschende Prinzip stiftet. *To be or not to be*, das ist keineswegs die Frage von kardinaler Bedeutung, als welche sie im Pantheon der Sentenzen, im Gedächtnis des nämlichen Kulturkomplexes zirkuliert. Ob man das All ein Universum oder ein Pluriversum nennt, es findet sich darin etwas, das gegenüber der sprichwörtlichen Frage Neutralität wahrt. Den theoriegeschichtlichen Präzedenzfall dafür schuf der Begriff des Seins, besser gesagt, eine gewisse Arbeit am Begriff war es, was beispielgebend gewirkt hat, jene Arbeit wider die Seinsvergessenheit, die in der Auszeichnung der ontologischen Differenz kulminierte und auf dem Wege dahin erstens das Sein gegen Seiendes verwahrte und zweitens dies tat, ohne das so Verwahrte dem Nichtseienden zu überantworten. Das Sein als der philosophiehistorisch längst freigelegte und aufbereitete Präzedenzfall von neutraler Etwasheit. Der vollzogene Schritt in der Anerkennung der Würde des Seins beschwor sogleich einen weitergehenden herauf. Auch wenn das Sein unmöglich noch seinerseits zu sein oder nicht zu sein vermag, muß es nicht dennoch ein Da kennen, einen Status haben, einen anderen zwar als den der Entität, aber doch irgendeinen? Vom Sein zu sagen, daß es *ist*, verbietet sich fürderhin, wie aber haben wir dann von ihm zu sprechen, wie es als Da anzusprechen? In Beantwortung fiel am Ende eine markante terminologische Entscheidung. Das Sein *gibt es*.[68] Es gibt das Sein, statt daß es seinerseits zu sein oder nicht zu sein hätte. Mit dem Es-ist differiert ein *Es-gibt*. Dieses rekurriert unumwunden auf Gegebenheit, worauf jenes höchstens mittelbar sich bezieht. Von vornherein wurde das Es-gibt nicht allein dem Sein zugeschrieben. Von der Zeit hieß es gleichfalls: Zeit gibt es, statt zu sein.[69] Eingedenk der Verschränkung von Sein und Zeit war das sogar herauszukehren, daß es nicht allein das Sein, sondern mit ihm auch die Zeit gibt. In beiderlei Hinsicht stand dabei ein neutraler Status in Rede, in der einen wie der anderen Hinsicht war mitgedacht worden: *Geben* kann es etwas schon, ohne zu sein. In eben diesem Sinne darf dem Etwas überhaupt zugeschrieben werden, daß es das gibt. Es gibt Etwas, weil und insofern es weder ist noch nicht ist. Nach einer so weitgehenden Extrapolation fragt sich nun dringlicher noch als zuvor, wie man das Es-gibt näher zu begreifen hat. Auf Anhieb läßt sich dazu aber wenig ausmachen, kaum mehr als das bereits gesagte, denn auch das Es-gibt, dieses Da, erschließt sich erst von einem So her. Diesem gilt es nachzugehen, um schließlich auf jenes zurückkommen zu können.

Etwas und SPF – die Beschaffenheit

23 Das Seiende oder Unterschiedene ist ein solches auch in sich. Zunächst unterscheidet es sich in *Substanz und Attribut*, in das Beharrende und Zugrundeliegende einerseits und das darin Gründende und Wechselhafte andererseits. Oder aber es unterscheidet sich als es selbst von sich, scheidet sich als Selbst oder Eigentlichkeit von sich als dem anderen und uneigentlichem an ihm – seine *Selbstunterscheidung*. In der Verquickung der Substanz mit dem Selbst wird es zum *Subjekt* von *Prädikaten*. Der Subjekt-Prädikat-Form (SPF) samt Voraussetzungen entsprechen Sätze wie *Der Blitz ist ein Leuchten. Der Blitz hat die Eigenschaft zu leuchten. Der Blitz leuchtet.* Zum Etwas hingegen passen die Sätze *Der Blitz besteht auch im Leuchten. Der Blitz macht auch ein Leuchten aus. Der Blitz eben fiel besonders hell leuchtend aus.* Worte wie *ausmachen, ausfallen* und *bestehen in* eignen sich noch am ehesten dazu, über Etwas angemessen zu sprechen. Etwas macht dieses oder jenes aus, es besteht in dem und dem, fällt so oder so aus; und das, was es ausmacht, worin

es besteht, kann *Beschaffenheit* heißen. Warum erscheinen gerade diese und ähnliche Worte als geeignet? Der pragmatische Vorteil, den sie bieten und den es zugunsten einer möglichst angemessenen Rede über Etwas zu mobilisieren gilt, liegt darin, daß sie denkbar wenig den Gedanken an eine Unter-Scheidung zwischen dem Etwas und der Beschaffenheit, an eine Kopulation beider, an die Subjekt-Prädikat-Form assoziieren. Freilich nur denkbar wenig, gänzlich jenseits der Subjekt-Prädikat-Unterscheidung findet keine Rede statt. Im System der Sprache, so darf man unter Anspielung auf einen Aussage von *Jacques Derrida* sagen, herrscht der Unterschied, es ist vorzugsweise orientiert am Seienden, vornehmlich geprägt von der Seßhaftwerdung des Menschen. Nichtsdestotrotz macht es Sinn, nach Worten zu suchen, die so wenig als möglich, keinesfalls aber vordergründig solche Prägung spürbar werden lassen. Die nämlichen gehören dazu. Und sie werden benötigt, um wenigstens auf unvollkommene Weise zur Sprache bringen zu können, wie sehr das Etwas bzw. die Beschaffenheit, anstatt unmittelbar unterschieden oder indifferent zu sein, differiert.

Offenheit und Geschlossenheit – die paradoxe Wendung

24 Im Subjekt finden die Prädikate ihre Grenze. Die theoriegeschichtlich vertrauten Postulate, denen zufolge die Prädikation dem Subjektbegriff entsprechen soll, und niemals verneinen darf, was es unter dem Begriff vorab mitzudenken galt, verteidigen die Grenze, gleichviel ob sie das auf angemessene Weise oder mit Übereifer tun. Dem Seienden sind jedenfalls Grenzen gezogen, die sich unbedingt durchsetzen. Zunächst in der Veränderung, genauer gesagt darin, daß das Seiende sich mit Veränderung bescheidet, mit einem Werden, das sich in Grenzen hält, indem es gewisse Bestimmungen ungeschoren, zu Konstanten gerinnen und gerade als solche die wesentlichen, eigentlichen oder sonstwie dominanten sein läßt. So ist etwas durch bloße Veränderung dasselbe. Da nun das Seiende all das, was es ist, ebensogut nicht ist, übertrifft sein Werden die Veränderung. Jedoch setzt sich die Grenze immer noch darin durch, daß sie überschritten werden muß, daß das Seiende also von selbst über sich hinaus treiben muß, um schließlich in Übergängen aufzugehen. Ob es sich bei bloßer Veränderung in Grenzen hält oder die Grenze im Überschreiten nachzieht und bestätigt, so oder so erweist sich das Seiende als Geschlossenes, als von *prädikativer Geschlossenheit* gezeichnet. Womit offenkundig nur eine Zusammenfassung gegeben wird, die Zusammenfassung von Einsichten, die sich bereits akkumuliert finden in der kategorialen Dialektik, dort wo die Idee der Entität mit besonderer Beweglichkeit des Denkens sich paart. An dieser Stelle interessiert das im Vergleich mit dem Etwas. Das Etwas läßt nämlich jene Geschlossenheit unmittelbar vermissen, läßt sie genauso vermissen wie den Unterschied von Substanz und Attribut oder von Subjekt und Prädikat. Der in der jüngeren Geschichte der Philosophie periodisch auflebende Sinn für den offenen Begriff avanciert im Denken des Etwas zum Gebot. Etwas gibt sich unmittelbar offen. *Es gibt* etwas nur, weil und insofern es von offener Beschaffenheit. Ja, *Beschaffenheit* lautet eigentlich der begriffliche Name für das *offene So*. Es sei von qualitativer und qualifizierbarer Offenheit gesprochen. Wie begreift sich diese Offenheit näher? Eine gewisse Denkgewohnheit will sie definiert sehen. Aber der Versuch zu definieren, das heißt eine definitive Bestimmung zu geben, müßte unweigerlich das Offene an der Offenheit verfehlen; auf dem Prokrustesbett des definitiven Bestimmens zugerichtet, schrumpfte der Begriff der Offenheit unversehens zum Träger von begrenzter Bedeutung, während es doch darauf ankommt, die Offenheit gerade *als solche* zu begreifen und also tunlichst zu vermeiden, sich ausgerechnet die Offenheit als etwas prädikativ Geschlossenes gedanklich zurechtmachen zu wollen. Daran mich haltend, kann ich zunächst folgende Aussage formulieren: Offenheit sperrt sich oder entzieht sich der definitiven, abschließenden Bestimmung. Danach liegt es verführerisch nahe, diese gewiß zutreffende Aussage unterderhand doch noch zur definitiven Bestimmung geraten zu lassen, zur definitiven Behauptung einer definitiven Unbestimmbarkeit. Der Verführung entgehe ich, indem ich die Aussage als eine Prämisse nehme, aus der weiteres folgt. Wenn sich die Offenheit als solche der definitiven Bestimmung sperrt, dann kann sie unmöglich die definitive Unbestimmbarkeit zur definitiven Bestimmung haben. Gerade die zutreffende Aussage kann mithin eine zutreffende nur bleiben, indem sie durch weitergehende Aussagen ergänzt, eingeschränkt, kontrastiert, paralysiert wird. Und diese Aussicht auf para-

lysierende Aussagen hat folglich ebenfalls mit ihrer Paralysierung zu
rechnen. Die Wahrheit liegt diesbezüglich in einem unbedingt fol-
gerichtigen gedanklichen Fortgang, dessen Ende mit jeder Aussage
– indem sie eine weitergehende und sie selbst einschränkende Aussage heraufbeschwört – aufgeschoben wird, und der eben dieserart
buchstäblich *differiert*, statt daß die Wahrheit das Ganze wäre, dessen Totalität sich der Gedanke wenigstens fortschreitend annähern
könnte. Solcher Fortgang bringt jede Aussage um den Triumph,
etwas Identisches aufgespürt zu haben. Durchaus nimmt er seinen
Ausgang im analytisch Aussagbaren. Sowenig das analytische Urteil
zwangsläufig eine Grenze markiert, sowenig muß die Offenheit
bodenlos gedacht werden. Vielmehr erweist sie sich darin, daß gerade das analytisch Faßbare an ihr zu Konsequenzen treibt, die den
Verdacht auf prädikative Geschlossenheit hinlänglich dementieren.
So unter anderem in folgender Hinsicht: Wenn das Etwas in der Tat
von qualitativer Offenheit, dann muß diese schließlich sogar in der
Offenheit für das Geschlossene bestehen. Wie sollte ausgerechnet
die Offenheit – um analytisch zu argumentieren – sich abschließen,
sich dem Geschlossenen verschließen können? *Die Offenheit muß
sich als eine solche noch für das Geschlossene erweisen.* In dieser, sagen wir, *Wendung* liegt Eigentümlichkeit; der qualitativen Offenheit
stiftet die Wendung ins Geschlossene Eigentümlichkeit. Umgekehrt
funktioniert die Wendung nicht, von anderen Begriffen als den gerade involvierten zu schweigen. Gleichwohl sich mit der Wendung
mehr noch als das ausdrücklich gesagte erschlossen hat. Um das zu
sehen, muß nur erinnert werden, wofür jene Begriffe stehen: soweit
von der prädikativen Geschlossenheit und in diesem Sinne vom
Geschlossenen gesprochen wurde, stand das Seiende in Rede, zusammen mit der qualitativen Offenheit das Etwas. Erschlossen hat
sich mithin eine *Wendung des Etwas ins Seiende.* Und diese Wendung ins Seiende macht das Etwas zum Sein. Weil und insofern dem
Etwas die qualitative Offenheit eigentümlich, und ebendarum die
Wendung ins Geschlossene oder Seiende, heißt das Etwas mit Fug
Sein. Leicht könnte man die Wendung so deuten, als bildete das Sein
eine dem hölzernen Eisen vergleichbare offene Geschlossenheit
oder geschlossene Offenheit. Aber so kann sie nur in einer Deutung
erscheinen, die vordergründige Prägung erfahren hat durch die
Erwartung von finalen Synthesen, Verbindungen und Einheiten.

Das Interessante an jener Wendung liegt ja gerade darin, daß die qualitative Offenheit als solche schon die Offenheit auch fürs Geschlossene, Seiende ausmachen muß, statt mit ihm sich zu verbinden, sich zu durchdringen, eine unmittelbare Einheit oder vermittelte Synthese zu bilden. Das Etwas – so wie es kraft seiner qualitativen Offenheit, allein vermöge der Beschaffenheit überhaupt, ins Seiende sich wendet – als das Sein. Dieserart ist das Seiende vom Sein unterschieden, während umgekehrt das Sein mit dem Seienden differiert, in der Weise der Wendung.

25 Ein altes Wort des dialektischen Denkens ist *Wendung*, gebräuchlich schon lange bevor solches Denken den Namen *Dialektik* zu führen sich angewöhnte. Dem philosophischen Begriff der Wendung wird zugetraut, ein Zugleich von quasi objektiver Folgebeziehung, gedanklicher Wendigkeit und bündigen sprachlichen Wendungen zu meinen.[70] Angesichts der Wendung des Etwas ins Seiende, der qualitativen Offenheit ins prädikativ Geschlossene, mag man sich an das Umschlagen der Gegensätze und das Prinzip der Negativität erinnert fühlen. An dieser Stelle droht eine Verwechslung. Jene Wendung erschließt sich im direkten Schluß; überhaupt korrespondiert den Wendungen, wie sich noch abzeichnen wird, vorzugsweise der *direkte* Schluß. Dagegen das Prinzip der Negativität und speziell das des Umschlagens der Gegensätze von seinen Meistern zumeist in *indirekten* Schlüssen praktiziert wird; erst mit einer zweiten Prämisse kommt das Negative ins Spiel, um sich mit der jeweils vorgängigen Prämisse zum Syllogismus zu verschlingen. Gewiß münden Wendungen im Konträren, aber schon deshalb im Gegensätzlichen? Damit die Wendung des Etwas ins Seiende als Umschlag in den Gegensatz gedeutet werden darf, müßte man voraussetzen können, daß das Etwas und das Seiende einander entgegengesetzt sind, daß sie wie Gegensätze zueinander stehen, dafür wiederum müßte notwendig ausbedungen werden, daß das Seiende das Nicht-Etwas und das Etwas das Nichtseiende sei. Genau das erscheint aber äußerst problematisch. Das Etwas als das Nichtseiende, als diese Negation, anzunehmen, liefe der Intention zuwider, unter der hier der stoisch inspirierte Etwasbegriff reaktiviert wurde und systematisch Sinn macht. Darin bestand ja gerade die – vermeintliche oder authentische – Idee der älteren Stoa, daß sich unter dem Titel *aliquid* eine

über das Seiende wie über das Nichtseiende erhabene Gattung denken lasse. Weshalb das Etwas hier von vornherein als gegen Seiendes und Nichtseiendes different angedacht wurde. Und von diesem Ansatz zeigt sich nunmehr, mit der gewohnheitsmäßig sich aufdrängenden Beschreibung des Etwas in Kategorien des Gegensatzes und der Negation fühlbar zu kollidieren. Was bedeutet diese Kollision? Sie zeigt an, wie problematisch der Begriff der Differenz zu dem der Negation steht. Eine ganz nahverwandte Problematik begegnet einem, sobald man sich – angesichts der mittlerweile getroffenen näheren Aussagen über das Etwas – von der Aussichtslosigkeit einer Suche nach seiner Identität überzeugt hat.

26 Die Aussage, der Begriff der Beschaffenheit meine das offene So, erweckt den Eindruck, als besäße das Etwas in der qualitativen Offenheit eine Identität. Das Etwas *ist* das Offene, möchte man die Aussage fortsetzen. Indes, durch ihre Wendung wird die Offenheit davor bewahrt und daran gehindert, eine hypertrophe Wiederholung zu erfahren und zur Identität zu gerinnen. Zwar erfährt sie Wiederholung, aber doch als Wendung, in Gestalt der Wendung, und das heißt, gerade in einer Weise, bei der sie dem Differieren unterliegt, zumal einem Differieren im Ausmaße der Kontrarität. Noch weniger als die Offenheit kommt die Wendung als solche dafür in Frage, sich dominant zu wiederholen und dem Etwas eine Identität aufzubürden, liegt doch kaum etwas näher, als daß sie ihrerseits sich wendet – in das Andere der Wendung. Ausnahmslos jede Aussage über das Etwas läßt sich daraufhin verdächtigen, ihm eine Identität zugeschrieben zu haben, um spornstreichs von den möglichen Anschlußsätzen widerlegt und blamiert zu werden. Aber wie soll man das angemessen ausdrücken und auf den Begriff bringen? In Bezug auf das Etwas sei Identifikation zu *verneinen*, es habe *keine* Identität, ergibt das eine angemessene Ausdrucksweise? Mit anderen Worten, gehört das Etwas und sein Differieren zum sogenannten Nichtidentischen, dem theoriegeschichtlich schon mehrfach reklamierten? Den Anspruch, das Nichtidentische zu Ehren zu bringen, erhob bekanntlich bereits *Hegel*; jedes spekulative Urteil enthalte das Nichtidentische des Subjekts und des Prädikats als ein wesentliches Moment.[71] Eher noch vordergründiger erhob den Anspruch *Theodor W. Adorno*; die ganze Dialektik wollte er zum konsequenten

Bewußtsein von Nichtidentität auslegen, ihre Begrifflichkeit en bloc dem Nichtidentischen zukehren, das sich namentlich im Begriffslosen, Einzelnen und Besonderen finde.[72] Analog dazu das Etwas mit seinem Differieren und wegen der Resistenz gegen Identifikation unter dem Begriff des Nichtidentischen führen zu wollen, bietet sich an, aber läßt es sich darunter in der Tat begreifen? Man muß sich dieses Begriffes vergewissern. Offenkundig meint er die Negation von Selbigkeit, die Verneinung des Besitzes von Identität und dergleichen. Die Negation aber kann – als definite Wiederholung – nicht geschehen, ohne eine – freilich leere – Identität zu setzen. Daher muß der fragliche Begriff direkt wie folgt expliziert werden: Das Nichtidentische ist zumindest darin noch identisch, aller Identität zu entbehren, erweist sich wenigstens in dem Punkt als immerfort dasselbe, bar jeglicher Selbigkeit zu sein. Das ergibt sich in direkter, nächster Explikation. Unverkennbar, wie ungereimt die ausfällt. Wie sollte etwas wirklich *aller* Identität entbehren und nichtsdestotrotz in Gestalt dieses Entbehrens noch eine Identität haben können? Die Ungereimtheit der Explikation spricht allerdings nicht zwangsläufig dagegen einen Begriff des Nichtidentischen zu bilden, sie läßt sich nach dem Zirkelfehlerprinzip von *Bertrand Russell* und *Alfred North Whitehead*[73] bereinigen, ohne die Intention der Begriffsbildung, die Identität verneinen zu sollen, insgesamt opfern zu müssen. Bei Prüfung nach dem Zirkelfehlerprinzip stellt sich heraus, woran besagte Explikation leidet, an einer illegitimen Gesamtheit, und wie die illegitime Gesamtheit an ihr getilgt werden kann, auf dem Wege der Reformulierung. Das Nichtidentische, wird es dann heißen dürfen, ist allein darin identisch, *ansonsten, darüber hinaus* die Identität vollständig vermissen zu lassen, einzig in der Hinsicht bleibt es unentwegt dasselbe, daß ihm in jeder weiteren Hinsicht die Selbigkeit fremd bleibt. In dieser Fassung stimmt die Begriffsbildung mit dem Zirkelfehlerprinzip zusammen, dergestalt mag sie logisch passieren. Noch in der stimmigen Fassung unterstellt sie aber etwas, das davon abhält, sie auf das Differente und seine Resistenz gegen Identifikation anzuwenden – die hintergründige Identität. So sehr es in sich stimmig ist, das Nichtidentische als dasjenige zu definieren, das ausschließlich in dem einen Merkmal noch mit sich identisch bleibt, in allen anderen Merkmalen von Selbigkeit frei zu sein, so wenig verträgt es sich doch mit gründlicher Indolenz gegen Selbig-

keit. Kurzum, das Differente als Nichtidentisches zu führen, wäre
von Grund auf falsch. Selbst der verhaltene Ausdruck, es habe *keine*
Identität, wird besser gemieden – keine Identität ist immer noch
eine. Und indem das Differente nach der Identifikation auch noch
deren Verneinung distanziert, macht sich vor allem ein schwieriges
Verhältnis der Differenz zur Negation bemerkbar.

Differieren und Negieren – die Andersheit

27 Soweit die Differenz sogar das Differieren mit der Unterschiedenheit einschließt, muß sie gleichermaßen als ein Differieren mit
der Negation gedacht werden. Denn in der Unterschiedenheit ist die
Negation gleichsam heimisch. Unterschied und Identität grenzen,
an der Grenze aber, an einer wie immer porösen und überschreitba-
ren Grenze, hebt abschließende Wiederholung an – Negation. Indem die Wiederholung dominant gerät und zur Selbigkeit hypertro-
phiert, befestigt sie sich zugleich zur Grenze, und indem sie begrenzt, scheidet sie sich von dem, was sie *nicht* ist, stellt sie sich als
diese zu ihrer Verneinung; so ist sie unterschieden und der Unterschied unbedingt Negation, gleichviel wie verwickelt die Verneinung
geschehen mag, ob in der doppelsinnigen Form einer Aufhebung
oder in einer noch verwickelteren. Deshalb muß die Differenz gegen
Negation genauso weit abheben wie schon gegen den Unterschied.
In eben dieser Hinsicht, hinsichtlich der Beziehung zur Negation,
stellt sie sich als Andersheit dar. Als Differieren mit Negation macht
sie Andersheit aus, darf ihr der begriffliche Beiname *Andersheit*
zugeschrieben werden. Womit eine terminologische Entscheidung
fällt, die zwar unsere Alltagsrede nur bedingtermaßen mitzutragen
vermag, dafür aber theoriegeschichtlich verfügbare Einsichten reaktiviert. Sie schließt bei *heterologischen* Thesen an, wie sie namentlich
Heinrich Rickert entwickelt hat. Vor allem drei Thesen betrifft das.
Erstens: *Die Andersheit geht der Negation logisch voraus.* Zweitens:
Das Andere müsse daher positiv ausfallen, ebenso positiv wie dasjenige, im Verhältnis zu dem es das Andere bilde; nicht die Antithe-
sis, die Heterothesis gibt die ihm gemäße Denkform her. Und
schließlich: Innerhalb der Philosophie genießt eine Überbewertung
der Negation weite Verbreitung, die zum gut Teil der Verwechslung

der Andersheit mit Negation geschuldet ist.[74] Bei diesen Thesen wird angeschlossen, wenn im weiteren der Begriff der Andersheit Verwendung findet, freilich ohne damit sämtliche Voraussetzungen, die *Rickert* macht, fortschreiben zu wollen. Für *Rickert* ist das Andere im Grunde jenes Positive, das man in der negativistischen Tradition für den setzenden, ponierenden Effekt der Negation hält. Dieses Positive will er dagegen verwahren, von der Negation herzurühren. Als das Andere behauptet er gewissermaßen eine gegen Negation inkommensurable Positivität. Um allerdings die kühn gedachte These vom logischen Vorgang der Andersheit gegenüber der Negation entschieden durchführen zu können, müßte er den Begriff des Anderen gleichermaßen von der Positivität emanzipieren, so inniglich wie Positives und Negatives einander durchdringen. Daran hindert ihn am meisten eine erklärte Gleichsetzung der Andersheit mit Unterschiedenheit. *Anders* bedeutet ihm soviel wie: nur verschieden zu sein, einzig und allein unterschieden zu sein. Wie aber sollte die Andersheit – vollständig eingebunden in Unterschiedenheit, gebannt auf diesen Tummelplatz der Verneinungen – überhaupt der Negation logisch vorausgehen können? Die Schwierigkeit entfällt, sobald in ihr gleichsam ein Gesicht der Differenz erkannt wird, das diese der Unterschiedenheit als solcher schlechthin und überhaupt zuwendet – und ebendarum der Negation. Nachdem der Begriff des Anderen auch noch zur Positivität der Unterschiede gebührend auf Distanz gebracht wurde, und erst damit entschieden genug zur Negation, lassen sich seine Reduktionen rückhaltlos als philosophischer Widerpart auszeichnen, darunter jene negativistische Reduktion, die *Rickert* mit Sicherheit im Visier hatte. Ganz unverdeckt offenbart sich die Reduktion in Gestalt einer Gleichung, die *Hegels* Logik durchgängig unterstellt, bei nahezu jedem gedanklichen Übergang stillschweigend voraussetzt und gelegentlich ausdrücklich macht – in der Formel *Anderes ist Nichtdiß*[75]. Anders als etwas = nicht dieses; anders als so = nicht so; anders sein = nicht sein. Das Wort *nicht* dabei stets als Verneinungspartikel. Für das Prinzip der Negativität, für eine Denkungsart, die jeglichen Fortgang vom Negativen vermittelt sehen will, allen Fortgang als Übergang, als Überschreiten einer Grenze zu praktizieren sucht, sind besagte Gleichungen gleichwohl notwendig ausbedungen. Was tritt an ihre Stelle, wenn mit dem Prinzip vorsätzlich illoyal verfahren werden soll? Zunächst eine eigentlich schon getroffene, nur noch bündig zu formulierende Feststellung: Andersheit macht etwas anderes aus als Negation; das Fachwort *anders* meint etwas anderes als das *nicht* der Verneinung. Der tiefere Gehalt dieser Feststellung, ihre Pointe gewissermaßen, offenbart und erfüllt sich allerdings erst in dem aus ihr zu ziehenden Schluß. Wenn Andersheit anders als Negation, dann muß sie auch *anders als keine Negation* begriffen werden. In diesem Punkte widersetzt sich die sprachliche Gewohnheit, die zweifelsohne der *Hegelschen* Formel sekundiert. Anders als Negation – also keine Negation, möchte die Gewohnheit fortsetzen. Aber *keine* Negation wäre auch eine Verneinung, die Verneinung der Negation, und als eine solche die Prämisse deuten zu wollen, die ausdrücklich das Andere der Negation behauptet, bescherte einen kontingenten Widerspruch. Folgerichtig gedacht, läßt die Prämisse nur eine Ergänzung zu: wenn anders als Negation, dann ebenfalls anders als keine Negation. Also auch *nicht* keine Negation, möchte die Gewohnheit erneut fortsetzen, um abermals gegen die Prämisse zu verstoßen. Die Unermüdlichkeit, mit der sich der einmal gebührend gegen Negation distanzierte Begriff der Andersheit allen Verführungen zur Verneinung verweigert, manifestiert seine Eigentümlichkeit. Gewiß meint *Gilles Deleuze* etwas ganz ähnliches, wo er die Differenz, die er auch die reine nennt, als *negationslos* umschreibt[76], nur daß die Umschreibung noch für eine Deutung anfällig bleibt, die besser vermieden wird.

28 Nunmehr lassen sich die Fragen entscheiden, die quasi wie Symptome der Problematik von Differenz und Negation auftauchten. Hat das Etwas, so fragte sich zuletzt, *keine* Identität, wenn diese ihm höchstens fälschlicherweise zugeschrieben werden kann? Die Antwort muß lauten: das Etwas fällt anders aus als das Identische, und das heißt schon, anders als das Nichtidentische fällt es gleichfalls aus. Analog in mancherlei Hinsicht noch. Anders als Unterschiedenheit, das muß zugleich bedeuten: anders als Ununterschiedenheit – eben Differenz, anders als das Es-ist ebensoviel wie anders als das Es-ist-nicht – nämlich Es-gibt, anders als Seiendes ebensoviel wie anders als Nichtseiendes – nämlich Etwas. Die Offenheit des Etwas stellt sich signifikant anders dar als die prädikative Geschlossenheit des Seienden, schon deshalb aber auch anders als eine Nicht-

Geschlossenheit. So kann sich jene in diese *wenden*. Die Wendung mag, wie im gegebenen Fall, ins Konträre führen, aber das *Konträre* bildet das *andere* Extrem, weit davon entfernt, dem Gegensatz umstandslos zugeschlagen werden zu können. *Gegensatz* schließt Exklusion und die Exklusion wiederum Negation ein. Was zueinander im Verhältnis des Gegensatzes steht, das schließt einander aus sich aus, und der Ausschluß geht unabdingbar mit Negation einher. Dies macht den Gegensatz zur verwandelten Form des Unterschiedes und zur verwandten Form des Widerspruchs. Dahingegen *Kontrarität* einen Grad der Andersheit bezeichnet, den extremen Grad, die aufs äußerste gespannte, gespreizte, gedehnte Andersheit. Die Zeit macht das konträr Andere des Raumes aus, und das heißt, man hat sie auch anders zu begreifen denn als den Nicht-Raum, anders als die Exklusion des Raumes aus der Zeit. Die *Wendung* überhaupt bedeutet: *Etwas fällt anders aus als es ausfällt.* Das charakterisiert alle *Beschaffenheit* – anders auszufallen als sie ausfällt. Mit Sicherheit impliziert das: anders als die antinomische Verfassung des Seienden und Nichtseienden, die ja ohne Negation undenkbar ist. Allein, erstens muß schon deshalb das Etwas mit seinen Wendungen auch anders als die Negation dieser antinomischen Verfassung gedacht werden. Und zweitens muß schließlich und endlich die Wendung als solche eine Wendung vollziehen, eine, die geradewegs in jene Verfassung einmündet. Wenn das Etwas eigentümlicherweise anders auszufallen pflegt als es gerade ausfällt, dann muß es schließlich auch anders ausfallen als so, anders als wie eben festgestellt – mithin muß es sich in das Es-ist-nicht-was-es-ist gewendet haben, das dem Seienden obwaltet. Die Andersheit läßt einem keine Ruhe. Weil sie sich unbedingt treu bleibt und ihrem Namen alle Ehre macht. Das klingt nach Gleichheit mit sich, nach Identität, tatsächlich bedeutet es, daß die Behauptung *anders = anders* schlicht und einfach *falsch* wäre. An die Stelle des Gleichheitszeichens gehört ein Ausdruck von Andersheit. *Das Andere als das Andere des Anderen*[77], diese so merkwürdig anmutende Notiz in *Heideggers* Hegel-Lektüre bringt die der Gleichung vorzuziehende Beziehung zum Sprechen, obschon ihr Kontext das mehr zu verdecken als nahezulegen scheint. Unbeschadet ihrer Merkwürdigkeit gibt es die Andersheit doch. *Siegmund Freud* hat einen ganzen Kontinent der Andersheit oder Differenz entdeckt und erschlossen. Vom unbewußten Triebleben, das er im

Vergleich mit dem Ich und Über-ich als das *Es* bezeichnet, sagt er: Im Es finde sich nichts, was der Negation vergleichbar wäre[78], erst durch den Argwohn des Bewußtseins gegenüber den Trieben, erst mit der von ihm ausgeübten Zensur komme die Negation ins Spiel und zum Zuge[79]. Demzufolge muß auch die Beziehung der Grundtriebe aufeinander, die Beziehung von Erostrieb und Destruktionstrieb der Negation entbehren. Der Destruktionstrieb versteht sich anders als der Eros und er versteht sich auch anders als ein Nicht-Eros, anders als etwas, das den Eros aus sich ausschlösse. Freilich kann man Aussagen wie diese kaum als richtiggehende Bestimmungen gelten lassen. Die *Bestimmtheit* – mit der Beschaffenheit nicht zu verwechseln – ist die Ungetrenntheit von Unterschied und Identität und alles Bestimmen deshalb unzertrennlich von Negation – *determinatio negatio est*. Regelrechte Bestimmung erfahren kann allein das Seiende und Nichtseiende. Andersheit als solche entzieht sich beharrlich dem Urteil des Bestimmens (des Prädizierens, des Identifizierens usw.). Eine Konsequenz, die sich bereits aus den angeführten heterologischen Thesen ergibt, die ausdrücklich gezogen allerdings erst *Werner Flach* hat[80]. Andersheit zu denken, bedeutet zu *qualifizieren*, denn die Qualifizierung unterstellt schlicht *quale*, das heißt Beschaffenheit.

Es gibt – das fragwürdige Es, das gibt

29 Von der ausgesprochenen Qualität oder Beschaffenheit her läßt sich begreifen, was das heißt: Etwas gibt es. *Es gibt* bedeutet Da-in-Differenz. Dieses Da impliziert durchaus ein Bleiben, wohl jegliches Da verbindet sich damit, aber es impliziert ein Bleiben gerade in der Wendung, ja, eines, das unmittelbar nur in Wendungen liegt, ein Bleiben allein durch Wendung. So daß im äußersten Fall einzig und allein das Geschehen der Wendung verbürgt, daß etwas bleibt und was bleibt. Das pure Geschehen der Wendung verbürgt, daß im Geschlossenen das Offene sein Bleiben hat. Irgendwelche Eigenschaften und Merkmale, die in jenem Geschehen beharrten, wie Konstanten wiederholten, den identifizierenden Vergleich zwischen Bleibendem und Gebliebenem erlaubten, stehen dafür außer Betracht. Bevor nun die gerade formulierten Aussagen zur Identifikation abheben und besagte Beziehungen von Wendung und Bleiben zur dominanten Wiederholung hypertrophieren können, werden sie ihrerseits der fortgesetzten Wendung anheimfallen, einer umfassenderen Wendung zum Opfer fallen und ausschließlich in der Weise ein Bleiben haben.

30 Welche Position mit vorstehenden Aussagen eingenommen wird, mag sich im Vergleich mit disparaten Standpunkten markanter abzeichnen. Am schärfsten kontrastiert die eingenommene Position mit einer logischen Praxis, der das philosophiehistorische Ereignis einer Relativierung von Entität zugunsten der Entdeckung eines anderen Status entgangen sein muß bzw. von der das nämliche Ereignis ignoriert oder verkannt oder sonstwie übergangen wird, indem sie die mannigfachen sprachlichen Ausdrucksformen der Entität und der Gegebenheit, des Es-ist und des Es-gibt zumindest de facto als synonyme Ausdrücke hantiert. Wie das *Willard Van Orman Quine* unter dem ausdrücklich gestellten Thema *Was es gibt* betreibt[81], unter einem Titel also, der durchaus dazu taugte, eine differenzierende Statusuntersuchung anzukündigen. Oder wie das *Ernst Tugendhat* selbst dort tut, wo er Existenz thematisiert.[82] Beide wechseln zwischen *es gibt* einerseits und *es ist / es existiert* andererseits derart unvermittelt, als handelte es sich um Synonyme. Zu den disparaten Standpunkten gehören ferner die ernsthaft unternommenen aber fehlgeschlagenen Versuche, über das grob Einebnende der gerade monierten Praxis hinauszugelangen. Man versucht zwar das Es-ist gedanklich zu relativieren, sucht nach seinem Pendant, nach einem weiteren Status, meint jedoch das Pendant bei Figuren wie dem Es-geschieht gefunden zu haben. In der Weise differenziert und korreliert *Gianni Vattimo*: *es ist* einerseits, *es geschieht* andererseits.[83] Auf die Weise vollzogen, geht das Bemühen um Statusdifferenzierung tatsächlich fehl. Vom Geschehen läßt sich die Entität nur zum Preis einer Diskriminierung scheiden. Um die Entität vom Geschehen folgerichtig scheiden zu können, müßte *Vattimo* sie eigentlich als Hort der Ruhe und Heimat des Stationären unterstellen. Was ihr mit Sicherheit nicht gerecht wird. Der Entität eigentümlich ist keineswegs das Ungeschehen, die Unbewegtheit, das Fehlen von Prozessualität, ihr eigentümlich ist der ebenso rastlose wie durch dominante Wiederholung flach gehaltene Prozeß, die prozessierende

Unterschiedenheit, die Veränderung, die selbst in flüssigster Form das Seichte behält, das von der Herabsetzung der Differenz stammt. Schließlich gehört zu den disparaten Standpunkten noch einer, der dem hier vertretenen nah verwandt erscheint. Man setzt vom Es-ist das Es-gibt ab, deutet das letztere jedoch so, daß dadurch die gerade eingeleitete Differenzierung gleich wieder blockiert wird und zur unausführbaren Scheidung stockt. Namentlich ein von *Emmanuel Lévinas* unterbreiteter Vorschlag steht dafür. *Lévinas* deutet das Es-gibt als *Sein überhaupt*.[84] Als völlig unbefriedigend muß die vorgeschlagene Deutung zumindest im Vergleich mit dem Sinn und Zweck, zu dem urtümlich das Es-gibt ausgezeichnet wurde, abschneiden. Es geschah zu dem Zweck, den Gedanken ans Sein möglichst konsequent daran zu hindern, mit dem Gedanken ans Seiende zu verschwimmen. Eben dieser Zweck geriete unerfüllbar, hielte man sich an die durch *Lévinas* vorgeschlagene Deutung. Deutet man das Es-gibt als Sein überhaupt, muß einem in der Konsequenz die Aussage, Sein gibt es, soviel bedeuten wie: Sein habe Sein überhaupt. Oder: Sein ist überhaupt. Und genommen als etwas, das irgendwie doch Sein hat und irgendwie doch *ist*, fände sich das Sein unversehens unter das Seiende eingereiht. Zu dieser Konsequenz führen übrigens alle Versuche, das Es-gibt anders als von einem So her zu denken. Das Begreifen seiner als Da-in-Differenz vermeidet den Fehler, in dieser Richtung läßt es sich weitergehend begreifen. Als nächstes bietet sich eine Schlußfolgerung aus dem gespannten Verhältnis der Andersheit zur Negation an. Nach allem, was von der Andersheit zu behaupten war, kann sich das Es-gibt schwerlich mit der Behauptung einer Negation von Gegebenheit, einer Nicht-Gegebenheit vertragen. Was es gibt, kann es dann unmöglich nicht geben. So banal diese Versicherung auf Anhieb erscheinen mag, im Vergleich mit der Entität nimmt sie sich keineswegs banal aus. Alles, was richtiggehend ist, muß schon deshalb auch nicht sein können. Was es dagegen gibt, im angegebenen Sinne gibt, was also das Da-in-Differenz kennt, muß unmittelbar sogar die Möglichkeit einer Nicht-Gegebenheit, selbst den Anflug von solcher Negation vermissen lassen. Eingedenk dessen macht das geläufige Idiom, es gibt (hier oder dort) nichts, erst einen Sinn, wenn es soviel bedeuten darf wie: es gibt Etwas, das den Namen *nichts* trägt. Und das ähnlich geläufige Idiom, dieses oder jenes gibt es noch nicht bzw. nicht mehr,

macht allein unter der Voraussetzung Sinn, daß es etwas anderes als
eine Nicht-Gegebenheit meint, was immer es näher bedeuten mag,
auf alle Fälle etwas anderes als diese Verneinung. Es gehört zur
Quintessenz einer allmählich zum Abschluß gelangenden Einführung, wie wenig sich das Etwas und seine Gegebenheit auf Begriffe
der Negation bringen und unter solchen Begriffen aufbereiten, erschließen und verhandeln läßt, wie sehr bereits weit vor dem anstehenden Denken des Nichts die Lexik der Negativität rapid an Ergie-
bigkeit verliert.

31 Es gibt Etwas – eine zumeist unbeachtet bleibende grammatische
Größe spielt in der Figur mit: ein *Es*, das gibt, wenn *es* Etwas gibt.
Wie sollte das Es, ohne dessen Ansprache alle Gegebenheit unaus-
sprechlich bliebe, so radikal namenlos, so furchtbar gesichtslos
bleiben dürfen? Es gibt Sein, statt daß das Sein seinerseits zu sein
vermag. *Wie aber ist das ›Es‹ zu denken, das Sein gibt.*[85] *Welches ›Es‹
ist gemeint, das hier gibt.*[86] Es gibt die Differenz, wie jedoch versteht
Es sich, das Differenz gibt? Ja, es fragt sich schon, wie sich besagtes
Es überhaupt erfragen läßt? Was ist Es? – so fragte man wie nach
einem Seienden. Was könnte Es ausmachen? – so fragte man wie
nach einem Etwas. Aber kann dieses *Es* allen Ernstes wie ein Etwas
angesprochen werden, wo doch die Gegebenheit von Etwas in Frage
steht? Ich wähle eine Formulierung, die verfängliche Unterstellungen möglichst vermeidet. Wie muß *Es*, das gibt, wenn es Etwas gibt
und in dem Sinne wie es Etwas gibt, gedacht werden? *Heidegger* hat
sich dem in *Zeit und Sein* gewidmet. Mehrmals nimmt er Anlauf zu
einer Lösung des Problems, erwägt und prüft diverse Anwärter auf
die Rolle des Es. Die Prüfung geht nach meiner Lesart unentschie-
den aus.

32 Die Frage nach dem merkwürdigen *Es* stellt sich also erneut, und
sie stellt gewisse Bedingungen. Zu den Bedingungen, die sich in
einer richtigen Antwort erfüllen müssen, gehört vor allem die folgende. Die Antwort muß dem *Argument der Voraussetzung* entgehen. *Es*, das gibt, kann es seinerseits unmöglich geben, ansonsten
erneuerte sich das Fragen nach ihm immerfort. Dächte man sich das
in Frage stehende *Es* wie etwas, das es seinerseits gibt, so unterstellte
man, Es gibt Es, um sodann nach *jenem* Es, das *dieses* Es gibt, fahn-

den zu müssen und also die Ausgangsfrage lediglich vertagt und vor sich hergeschoben zu haben. Gesucht werden muß, was *nur* gibt und was demzufolge auch nur jenseits von allem Gegebenen aufgefunden werden kann. Was kommt dafür in Frage, unter welchem Begriff können wir denken, was nur gibt? Empfiehlt sich dafür vielleicht der Begriff des Nichts, in der Annahme, das Nichts kann es unmöglich geben, weshalb Nichts womöglich nur gibt? Findet darin die schwierige Frage ihre Beantwortung? Der Begriff des Nichts taugt zur Beantwortung nur, wenn er in der Tat jenseitig zu allem Gegebenen gedacht werden muß. Dessen will ich mich als erstes vergewissern, der strittigen und unstrittigen Aussagen, die dazu verfügbar sind.

DAS NICHTS

Das Nichts ist nicht?

33 Üblicherweise wird *Parmenides* in dem fraglichen Sinne gelesen: *Nur das Seiende ist, denn Sein ist, ein Nichts dagegen ist nicht.*[87] Der erste Teil der Aussage war schon in der Einleitung bedacht worden und steht für die Intention des ganzen Gedankens – nur Seiendes ist. Der zweite Teil, der das Sein anspricht und ihm zuspricht, auch seinerseits zu sein, erscheint problematisch, jedenfalls nimmt er sich so vor dem Hintergrund einleitend gemachter Ausführungen über Sein und Seiendes aus. Der dritte und letzte Teil fällt kaum weniger problematisch aus, indem er vom Nichts behauptet, nicht zu sein, ihm also genau das zuschreibt, was bereits vom Nichtseienden ausgesagt werden kann und muß. Ein *Nichts ist nicht* – offenkundig beinhaltet die Behauptung die Verneinung von Entität, und Negation von Entität meint schon der Begriff des Nichtseienden. Das Nichts wird gedanklich statuiert gleich dem Nichtseienden, sein Begriff zum bloßen Synonym ausformuliert. Das läßt die Behauptung so fragwürdig erscheinen. Als eine synonymsetzende Aussage macht sie den Begriff des Nichts austauschbar, durch den des Nichtseienden verlustlos ersetzbar und mithin systematisch überflüssig, obschon sie ihn doch – immer noch als eine synonymsetzende – in systematischer Weise verwendet. Einerseits gebraucht sie ihn systematisch, andererseits aber gebraucht sie ihn so, daß er systematisch unbrauchbar weil überflüssig wird. Und dies – der systematische Gebrauch als systematisch unbrauchbar – bedeutet doch, in einen kontingenten Widerspruch sich verstrickt zu haben? Oder bedeutet es das gar nicht, sollte es statt dessen vielleicht als das Paradox des Synonymsetzens hingenommen und ausgehalten werden? Wie läßt sich darüber entscheiden? Wie läßt sich überhaupt bei Problemen von der Art des vorliegenden entscheiden? Ich denke, nach folgenden Maßgaben. *Erstens.* Die Wahrheit, nach der Philosophie und Wissenschaft suchen, hat zur notwendigen Bedingung die Kohärenz, das Zusammenstimmen der Gedanken. Gleichviel in welcher Gestalt oder Mißgestalt man die Wahrheit erstrebt, ob man die

Korrespondenz-Wahrheit, die Übereinstimmung von Aussagen mit dem, was der Fall ist, oder die Konsens-Wahrheit, die allgemeine Zustimmungsfähigkeit von Aussagen, bevorzugt, in der einen wie der anderen Form findet sich Wahrheit an Kohärenz wie an eine notwendige Bedingung geknüpft. Metaphysische Wahrheit hat sie sogar zur hinreichenden Bedingung. In den entlegenen Regionen des Philosophierens taucht sie als dritte, vielleicht sogar als vierte, in jedem Falle aber als eigene Gestalt der Wahrheit auf. Und in solchen Regionen bewegt sich der laufende Gedankengang mit Sicherheit. Aber es reicht, an dieser Stelle auf die notwendige Bedingtheit von Wahrheit durch Kohärenz zu pochen. Nur kohärente Aussagen können wahr ausfallen. *Zweitens.* Kohärenz besteht stets in einer gewissen Gestaltung von Mannigfaltigkeit, niemals in der Einebnung von Mannigfaltigkeit. Jenes Zusammenstimmen, das Kohärenz zur Qualität von Gedanken macht, unterstellt nicht nur Mannigfaltigkeit, es bestätigt sie auch, unterstellt und bestätigt sie so sehr, daß ausgelassene Möglichkeiten der Differenzierung als verpaßte Chance auf Wahrheit gelten dürfen. Ein simples Gebot erstrebter Kohärenz lautet daher: Mannigfache sprachliche Zeichen werden kohärent gebraucht nur mit mannigfachen Bedeutungen. Anwärter auf philosophische Termini, die nach Lautung und Schriftbild ungleich ausfallen, dürfen allein mit ungleichen Bedeutungen an einer kohärenten Terminologie teilnehmen. Einerlei Bedeutung kann als solche nie zusammenstimmen. *Drittens.* Philosophische Aussagen, die eine Begriffsbildung, eine längst geläufige oder erst versuchte, mit anderen synonym setzen, fallen zwangsläufig inkohärent und schon deshalb falsch aus. Wohlgemerkt, sprachlich vorgefundene Synonymität kann die Philosophie nur zur Kenntnis nehmen und kritisch sichten, gegebenenfalls als terminologisch irrelevant hinnehmen. Das Synonym*setzen* indes, als ein genuiner Akt philosophischen Denkens, als ausgewiesenes Resultat davon, beschert unweigerlich Inkohärenz und mit ihr Unwahrheit. Innerhalb von Terminologien führt Synonymität etwas Grundfalsches mit sich. – Nach diesen Maßgaben hab ich in der fraglichen Angelegenheit zu verfahren. Mag sein, die geistesgeschichtlich so oft versuchte Begriffsbildung *Das Nichts* verendet in der späten Einsicht, daß sich ein Nichts unmöglich denken lasse, durchaus möglich, die angestrengte Begriffsbildung scheitert mangels nachweisbarer Bedeutung, aus Mangel an Referenz gewissermaßen, so daß für sie in jeder kohärenten Terminologie der Platz fehlt. Darüber lassen sich vorab nur Erwägungen anstellen. Was jedoch von vornherein verworfen werden kann und als Abweg der Unwahrheit verworfen werden muß, ist jegliche Synonymsetzung. Ich vermag an dieser Stelle des Gedankengangs, am Anfang immerhin, noch nicht in begründeter Weise die Aussagen zum Nichts zu formulieren, die das Suchen danach rückwirkend als ein kohärentes und insofern sinnvolles rechtfertigen. Von vornherein aber lassen sich Bedingungen ausmachen, unter Einhaltung derer allein die Chance darauf sich eröffnet und gewahrt bleibt: Wenn ein philosophischer Gebrauch des Nichtsbegriffs überhaupt einen Sinn macht, so gilt es zu konditionieren, dann nur unter Vermeidung des dubiosen Verfahrens, zuerst nach dem Nichts zu fragen und hernach Antworten zu geben, die das Fragen rückwirkend zu einem sinnlosen deklassieren. Allein unter Vermeidung einer Synonymsetzung mit Begriffen wie dem des Nichtseienden.

34 Daß *Parmenides* beabsichtigt haben soll, den Begriff des Nichts überflüssig zu machen, darf bezweifelt werden. Er wollte einen a priori wahren Satz aufstellen – nur Seiendes ist – und den Satz ausführen. Zweifellos muß der Satz seine Ausführung erfahren auch in Hinblick auf das Nichts; er muß in gewissen Aussagen zum Nichts vollstreckt werden. Allerdings kann das allein unter einer Voraussetzung statt haben. Den a priori wahren Satz, daß nur Seiendes ist, haben wir konsequenterweise so zu explizieren, daß es folglich falsch wäre, und zwar gleichfalls a priori, allem Erdenklichen und am Ende sogar dem Nichts zuzugestehen, es würde sein. Aber diesen Schluß gilt es zu ziehen, ohne dabei das Nichts zum Nichtseienden abzufälschen. Dort liegt der neuralgische Punkt. Gebieterisch drängt sich der Schluß auf: Wenn nur Seiendes ist, dann irrt jeder, der dem Nichts einräumt, zu sein. Zugleich verbietet es sich zu schließen: Wenn nur Seiendes ist, müßte das Nichts nicht sein. Um den Fehlschluß zu vermeiden, gehört unter Umständen ein hinter ehrwürdigen Denkformen sich verschanzender Glaube an die Dichotomie außer Geltung gesetzt. Wer im Banne der Dichotomie steht und darum bei allem, was zu denken ansteht, das dichotomische Muster wie eine Rechnung aufgehen sehen will, kann die Er-

wartung für einleuchtend und plausibel halten, der Begriff des Nichts müßte sich innerhalb der zweistelligen Relation von Seiendem und Nichtseiendem plazieren lassen, und läßt er sich dort plazieren, dann natürlich auf Seiten des letzteren. Aber was rechtfertig das gebannte Warten auf Dichotomie? Mit welchem Recht dürfte unterstellt werden, wir hätten es bei den in Rede stehenden drei Begriffen in Wahrheit mit einer Beziehung zwischen zweien zu tun, der sich noch der dritte Begriff zu bequemen habe? Wie sollte mit Recht in Abrede gestellt werden, es handle sich vielmehr um eine trinitarische und neutrale Konstellation? Es genügt, den Glauben an die Dichotomie leisem Zweifel auszusetzen, um zu sehen, wie wenig aus dem wahren Satz, daß allein Seiendes ist, zu folgen hat, das Nichts müsse darum nicht sein. So läßt sich denn des *Parmenides'* Intention folgendermaßen ausführen: Seiendes *ist*, Nichtseiendes *ist nicht*, während das Nichts *neutral* figuriert. Neutral, das heißt in diesem Zusammenhang, weder als Seiendes noch als Nichtseiendes; weder als dieses noch als jenes, versteht sich das Nichts. Die Figur der Neutralität wiederum bleibt mißverstanden, solange man sie als irgendeine Form von Negation deutet. Allen Ernstes handelt es sich beim Neutralen um das Neutrale zum Negativen wie zum Positiven. Auf den Begriff des Nichts gemünzt, bedarf die Neutralitätsbehauptung gewiß der Ergänzung. Ganz davon abgesehen, daß sie wie eine gehaltlose Positionsangabe anmutet, zum Seienden und Nichtseienden neutral steht bereits das Etwas, und wie sich das Denken des Nichts zum Begriff des Etwas verhält, muß sich zeigen. Zweierlei wird allerdings noch die weitgehendste Ergänzung fortzuschreiben haben. Erstens: Unter dem Seienden sucht man das Nichts vergeblich. Zweitens: Entität läßt es so vollständig vermissen, daß ihm sogar deren Negation vollends abgehen muß. In diesem Lichte nimmt sich manche Behauptung, die seit *Parmenides* über das Nichts aufgestellt wurde, fragwürdig aus.

Das Nichts ist nichts?

35 Bereits in den *Syncategoremata* des mittelalterlichen Logikers *Wilhelm von Shyreswood* findet sich die Formel *nihil nihil est*[88], *nothing is nothing*[89]. Von *Parmenides'* Behauptung über das Nichts

unterscheidet sie sich offenkundig durch den prädikativen Gebrauch von *ist*. Sie verneint Sosein. Und sie liefert die elementare Figur, innerhalb derer man bis auf den Tag gewisse Beteuerungen zu formulieren pflegt. Das Nichts sei nichts, sei überhaupt nichts, sei rein gar nichts, absolut nichts… Alles Beteuerungen, die um so hilfloser wirken je inbrünstiger sie intoniert werden. Denn genau genommen, vor allem in der prädikativen Verwendung von *ist* ernst genommen, bedeuten sie soviel wie, daß das Nichts etwas *ist*, das *nichts* heißt; sein Begriff habe wenigstens das eine Prädikat, ansonsten bar aller Prädikate zu sein; das Nichts ist immer noch soviel, ansonsten nichts zu sein. Aber damit das Nichts wenigstens das eine sein könnte, ansonsten nichts zu sein, müßte es überhaupt sein. Wenn es dagegen zutrifft, daß wir es unter dem Seienden vergeblich suchen, kann es unmöglich auch nur das sein. Sogar die eine Bestimmung, nichts zu sein, muß ihm dann noch abgehen. Nun versucht auch die Formel des mittelalterlichen Logikers eine Intuition zu artikulieren und eine Intention zu vollstrecken, die angemessenen Ausdruck verdienen. Die richtigstellende Aussage, das Nichts haben wir jenseits vom Seienden zu denken, gehört nach einer Seite hin derart expliziert, daß wir uns dabei auch den Gedanken an irgendein So, dem die prädikative Verwendung von *ist* angemessen wäre, zu versagen haben. Alle Aussagen, die den Begriff des Nichts mit etwas kopulieren, ihn prädizieren, ihn also im Sinne der Selbigkeit und Unterschiedenheit mit etwas verbinden, fallen darum wie von selbst der Falsifizierung anheim. Schon die Frage, was ist das Nichts?, verbietet sich. Ebenso wie die eilfertige Versicherung, das Nichts sei nichts, was sich dieserart erfragen ließe. Ein Irrtum auch das geläufige Meinen, das Nichts denken zu wollen, hieße, es identifizieren zu müssen. Unter all den nachlesbaren Behauptungen über das Nichts, die sich im prädikativen Gebrauch von *ist* ergehen, dürfte eine noch am wenigsten falsch ausfallen, die auf *Cusanus* zurückgehende Wendung, das *Nichts ist nichts anderes als Nichts*[90]. Wenn man denn unbedingt von ihm sagen möchte, was es sei, dann am ehesten noch, daß es eben Nichts und nur Nichts ist. Aber sogar die in Genügsamkeit und Bescheidenheit sich ergehende Tautologie unterstellt als Tautologie noch unveräußerlich jene Selbigkeit, die dem Seiendem gut zu Gesicht steht, dem Nichts aber nur gleichsam in die Schuhe geschoben werden kann.

36 Das versuchte Denken des Nichts kann nun die neutrale Suchrichtung nicht einschlagen und der Dichotomie von *sein* und *nicht sein* kaum entrinnen, ohne sich von einer ganzen geistesgeschichtlichen Traditionslinie loszusagen und freizumachen. Unter den historisch vertrauten Weisen, einen Begriff des Nichts ausdrücklich zu bestimmen oder unreflektiert zu verwenden, hat sich nämlich als besonders wirkungsmächtig gerade diejenige erwiesen, die seine Distanz zum Nichtseienden mit einer gewissen Entschiedenheit ignoriert, abbaut und unterläuft – seine Bildung und Verwendung im Paradigma des Nichtseienden. Also die Neigung, ihn nach einem Muster zu definieren und zu hantieren, das direkt die jeweilige Auffassung vom Nichtseienden und indirekt die jeweilige Auffassung vom Seienden vorgab. Es steht den betreffenden Definitionen und Verwendungsweisen freilich nicht auf der Stirn geschrieben, von solcher Machart zu sein, gewisse Symptome aber verraten die Art bzw. Unart. Man versieht den Begriff des Nichts mit Zuschreibungen, die in ganz auffälliger Weise konträr stehen zu den im Kontext gegebenen Bestimmungen des Seienden. Unter dem Titel *Nichts* rangieren dann Aussagen, die so sinnfällig mit vorangehenden oder nachfolgenden Bestimmungen des Seienden korrelieren und kontrastieren, daß sie sich wie von selbst dem Nichtseienden zuordnen, und wenn sie dennoch dem Nichts zugeeignet wurden, so geschah das mit einer gewissen Folgerichtigkeit allein unter der Voraussetzung, daß man das Nichts nach dem Muster des Nichtseienden zu denken versucht hat. Wenigstens drei Typen zeichnen sich an der beschriebenen Vorgehensweise ab. Der *erste Typus* begegnet vorzugsweise im alten kosmologischen Denken, das heißt, in philosophischen, theologischen und anderweitigen Lehren, die das sogenannte All und Universum als *Kosmos der Wohlgeordnetheit* vorfinden. Im Kosmos der Wohlgeordnetheit bietet sich alles Seiende als ein wohlgeordnetes und in dem Sinne als ein gutseiendes dar. Dies beides fällt dort zusammen: zu sein und gut zu sein. Im Gegenzug muß vor allem das Böse, mit Einschränkungen aber auch das Übel, das Schlechte und was sonst noch von der kosmischen Wohlordnung abfallen mag, für nichtseiend gelten. Das Böse, so heißt es in einem klassischen Text des altkosmologischen Denkens, hat kein eigenes, kein naturhaftes Sein[91], eigentlich *ist* es gar nicht, weshalb der böse Mensch, wie in einem weiteren Text von vergleichbarer

Bedeutung zu lesen steht, allen Ernstes aufhört, Mensch zu sein[92]. Weil und insofern nun der Begriff des Nichts nach dem Muster des Nichtseienden gebildet und gebraucht wird, und notwendigerweise nur insoweit, muß er über kurz oder lang zum Inbegriff des Bösen geraten, zum Inbegriff all dessen, was das Böse assoziiert – des Grauenhaften, Abgründigen, Bitteren… Ganz in diesem Sinne wird *Eckhart* im Nichts sogar *die Wurzel und den Grund aller Bitterkeit*[93] ausmachen. Jene Schlechtheit, die nach der inneren Logik des altkosmologischen Denkens vom Nichtseienden zu behaupten wäre, und eigentlich nur von ihm, wird noch als Nichts vorgestellt, wird unter dem Nichtsbegriff nur totalisiert, fundamentalisiert und dramatisiert, weil und insofern dieser Begriff im Banne des Nichtseienden und Seienden steht. Das ist der Typus der *moralinen Reduktion* des Nichtsbegriffes, charakteristisch eher für das altkosmologische Denken. Einen Nachklang davon meine ich in *Martin Heideggers* Idee mitschwingen zu hören, das Nichts begegne uns vornehmlich in Gestalt einer existentiellen Angst. – Ein *zweiter Typus* dieser Verfahrensweise, den Begriff des Nichts direkt am Modell des Nichtseienden und letztendlich nach Maßgabe der jeweiligen Auffassung vom Seienden auszulegen, findet sich vornehmlich in Weltbildern, Weltanschauungen und Mundanologien überhaupt, das heißt, in philosophischen Lehren und fachwissenschaftlichen Großtheorien, die dazu tendieren, das All als ein Weltall, das Universum als totale Weltlichkeit zu setzen. Bekanntlich hat die Verweltlichung des Alls das Seiende zum Gegenstand und Objekt des Erkennens distanziert, zu etwas, was das Erkennen vor sich hat. Wird das Vorsichhaben überdies betont sinnlich-anschaulich ausgelegt, taucht das Seiende unter dem zu Erkennenden als voller Inhalt auf. Sich das Nichtseiende als leeren Inhalt vorzustellen, liegt dann nahe.[94] Und wenn der Begriff des Nichts gerade unter dieser Voraussetzung für den Inbegriff alles Nichtseienden, für den Titel auf Totalität des Nichtseienden genommen wird, muß er unweigerlich mit der schwerlich durchzuhaltenden Vorstellung von einer Leerheit schlechthin und überhaupt verschwimmen. Am Ende kommt eine Vorstellung zu philosophischen Ehren, die bereits unter den Gemeinplätzen grassiert – das Nichts als Leere. Vor allem *Immanuel Kant* verhalf dem Topos zur Prominenz. Alle vier Gestalten des Nichts, die seine *Kritik der reinen Vernunft* tabellarisch aufführt, stellen Formen der Leere dar: leerer Begriff ohne Gegenstand, leerer Gegenstand eines Begriffs, leere Anschauung ohne Gegenstand, leerer Gegenstand ohne Begriff.[95] So bietet sich eine, sagen wir, *topologische Reduktion* des Nichtsbegriffes dar, verträglich vor allem mit einem mehr oder minder weitgehend säkularisierten und insoweit mundanologischen Denken. Das Nichts als Leere, das Nichts als Abgrund, das sind die beiden historisch geläufigsten Vorstellungen von ihm. – Gelegentlich unterlaufen vergleichbare Reduktionen sogar in Theorien, die sie erklärtermaßen zu vermeiden suchen. Auf den ersten Blick wird es vermessen erscheinen, der Hegelschen Philosophie derlei nachsagen zu wollen. Hat *Hegel* doch in der *Wissenschaft der Logik* unüberlesbar das Nichts vom Nichtsein zu scheiden versucht; zunächst führt er den Begriff des Nichts ein, um darauf vom Nichtsein nur unter der ausdrücklichen Versicherung zu sprechen, daß es sich bei diesem schon nicht mehr um das reine Nichts handle. Aber bereits die Art des Scheidens, eine nach dem Reinheitsgrad, eine graduelle, kann sie kaum gegen den Vorwurf der Reduktion sicherstellen. Hegel will das Nichts unbedingt *bestimmen*, und er bestimmt es am markantesten noch als Ununterschiedenheit, als die *Ununterschiedenheit in ihm selbst*[96]. Was aber bedeutet, er sucht das Nichts gerade so zu bestimmen, wie es bereits das Nichtseiende zu begreifen gilt. Als Ununterschiedenes. Eingedenk dessen nimmt sich die vermerkte Scheidung nach dem Reinheitsgrad recht merkwürdig aus, anders jedenfalls als *Hegel* selbst sie versteht. Während er meint, unter dem Titel des Nichts das reine Nichts zu führen und unter dem des Nichtseins ein nicht mehr reines, sondern schon spezifiziertes Nichts, verhält es sich in Wahrheit so, daß er als das Nichts bloß das totale Nichtsein tituliert und als Nichtsein das durch besondere Bestimmung eingeschränkte. Ein *dritter Typus* der reklamierten Vorgehensweise zeichnet sich damit ab. Erst denkt man sich das Nichts grundsätzlich in eben der Weise, in der bereits das Nichtseiende begriffen werden will, um hernach die Nivellierung unter der Oberfläche einer Unterscheidung nach dem Reinheitsgrad, einer graduellen und mithin quantitativen Unterscheidung, zu verbergen. Zum kohärenten Denken des Nichts taugt diese Variante so wenig wie die anderen beiden Variationen der Behauptung, ein Nichts sei nicht und sei nichts.

37 Nachdem der Gedanke an das Nichts gleich in zweierlei Hinsicht und auf eine klarstellende, gewisse tradierte Formeln richtigstellende Weise gegen den Begriff des Seienden gebührend abgesetzt und das zu Denkende von allem, was existiert, was so und da ist, ausgenommen wurde, bleibt immer noch die logische Option, die folgerichtig sich bietende Möglichkeit, das Nichts wie ein Etwas fassen zu wollen, wie etwas, das es gibt. Und die Frage, die zu der laufenden Vergewisserung verpflichtet hat, zielt ja gerade darauf, ob es das Nichts geben könnte, oder ob es dafür in Betracht gezogen werden darf, als das Es, das gibt, zu figurieren. Was *Parmenides* und *Wilhelm von Shyreswood* mit den zu ihrer Zeit verfügbaren terminologischen Ressourcen wohl kaum vermocht hätten, ist uns Heutigen, die wir um die Differenz von Es-ist und Es-gibt wissen können, möglich. Wir können einräumen, ja, konsequenterweise müssen wir das in Erwägung zu ziehen, daß das Nichts, auch wenn wir es unter dem Seienden vergeblich suchen werden, sich dafür aber unter dem Etwas finden mag. Auch wenn es weder ist noch nicht ist, mag es das doch wenigstens geben. Im Anschluß an die über Nichts und Entität angestellten Überlegungen bleibt also immer noch gesondert zu fragen und zu prüfen, ob es das Nichts zumindest geben könne.

Das Nichts gibt es?

38 Recht zügig ließe sich das entscheiden, hielte ich mich einfach an meine Deutung des Es-gibt. Danach impliziert die Frage, ob es das Nichts wenigstens gebe, sogleich die weitergehende, ob das Nichts wie ein Etwas im emphatischen Sinne des Wortes verstanden werden will, wie etwas, das Beschaffenheit kennt, das eine Qualität per Differenz und Wiederholung aufweist. Um noch eingedenk dessen eine bejahende Antwort auf die Frage zu geben, müßte ich dem Nichts sogar zusprechen, sich zu wenden, sich wie jedes Etwas ins Seiende wenden zu können. Was aber gegen eine Voraussetzung, auf die ich mich bereits festgelegt habe, so offenkundig verstieße, daß ich schon die bloße Erwägung eines gegebenen Nichts gleich wieder fallen lassen müßte. Nun kann man allerdings die behauptete Verknüpfung des Es-gibt mit Qualitäten wie den genannten in Abrede stellen, kann für das Nichts eine Gegebenheit in Erwägung

ziehen, ohne sie an die behaupteten Implikationen geknüpft sehen zu wollen, auch ohne also diese Implikationen explizieren und verantworten zu müssen. Und zugunsten eines möglichst gründlichen Nachdenkens will ich mich auf diese Entlastung von Vorurteilen gerne einlassen. Selbst dann aber hat der Gedanke an das Es-gibt eines unbedingt mitzudenken: ein gewisses Wiederholen. Denn auch dieser Status besteht in einem Bleiben und das Bleiben in einem Wiederholen. Gewiß in einem anderem als dem der Selbigkeit, aber doch in irgendeinem. Um also das Nichts als etwas Gegebenes auch nur in Erwägung ziehen zu können, muß ich annehmen, daß es die Wiederholung kennt, muß es wie ein Wiederholen oder ein Wiederholendes denken wollen. Das scheint sich auch anzubieten, scheint sogar nahezuliegen, wenn man nur bedenkt, daß die Nihilität in der Form der Negativität mit Sicherheit eine bestimmte Weise zu wiederholen ist. Einmal für das Nichts in Betracht gezogen, habe ich die Zuschreibung von Wiederholung natürlich auf ihre Konsequenzen zu durchdenken. Vor allem folgende Konsequenz verdient Beachtung. Alles Wiederholen geschieht in der Zeit oder besteht in der Zeit selbst. Um das Nichts als gegeben annehmen zu können, muß ich überdies annehmen, daß es in der Zeit geschehe oder in der Zeit selbst bestehe. Letzteres liefe darauf hinaus, den thematischen Begriff wieder synonym zu setzen, diesmal mit dem der Zeit, und scheidet darum aus. Es bleibt nur übrig, das Nichts in der Zeit geschehen sehen zu wollen. Auch das scheint nahezuliegen, so nahe wie es geläufig ist, zu sagen: *nichts* war, ist oder wird geschehen. Aber abgesehen davon, daß noch zu prüfen bleibt, ob die Substantivierung *Das Nichts* mit der Kleinschreibung *nichts* in eins gesetzt werden darf, die erinnerte Redensart als solche fällt schon falsch aus. Niemals und nirgendwo geschieht nichts. Ganz ohne mich bei der Selbstverständlichkeit dieser geläufigen und doch irreführenden Redensart abstützen zu können, müßte ich das Nichts in der Zeit geschehen sehen können, um ihm mit Fug jenen Wiederholungscharakter zuzusprechen, den es als etwas Gegebenes unbedingt aufwiese. Dazu habe ich das Nichts allen Ernstes in den sogenannten Dimensionen der Zeit mir begreiflich zu machen, in Vergangenheit, Gegenwart und Zukunft. Ob im Sinne der Ewigkeit oder einem anderen Sinne, ich muß dann konsequenterweise ein nicht mehr gegebenes, ein gegenwärtiges und ein noch nicht gegebenes Nichts behaupten. Das Nichts, wie es das gab, gibt und geben wird; das Nichts als ein nicht mehr gegebenes, geradehin gegebenes und noch nicht gegebenes. Gar zur Ewigkeit berufen oder verdammt, müßte es für ein ebenso beständig vergehendes wie unentwegt neu entstehendes gehalten werden. So stellt sich das folgerichtig dar. Wenn ich das Nichts als etwas Gegebenes zu nehmen versuche, hab ich konsequenterweise auch anzunehmen, daß es die Wiederholung kennt, daß es darum in der Zeit geschehe, entstehend und vergehend, um es schließlich auch noch als ein nicht mehr und noch nicht gegebenes Nichts mir vorstellen zu müssen. Spätestens bei dieser Konsequenz mutet der eigene Gedankengang befremdlich an; er hat sich in etwas verrannt, hat sich in ein Ding der logischen Unmöglichkeit verstrickt. Noch nicht Nichts, nicht mehr Nichts – das heißt doch, das Nichts erfahre ein Nichten, und um das erfahren zu können, muß es das voraussetzen. Ein Nichts, das seinerseits Nichten erfahre und unterstelle. Wie kann das angehen? Wie sollte der Inbegriff der Nichtheit noch ein Nichten voraussetzen können? Darum handelt es sich ja bei dem thematisierten Mysterium, um den *Inbegriff* von Nihilität. Und der Inbegriff kann niemals Inbegriffenes zur Voraussetzung haben, kann Einbegriffenes unmöglich an sich selbst erfahren, kann vom Einbegriffenen schwerlich seinerseits erfaßt und gleichsam modifiziert werden, wie das die provisorische Vorstellung von einem Noch-nicht-Nichts zum Beispiel vorgibt. Wenn irgendein dynamischer Bezug des Nichts zu den typisch zeitlichen Figuren Noch-nicht und Nicht-mehr sich herstellen läßt, dann höchsten in dem quasi umgekehrten Sinne, daß diese bereits jenes voraussetzen. Was immer die anstehende Begriffsbildung näher bedeuten mag, wenn sich denn mit dem benutzten Wort *was* überhaupt angemessen danach fragen läßt, die Vorstellung jedenfalls, das Nichts könnte genichtet werden, dem Inbegriff von Nihilität könnte in der benannten zeitlichen Weise oder auf andere Art das Einbegriffene widerfahren, muß ähnlich ungereimt, ja, absurd erscheinen, wie das die Behauptung täte, eine Quelle würde auf dem Wasser schwimmen, das ihr entspringt. Aber diese Absurdität gehört zu den notwendigen Konsequenzen der riskierten Annahme eines gegebenen Nichts. Sie desavouiert die Annahme gründlich. Das ist die Konsequenz einer ungereimten Konsequenz, daß sie ihre Prämisse, wenigstens geben müsse es das Nichts, ad absurdum führt.[97] *Weil* das Es-gibt unveräußerlich Wiederholung impliziert und die wiederum Zeitlichkeit, muß jegliches Behaupten eines gegebenen Nichts in die Irre führen.

39 Merkwürdig nur, aus dem gleichen Grunde verbietet sich auch die gegenteilige Annahme, das Nichts gebe es gar nicht. Denn eine Nicht-Gegebenheit, diese Negation, impliziert gleichfalls unveräußerlich die Wiederholung – die Negation ist ja eine bestimmte Weise zu wiederholen, die definite – so daß die Annahme eines nicht gegebenen Nichts zu ähnlichen Verstrickungen führen wird wie die eines gegebenen. Gegen sie sprechen nicht schon die oben vorgetragenen Aussagen über Gegebenheit und Negation. Diesen Aussagen zufolge steht außer Betracht, daß es etwas Gegebenes auch nicht geben könnte, daß es etwas schlechthin und überhaupt nicht geben kann, kommt danach immer noch in Betracht. Es ist vielmehr die Zumutung der Wiederholung, womit sich der zu bildende Begriff im Falle angenommener Nichtgegebenheit genausowenig verträgt wie im Falle angenommener Gegebenheit. Auch wenn man das Nichts einfach zu einem blanken Hirngespinst, das es gar nicht gibt, erklärt, bleibt einem die wünschenswerte Kohärenz der Gedankenführung versagt. Abermals gilt es eine Neutralität zu denken. Weder kann es das Nichts geben noch kann es das nicht geben. Es will weder als ein gegebenes noch als ein nicht gegebenes, sondern neutral dazu gedacht werden. Damit steht eine Aufgabe, die ganz andere Ansprüche stellt, als das eine von *Heidegger* hinterlassene vergleichbare Aufgabe tut. *Heidegger* hat die Gegebenheit des Nichts sowohl bejaht als auch verneint, innerhalb wechselnder Kontexte freilich. Während er zunächst die These aufstellte, zumindest geben müsse es das Nichts, wie sonst könnten wir nach ihm fragen[98], formuliert er im veränderten Kontext recht entschieden die Antithese, das Nichts gebe es gar nicht[99]. Wenn es hoch kommt, haben These und Antithese gleichermaßen notwendige Gründe auf der Seite, schließen sie sich zur Antinomie kurz, und die Aufgabe bestünde sodann darin, ausfindig und kenntlich zu machen, inwiefern die beiden – günstigstenfalls – zwar zugleich gelten, aber doch in differenter Hinsicht. Die mir aufgegebene Neutralisierung stellt andere Ansprüche. Sie hebt mit der Einsicht an, daß jene These und Antithese beide falsch ausfallen, weil es eben das Nichts weder geben noch nicht geben kann. Dieses

Weder-noch ergänzt sich aber notwendig um ein Sondern, weshalb die gewonnene Einsicht in logisch zwingender Weise zu der Frage nach dem Neutralen sich verlängert, zur Suche nach einem neutralisierenden Dritten verpflichtet. Das Nichts versteht sich weder wie etwas Gegebenes noch wie etwas nicht Gegebenes, sondern wie? Wenn es weder als das eine noch als das andere gedacht werden will, wie dann? Was bedeutet dieses Weder-noch positiv?, hätte ich beinahe gefragt, dem Sog der Dichotomie nachgebend. Worin findet das Weder-noch, so muß es richtig heißen, seine Komplettierung zur unverkürzten Neutralität? Wie versteht sich das Neutrale zum Gegebenen und nicht Gegebenen? Nun, eine längst bekannte und durch ihre Anonymität bereits fragwürdig gewordene Größe bietet sich da förmlich an – das *Es*, das gibt, wenn *es* etwas gibt. Zur Erinnerung: Die geläufige und ganz selbstverständliche Ausdrucksweise für Gegebenheit – es gibt Sein, es gibt Zeit usw. – gerät einem unselbstverständlich, sobald man das Es näher bedenkt, das Zeit gibt, das Sein gibt usw. Zumal auffällt, wie wenig es dabei seinerseits der Gegebenheit teilhaftig werden kann, wie sehr es einfach nur gibt. Bei ihm ist das Suchen nach dem Neutralen, als welches das Nichts offensichtlich gedacht werden will, am Ziel. In der Tat neutral zu allem, was es gibt und nicht geben mag, steht dieses Es, das *nur* gibt. Wir setzen die avisierte Begriffsbildung *Das Nichts* geboten neutral an, indem wir sie die grammatische Rolle des nämlichen Es ausfüllen und spielen sehen. Mit dieser Entscheidung findet zugleich ein Problem seine Lösung, bei dem die absolvierten Überlegungen ihren Ausgang nahmen. Das war ja die Frage, ob und wie sich jenes anonyme Es namhaft machen, konkreter benennen lasse.

Nichts gibt Etwas

40 So lautet der konkrete Ausdruck für die Figur Es-gibt-Etwas. Und in eben diesem Ausdruck findet sich die thematisch anstehende Begriffsbildung gebührend neutral angesetzt. Gewiß bereitet es kaum Schwierigkeiten, den gefundenen Ausdruck mit einer groben Deutung gleich wieder zu unterbieten, ihn ins Seiende und Gegebene zurückzudeuten. Also *ist* das Nichts doch *etwas*, nämlich etwas, das gibt – so oder ähnlich ließe er sich mühelos mißdeuten. Mit

unserer Sprache kann man das machen; wäre sie doch das Sein, das
sich verstehen läßt, so aber ist sie mit bleierner Seiendheit geschlagen, und die zieht sogar den überschreitenden Gedanken in die
Niederungen des überschrittenen hinab.

41 Eher noch mehr Gelegenheit zu Mißverständnissen bietet das
Wort *gibt* in der Figur Nichts-gibt-Etwas. Durch die unvertraute
Verknüpfung mit dem Begriff des Nichts legt es eine Lesart oder
Deutungsart nahe, der es sich in der gewöhnlichen Verbindung mit
dem Anonymus Es noch weitgehend entzog. Man möchte die Figur
als ein Akt deuten, als den Akt eines Aktors namens *Nichts*. Als
dürfte man sie mit Ausdrücken umschreiben wie: Das Nichts reicht
Etwas, oder: Das Nichts liefert Etwas. Als wäre also das Etwas *durch*
das Nichts gegeben und das Nichts ein gebefreudiges Subjekt und
der Urquell, die Grundsuppe von allem. In Wahrheit gibt das Nichts
allein in dem Sinne Etwas, in dem es etwas gibt. Nur im Sinne des
unmittelbaren Gebens, anstatt in der Weise des vermittelten Gebens.
Die Unmittelbarkeit dieses Gebens macht sich sogar fühlbar. Ich
fühle sie in der Überraschung, mit der ich gewahrte, beständig dieses *Es* ausgesprochen zu haben, ohne dabei an Es zu denken, so daß
die Frage nach ihm überflüssig, gegenstandslos anmuten konnte. In
dem gedankenlosen Mitsprechen zeigt sich symptomatisch an, wie
wenig jenes Es einen Aktor des Gebens und dieses ein vermitteltes
Geben ausmacht. Das Es-gibt versteht sich als unmittelbares Geben.
Sogar die *Gabe*, die *Jacques Derrida* dort impliziert sieht[100], macht
eine unmittelbare Gabe, eine ohne den Gebenden aus, ganz so wie
das *il y a* als unmittelbares Geben mit dem vermittelten Geben des
donner differiert; und die Paradoxie der Gabe, der *Derrida* nachgeht,
haust im Oszilieren des Gebens zwischen Unmittelbarkeit und Vermittlung. Nunmehr das Es-gibt-Etwas gedanklich aufzuhellen, aus
der Anonymität des Es heraustreten zu lassen, namhaft zu machen
und Nichts-gibt-Etwas zu denken, das muß geschehen, ohne die
Unmittelbarkeit des Gebens im mindesten aus den Augen zu verlieren. Auch dies bedeutet doch *Nichts*-gibt-Etwas: daß hinter dem
Geben von Etwas unmöglich noch wer oder was stecken kann, daß
das Etwas eben unmittelbar gegeben. Sinnfälliger läßt sich die Unmittelbarkeit kaum ausdrücklich machen. Sie wird mit dem Begriff
des Nichts eigentlich erst zu Ende gedacht.

42 Wenn sich das Nichts denken läßt, dann nur jenseits vom Gegebenen. Das gehört zum Fazit der angestellten Überlegungen. Aber diese vorgebliche Konditionierung einer *Denkbarkeit des Nichts* scheint in Wahrheit gegen seine Denkbarkeit zu sprechen. Denn Denken findet sich unauflöslich gebunden an Gegebenheit. Denken vergeistigt das Greifen (Begreifen), das Fassen (Auffassen), das Nehmen (Wahrnehmen). Alles Bezüge, die nicht allein seine Leibnähe bezeugen, auch seine wurzelhafte Einlassung in Gegebenheit. Von daher könnte man einem Nichts, das gleichsam fernab vom Gegebenen ausgemacht wurde, leicht die vollständige Undenkbarkeit attestieren wollen. Jenseits des Gegebenen – jenseits vom Denkbaren, möchte man argumentieren. Nur daß die Behauptung von Undenkbarkeit immer noch ein Gedanke wäre, einer, der als solcher voraussetzt, was er bestreitet. Sogar als ein undenkbares müßte das Nichts doch gedacht werden. Unverdrossen macht sich die Denkbarkeit selbst in der Verleugnung geltend; sie hat es sich redlich verdient, daß nach einer triftigen Begründung für sie gesucht wird. Statt weiter mit dem in der Geschichte der Philosophie mehrfach vergebenen aber abgeschmackten Titel des Undenkbaren zu kokettieren, gilt es eine Differenz herauszukehren, eingedenk derer sowohl die Bindung des Denkens an Gegebenheit als auch die Neutralität des Nichts bejaht und unbeschadet dessen das Nichts doch gedacht zu werden vermag. Es handelt sich um die von Gegebenheit und Gegebenem. Unter dem Begriff *Gegebenes* kann billigerweise nur das Etwas samt seiner Wendungen rangieren. Während ich unter *Gegebenheit* von nun ab eine umfassendere Figur, allein noch die volle, unverkürzte Figur Es-gibt-Etwas verstehen will. Das Etwas als das Gegebene, die Gegebenheit als Es-gibt-Etwas. Und indem sich diese Figur näher, konkreter, zupackender so beschreibt, daß man sagen darf: Nichts gibt Etwas, figuriert das Nichts zwar jenseits vom Gegebenen, jedoch alles andere als jenseits von Gegebenheit. So bietet es sich dem Denken dar, einem auf Gegebenheit reflektierenden mehr noch als einem davon bloß naturwüchsig abhängigen, obwohl es von eben diesem Denken unter dem Gegebenen und erst recht unter dem Seienden auf immer und ewig vermißt werden müßte.

43 Wie ein Etwas genommen, bliebe das Nichts unverstanden. In der Weise lassen sich vorstehende Aussagen auch formulieren. So wenig das Nichts ein Gegebenes, so wenig natürlich ein Etwas. Obwohl diese Versicherung lediglich zu variieren scheint, sie mündet in eine offene Aufgabenstellung ein, wie sich gleich zeigen wird. Nachdem ich es mir festgeschrieben habe, wie unfehlbar ich das Nichts verfehlen müßte, suchte ich es ausdrücklich oder unterderhand gleich einem Etwas zu fassen, drängt sich meinem in gewissen Traditionen befangenen Verstand als nächstliegende Folgerung die auf, daß sich das Nichts folglich als kein Etwas versteht oder, mit dem Kürzel gesprochen, wie *nichts*. Kein Etwas oder kurz: nichts.[101] Eine Negation, die einzige, mit der sich der Begriff des Etwas in dem hier durchgängig gemeinten Sinne verträgt, weil eine, die an der Extension von Etwas insgesamt ansetzt, eine gleichsam externe, die darum der internen Abwesenheit des Negativen in der Etwasheit gleichgültig bleibt. Diese Negation drängt sich mit Macht ins Gedankenspiel. Kaum habe ich den Begriff des Nichts zu dem des Etwas angemessen auf Distanz gebracht, verbindet er sich mir unwillkürlich mit der Vorstellung von nichts, von kein Etwas. Sodann erscheint der fragliche Begriff wie eine bloße Substantivierung der einschlägigen Kleinschreibung und das Nichts wie eine Art Hypostase oder Vergrößerung. Und diese Konsequenz nimmt sich bedenklich aus, zumal vor dem Hintergrund bereits gegangener Schritte der Neutralisierung. Der Gedanke an nichts dürfte sich an dieser Stelle nur einstellen, wenn die Negation *kein Etwas* genügend der Etwasheit entkommen würde, wenn sie der Beschaffenheit per Differenz und Wiederholung so entschieden entsagen würde, wie das unter dem Bergriff des Nichts unbedingt zu geschehen hat. Aber derlei liegt der Negation völlig fern. Kein Etwas, das umfaßt dreierlei Negat: Unwiederholtheit, Indifferenz und Unbeschaffenheit. Und diese Dreieinigkeit steckt voller Wendungen. Strikt als Negation genommen, besteht sogar die *Unwiederholtheit* in einer Wiederholung, in jener nämlich, die mit der Negation geschieht. In der definiten Wiederholung des Wiederholens muß sie bestehen. Dies vorausgesetzt wird die *Indifferenz* wenigstens mit Differenz differieren und zumindest insoweit ihrerseits Differenz enthalten. Und

Unbeschaffenheit kann dann nur der täuschende Name einer paradox anmutenden Beschaffenheit sein, der Beschaffenheit sonstiger Unbeschaffenheit. In diesem dreifachen Sinne erweist sich *kein Etwas* immer noch als Etwas. Obendrein kennt es die Quantität. Dasjenige, worauf wir mit der Kleinschreibung *nichts* Bezug nehmen, weist eine Anzahl auf: die Anzahl *Null*, die der Nullität. Unter der Null hat man ja nach *Gottlob Frege* die Anzahl zu verstehen, die einem Begriff zukommt, unter den *nichts* fällt.[102] Das heißt, in die Negation *kein Etwas* oder kurz: *nichts* verfallend, lange ich bei etwas an, das Qualität und Quantität kennt, eine gewissermaßen leere zwar, aber doch eine nennenswerte. An nichts denkend, entkomme ich also dem Gedanken ans Etwas auch nur annähernd so entschieden, wie das für ein gelingendes Denken des Nichts ausbedungen werden mußte, ich wechsle lediglich von der vollen Etwasheit zur leeren, von der offenkundigen zur verborgenen. Mithin kann aus der festgeschriebenen Prämisse – das Nichts bleibe solange unverstanden, ja ungedacht, wie es ausdrücklich oder unterderhand gleich dem Etwas genommen wird – unmöglich folgen, man hätte es wie kein Etwas, wie nichts, zu denken. Die Konklusion schlüge der Prämisse direkt ins Gesicht, weil kein Etwas immer noch etwas ausmacht, wenngleich in einer dürftig minimalen Weise. Der Begriff des Nichts gehört folglich auch noch zu der Kleinschreibung *nichts* auf Distanz gebracht. Mit einer bloßen Substantivierung der Kleinschreibung kann er höchsten verwechselt werden. Und diese Verwechslung heckt weitere Mißverständnisse. Sie steht Pate, wo *Ludwig Feuerbach* die Hoffnung auf eine reine Idee des Nichts mit der Einschränkung zu dämpfen sucht, das Nichts könne nur dadurch gedacht werden, daß es zu etwas gemacht wird.[103] Richtig muß es heißen, das Nichts wird unweigerlich zu Etwas gedanklich abgefälscht, indem man es wie *nichts* zu nehmen sucht. Dann und gerade dann bleibt der Versuch das Nichts zu denken jenem *Denken von etwas* verhaftet, dem *Karen Gloy* eine paradoxe Verfassung abgelesen zu haben meint.[104] *Wer nichts denkt, denkt nicht*, besagt ein seit der Antike mehrfach mobilisiertes, von *Feuerbach*[105] gegen *Hegel* gewandtes und in jüngerer Zeit durch *Ernst Tugendhat*[106] reaktiviertes Argument. Wer nichts denkt, denke gar nicht. Wieder treibt besagte Verwechslung ihr Unwesen. Wer allen Ernstes nichts denkt, denkt immer noch etwas, und schon deshalb läßt sich guten Gewissens dementieren, er dächte gar nicht. Das Nichts zu denken hingegen vermag er, ohne im mindesten an nichts zu denken. Erst nachdem er auch noch diesen leeren Gedanken auf die Seite gesetzt hat, eröffnet sich ihm die Möglichkeit, nach dem thematisierten Geheimnis wenigstens treffende Fragen zu stellen.

44 *Weder ein Etwas noch kein Etwas, sondern eben das Nichts* – derart neutral nur kann es als ein zu Denkendes auftauchen. *Weder Etwas noch nichts, sondern das Nichts* – unter der Bedingung dieser Neutralität muß es erfragt, erwartet und erwogen werden. Darin besteht auch die angekündigte offene Aufgabe. Denn wie der Begriff des Nichts gegen den des Gegebenen neutral angesetzt werden will, hat sich gezeigt – bei jenem denkwürdigen Es, das nur gibt – aber wie man ihn gegen den des Etwas mit all den vordergründigen Konnotationen von Beschaffenheit, Differenz und Wiederholung neutral hält, statt plump in Verneinungen zu verfallen, und dennoch gehaltvoll bilden kann, steht dahin. *Wie also läßt sich ein Nichts unter der Bedingung denken, daß es weder wie ein Etwas noch wie kein Etwas angegangen werden darf?* Soviel allerdings scheint gewiß: das verheißt und verlangt, transzendental zu denken.

45 *Neutralität und Jenseitigkeit.* Als Ausdruck genommen, als Signifikant statt Signifikat, hat die *Neutralität* eine dreigliedrige Form, eine trinitarische: Weder-noch-sondern. Gleichviel, ob das jeweils Gedachte ebenfalls die Trinität kennt, ob überhaupt die Anzahl – im verhandelten Falle tut das allein das Negat Kein-Etwas – bei einem Ausdruck von Neutralität jedoch handelt es sich ganz unbedingt um einen dreifaltigen, um ein Trinom. Es blieb der formalen Logik vorbehalten, daraus einen zweigliedrigen machen zu wollen. Dort ist es geläufig, das Weder-noch zu hantieren, als bildete es schon für sich, verkürzt um den dritten Begriff, gleichsam enthauptet, eine richtiggehende logische Figur. Dabei muß man sich fühlbar Gewalt antun, um die Amputation des Sondern fertigzubringen. Es schmerzt richtig, erst von einem Begriff zu sagen, daß er weder dieses noch jenes meine, dann bei der bloßen Auflassung stehenbleiben, mit ihr abschließen zu wollen, und sich zu diesem Behufe noch die Frage zu versagen, was er statt dessen meine, wenn er denn weder dieses noch jenes bedeute. Man vermag das kaum auszusprechen, weder dieses noch jenes, ohne daß sich einem die Frage aufdrängt, was dann? Anders als z. B. das Entweder-oder bildet das Weder-noch für sich keine logische Figur, sondern lediglich ein Fragment, ein Torso der Neutralität. Allein von der gestutzten Neutralität aber konnte halbwegs plausibel behauptet werden, sie gehöre zu den Negationen. Wie das ebenfalls in der formalen Logik geschieht. Gelegentlich wird sie dort unter der Bezeichnung *Negatkonjunktion* bzw. *Adjunktionsnegat*[107] geführt und dieses Namens ausdrücklich den Verneinungen zugeschlagen. In der Anwendung gelangt die Eingemeindung zu absonderlichen Resultaten. Bekanntlich sind Gegenstände von Aussagen als solche weder wahr noch falsch, sondern etwas, darüber sich wahre oder falsche Aussagen machen lassen. Diese Neutralität als eine Negation zu deuten, hieße zu behaupten, daß Gegenstände, die weder wahr noch falsch sind, ebensogut nicht wahr und nicht falsch seien, daß sie folglich unwahr und wahr seien. Eine Folgerung, die der Voraussetzung dermaßen zuwiderläuft, daß sie die Ausdeutung der Neutralität zur Negation ad absurdum führt. Schon weil sich Neutralität nur gewaltsam in die ärmere Figur der Negation zwängen läßt, kann sie schwerlich mit jener Mitte zwischen Bejahung und Verneinung verwechselt werden, die das *principium exclusi tertii*, der Satz vom ausgeschlossenen Dritten[108] verbietet. Neutralität, die unversehrte jedenfalls, erscheint mal diesseitig, mal jenseitig. Die Form der *Diesseitigkeit* behält sie, solange der neutrale Begriff mit den neutralisierten die Ebene teilt. Wie bei der *aristotelischen* Mitte: Weder im Übermaß noch im Untermaß liege Tugend, sondern in der Mitte von beiden, beim mittleren Maß. Die Form der *Jenseitigkeit* nimmt sie dagegen an, sobald der neutrale Begriff aufhört, mit den neutralisierten die Ebene zu teilen. Das geschieht immer dann und nur dann, wenn ein Begriff zusammen mit seiner Verneinung die Neutralisierung erfährt. Ganz in diesem Sinne figurieren Gegenstände von wahren oder falschen Aussagen als solche jenseits von Wahrheit und Unwahrheit und das Etwas jenseits von Seiendem und Nichtseiendem. Bei der Jenseitigkeit liegt es verführerisch nahe, sie mit Äußerlichkeit unauflöslich verquickt zu wähnen. Aber das liefe auf ein Mißverständnis hinaus. Was jenseitig zu etwas steht, mag außerhalb von ihm oder an ihm oder in ihm sich zutragen, all das läßt seine Jenseitigkeit unberührt, mit Notwendigkeit unterstellt sie lediglich, daß es gegen etwas genauso abhebt wie gegen dessen Negation. Mehr noch. Nachdem es der jenseitigen Neutralität als solcher schon gleichgültig bleibt, ob sie mit Innerlichkeit oder mit Äußerlichkeit oder womit sonst einhergeht, neutralisiert sie in gewissen Fällen obendrein noch das Innen und Außen. Jenseitigkeit bedeutet in dem Falle auch soviel wie: jenseits von allem Inneren und nicht Inneren, Äußeren und nicht Äußeren. Mit Sicherheit ist das der Fall, wo die Jenseitigkeit aufs äußerste geht und als eine transzendentale erscheint.

46 *Transzendenz* ist ideengeschichtlich vor allem auf zweierlei Weise konzipiert worden. Die beiden Konzeptionen gehen darin auseinander, was sie als transzendental, d. h. als das Übersteigende ansehen, und was als das Überstiegene oder Immanente. In mittelalterlichen Philosophien ist die Konzeption *Transzendentale Gegenstände* verbreitet. Um sie gleich in der pointierten Fassung zu erinnern, die ihr *Duns Scotus*[109] gegebenen hat. Als das Transzendentale zeichnet sie bestimmte Gegenstände des Erkennens aus, jene Gegenstände, die alles Begrenzte übersteigen, die mithin sämtliche Gattungen überschreiten, und deren Begriffe dementsprechend alle Gattungsbegriffe transzendieren. Auf *Immanuel Kant* führt sich dagegen die Konzeption *Transzendentale Erkenntnis* zurück. Als transzendental zeichnet sie ein bestimmtes Erkennen aus, und zwar dasjenige, das die Gegenständlichkeit von Erkenntnis insgesamt übersteigt. Das Erkennen vermag nun seine Gegenständlichkeit allein dadurch zu übersteigen, daß es sich mit sich selbst beschäftigt. *Kant* nennt darum eine Erkenntnis die transzendentale, soweit sie nicht mit Gegenständen, sondern mit der a priori möglichen Erkenntnisart von Gegenständen überhaupt befaßt ist.[110] Den Begriff des transzendentalen Erkennens hat man später zum einen nach der Seite des Erkennenden hin vertieft, um auf diesem Wege bis zu der Annahme eines transzendentalen Subjekts zu gelangen. Zum anderen hat man ihn betont intersubjektiv und kommunikativ ausgelegt, um am Ende eine Transzendentalpragmatik zu projektieren. Solche Wege haben sich mir nicht ebnen wollen. Ich sehe Transzendenz in der Steigerung und Zuspitzung von Neutralität und Jenseitigkeit. Als transzendental bezeichne ich die äußerste Jenseitigkeit. Jenseits von Etwas (und folglich auch von Kein-Etwas oder kurz: nichts), jenseits vom Gegebenen (und mithin auch vom schlechthin nicht Gegebe-

nen), vom Seienden (und Nichtseienden) ohnehin – so umschreibt sich Transzendenz. In dieser Richtung nach dem Nichts zu fragen, heißt eine transzendentale Frage heraufbeschworen zu haben, verheißt und verlangt, gedanklich zu transzendieren. In Transzendenz wird also weit mehr als ein begrenzter Bezirk von Gegenständen der Erkenntnis überstiegen, mehr noch auch als die Gegenständlichkeit des Erkennens insgesamt, sogar das Erkennen selbst, alles Erkennbare und Unerkennbare läßt der Überstieg zurück. Das Nichts buchstäblich erkennen zu wollen, käme der Absicht gleich, eine ungefragte Antwort zu geben, nach Lösungen für ungestellte Aufgaben zu suchen. Wenn überhaupt, so läßt es sich höchstens denken. Denn erkennbar ist nur, was *vorkommt*, indem es das gibt oder gar nicht geben kann bzw. indem es existiert oder nicht existiert. Allein das *Vorkommende*, und bestehe es lediglich in der a priori möglichen Erkenntnisart, die ihrer Selbsterkenntnis zuvorkommt. Ohne Anspruch auf Erkenntnis zu erheben muß das Nichts gedacht werden. Als nächste Konsequenz ergibt sich daraus die folgende. In Transzendenz nach irgendeiner Art von Korrespondenz-Wahrheit zu suchen, ist müßig. Welchem Vorkommen, welchem Gegebenen oder Seienden sollte der Gedanke ans Nichts korrespondieren können? Da ich überdies die Zumutungen der Konsens-Wahrheit aus nicht weiter zu benennenden Gründen von mir weise, habe ich mich rückhaltlos darauf einzustellen, daß hier ausschließlich die Kohärenz-Wahrheit zu Gebote steht. Auf welche Weise sie zu Gebote steht, auf welchem Wege ich nach ihr suchen kann, wird sich bei einer Vergewisserung der Aufgabenstellung zeigen.

Die Aporie des Nichts

47 Schon die Aufgabe muß natürlich kohärent gestellt worden sein, damit bei ihr, oder besser: *mit* ihr, eine Wahrheitssuche anheben kann. Ob aber die formulierte Aufgabe – unter dem fraglichen thematischen Begriff gedanklich transzendieren zu müssen, darunter weder ein Etwas noch kein Etwas (oder kurz: nichts) erkennen zu wollen und dennoch inhaltsvoll denken zu müssen – überhaupt kohärent gestellt wurde, läßt sich durchaus bezweifeln. Zweifel daran nährt vor allem eine gewisse *Perspektivität* der Gegebenheit.

Die Gegebenheit beschreibt die Figur: Es gibt Etwas. Näher besehen und einer bestimmten Anonymität entrissen, stellt sie sich so dar: Nichts gibt Etwas. Und in dieser Ausführung weist sie jene Perspektivität auf. Die impliziert schließlich: Das Nichts *gibt sich*, es gibt sich *für* Etwas, es erscheint im einfärbenden Licht der Etwasheit. In ein so schlieriges Licht getaucht, erscheint es aber als *etwas Jenseitiges*. Wie es in der nämlichen Perspektive bereits als etwas Drittes, etwas Konfigurierendes, etwas Transzendentes erscheint, und nunmehr obendrein als etwas sich Gebendes. In jeder dieser Hinsichten aber doch wie ein Etwas? Also ist das Nichts sehr wohl ein Etwas, möchte man erneut monieren, und die formulierte Aufgabe wird mithin schon inkohärent gestellt worden sein. Allerdings, Einwände von solcher Art vorbringend, würde man die Art der Verwicklung verkennen, die man sich dabei zunutze macht. Die Perspektivität der Gegebenheit täuscht nur. Sie täuscht über das hinweg, was für das Begreifen des Nichts notwendig auszubedingen war, statt es widerlegen zu können. Und sie täuscht anders, als das ein Denkfehler, ein Illusionen heckender Gedanke zu tun pflegt. Statt um eine illusionierende Täuschung handelt es sich um eine *Delusion*. Die Illusion ist dem Denkenden geschuldet, die Delusion gründet in der Tücke des zu Denkenden, in dessen Verstellung. Jene ist einfach falsch und gehört verworfen, diese fälscht ab, verdeckt, überlagert und gehört hinterfragt und hintergangen. Innerhalb gewisser Grenzen darf man sich auf Delusionen und die dazu gehörigen abfälschenden Aussagen getrost einlassen. Solange ihr Status in Erinnerung behalten und in Rechnung gestellt wird, gestatten sie ein, sagen wir, *An-Denken*. Daß die delusorisch verstellte Gegebenheit angedacht wurde, nicht mehr und nicht weniger. Ich darf also das Nichts durchaus etwas Jenseitiges, Drittes, Konfigurierendes usw. nennen, solange ich meine Aussagen ausdrücklich als in Delusionen verwickelte vorbringe, als Aussagen, die bestenfalls dazu taugen, das Nichts angedacht zu haben.

48 Schließlich und endlich aber gilt es die Delusion entschieden zu hintergehen und zu hintertreiben. Spätestens dann steht sie doch, stellt sie sich verbindlich und unumgänglich – die Aufgabe, das Nichts weder wie ein Etwas noch wie nichts erkennen zu wollen, sondern transzendental denken zu müssen. Eine solche Aufgabe

fällt überaus aporetisch aus. Sie verbietet es, daß ich mich an der Etwasheit trügerisch vorbeischleiche, indem ich mir unter dem Nichts
einfach nichts, die totale Negation vorstelle, eine Art vollständiger
Leere zum Beispiel. Zur Lösung der Aufgabe eignen sich richtiggehend negative Aussagen, die das Nichts mit nichts verwechseln,
genausowenig wie quasi positive Aussagen, die es mit einem Etwas
verwechseln. Dies beschreibt die Schwierigkeit recht weitgehend.
Es geht ja noch an, daß ich mir den Gedanken an eine Seiendheit,
an eine Identität und Unterschiedenheit versage und statt dessen an
Beschaffenheit denke, an Beschaffenheit in dem hier durchgängig
gemeinten Sinne. Und tatsächlich suche ich unwillkürlich in dieser
Richtung, suche nach einer dritten Beschaffenheit, die weder die des
Etwas überhaupt ausmacht noch die von nichts. Aber dann nehme
ich das Nichts wie etwas Beschaffenes, und es wie ein Beschaffenes
nehmend, hab ich es schon wieder mit Etwas verwechselt. Sogar
die Differenz und Wiederholung, die noch mit Unterschiedenheit
und Selbigkeit differiert, muß dem Nichts gänzlich abgehen. Schon
die Annahme, das Nichts fiele *anders* als das Etwas überhaupt aus,
muß es verfehlen, weil Andersheit als die Domäne des Etwas gelten
darf und also in jeglicher Weise dem Nichts nur zum Preis der Verwicklung in Delusion zugeschrieben werden könnte. Und gestattet
der Gedanke an Differieren und Differentes bestenfalls, das Nichts
anzudenken, so ebenso der Gedanke an Indifferenz; denn die Indifferenz erwies sich ja als die negierte, als die aufgehobene Differenz,
die das Wort *nichts* meint. Desgleichen muß sowohl der Gedanke an
eine Wiederholung als auch der an die Unwiederholtheit oder Wiederholungslosigkeit fehlgehen. Verbürgt doch die Wiederholung
direkt Beschaffenheit und die Unwiederholtheit indirekt, indem sie
als Negation wenigstens diejenige Wiederholung unterstellt, die bei
aller Negation geschieht. Selbst um Wiederholungslosigkeit kann
es sich beim Nichts nur in delusorischer Weise handeln. Was aber
bleibt dann überhaupt noch zu denken? Oder muß ich es mir sogar
versagen, nach einem Was zu fragen?

49 Nach und nach zeichnet sich ab, welche Schwierigkeit das
Denken des Nichts bereitet, daß diese Aufgabe ein Aporem darstellt, eine echte logische Schwierigkeit. Im selben Maße wird auch
klarer, wie sehr die Denkleistung, die sie einem abverlangt, noch

über das hinausgeht, was einem die bereits vertrauten Aporeme, die Antinomien und Paradoxien abverlangen. Um sie im Vergleich mit den bereits behandelten Gestalten schärfer profilieren zu können, sei an dieser Stelle in groben Zügen eine Aporetik skizziert. *Aporetik,* so wird bekanntlich die philosophische Beschäftigung mit den logischen Schwierigkeiten, mit den Aporemen genannt. Dem laufenden Gedankengang begegnete das Aporem zunächst als *Antinomie.* Die Antinomie ist der beidseitig notwendig bestimmte Widerspruch im Unterschied zum kontingenten. Und gebunden an Widersprüchlichkeit, gebunden damit auch an Negation, gehört sie ganz dem Seienden. Sodann tauchte das Aporem als *Paradoxie* auf; ausdrücklich registriert wurde dies unter dem Titel der paradoxen Wendungen. In den zeitgenössischen Diskursen trifft man sowohl auf die (zumeist stillschweigend mitgeführte) Ansicht, Paradoxien stellten lediglich Widersprüche von besonderer Art dar[111], als auch auf die erklärtermaßen vertretene These, Paradoxien seien überhaupt keine Widersprüche[112]. Ich meine, Paradoxien fallen anders aus als (antinomische) Widersprüche und darum auch anders als etwas Nichtwidersprüchliches. Seiner altgriechischen Ausgangsbedeutung nach meint der Begriff der Paradoxie all das, was die *Doxa* befremdet, was also das gewöhnliche, in selbstverständlicher Gewißheit befangene Meinen brüskiert. Und das tun antinomische Widersprüche grundsätzlich nicht. Die Doxa ist gewohnheitsmäßig an der Erfahrung des Seienden und Nichtseienden geschult, nichts Ontisches ist ihr fremd. Für sie kommt es eher erwartungsgemäß als befremdlich, wenn sich vom Seienden zeigt, daß es ebensogut nicht ist, was es doch ist, daß es halt antinomischen Charakters. Irritieren kann das höchstens eine Wissenschaft mit bodenlosem Widerspruchsverbot. Unbedingt befremden muß die Doxa dagegen all das, was – wie das Sein, die Zeit und das Etwas überhaupt – anders ausfällt als Seiendes und Nichtseiendes, was von Grund auf die am Seienden geschulte Erwartung von Identität, Unterschied und Negation unerfüllt läßt, was Wendungen durchläuft, die jene Erwartung schroff brüskieren. Dafür den Begriff der Paradoxien zu reservieren, macht theorieökonomisch Sinn. Gleichsam beheimatet in der Differenz finden wir die Paradoxien. Ihr logischer Abstand zu antinomischen Widersprüchen gleicht dem zur Negation. Allerdings, wie sich die Differenz zum Unterschied wendet, so auch die

Paradoxie zur Antinomie. Darin scheint mir der tiefere Sinn von *Gilles Deleuzes* These zu liegen, angesichts einer Paradoxie würden wir dem Entstehen eines Widerspruchs beiwohnen.[113] Sie erscheint als ein Widerspruch besonderer Art – als *Widersinn*. Ganz so wie das der lateinische Ableger des altgriechischen Ausgangswortes, der Ausdruck *paradoxus* (= widersinnig) meint. Im Widersinn erscheint die Paradoxie als ein antinomischer Widerspruch, bei dem eigentümlicherweise die Antithese aus der These selbst folgt. In dieser typisch widersinnigen Folgebeziehung setzt sich der *direkte* Schluß durch, der auch das Element der paradoxen Wendung bildet. Nachdem sich das Aporetische nun schon doppelgesichtig, ja janusköpfig gezeigt hat, wendet es einem noch ein weiteres Gesicht zu, eines mit besonders verschlossenem Ausdruck, mit hochmütiger Miene. Die logische Schwierigkeit als richtiggehende Unwegsamkeit, das Aporem als Aporie. In dem hiermit angedeuteten Sinne soll von der *Aporie des Suchens nach dem Nichts* gesprochen werden. Bei den Antinomien liegt die logische Schwierigkeit darin, zu begreifen, wie etwas nur zusammen mit seiner Negation ein Bestehen haben kann, wie darum die These nur zusammen mit ihrer Antithese wahr sein kann, obschon sie doch von ihr verneint wird. Die Kraft solchen *Zusammendenkens*, das sich regelmäßig zum Ineinsdenken zuspitzt, bildet den Stolz der Dialektik der Negativität. Bei den Paradoxien wiederum liegt die logische Schwierigkeit darin, zu erfassen, wie etwas von sich aus Wendungen nehmen, Verwandlungen durchlaufen und zu Konsequenzen treiben kann, die es pervertieren, es blockieren, ja unmöglich machen, die darum vom Standpunkt der Doxa mit ihm völlig unverträglich scheinen, und die doch so sehr *seine* Wendungen, Verwandlungen und Konsequenzen ausmachen, daß es, wenn es denn überhaupt *da ist*, nur ein ebenso existenter wie vollständiger Widersinn sein kann. Weil genau dies aber als ein Differieren des gleichen – statt als eine Entzweiung desselben – begriffen werden will, handelt es sich bei seinem Begreifen immer noch um ein Zusammendenken, wenngleich um ein anderes als das Ineinsdenken. Dagegen liegt bei der Aporie des Nichts die logische Schwierigkeit weniger in einem Zusammendenken des Unverträglichen als vielmehr in einem gewissen *Auseinanderdenken*, in dem Auseinanderdenken dessen, was dem von Haus aus zur Immanenz neigenden Verstand unweigerlich zusammenfließt und verschwimmt. Statt daß es darum ginge, das Nichts und das Etwas zusammenfallen zu sehen, gilt es, sie mühevoll auseinanderzuhalten, ohne dabei – und dies erst benennt die Schwierigkeit im Kern – ohne dabei in der Weise einer Unterscheidung oder Differenzierung vorgehen zu dürfen. Denn jeder Versuch, die einschlägigen Begriffe zu unterscheiden oder zu differenzieren, würde das Nichts als etwas Unterschiedenes oder Differentes ansetzen, um es damit bereits im Ansatz verfehlt zu haben. Auch die Aporie des Nichts verlangt freilich, quasi zwei Erfordernisse zugleich zu vollstrecken, nämlich (1) weder an ein Etwas noch an nichts zu denken und (2) dennoch inhaltsvoll zu denken; die beiden Bedingungen wollen unbedingt zusammen eingehalten werden, und insoweit bietet sich die Aufgabe ähnlich einer Antinomie dar. Nur daß jene Erfordernisse erst in der Tat zugleich und zusammen ihre Erfüllung finden, wenn man die darin verstrickten Begriffe restlos gegeneinander zu distanzieren vermag, ohne sie doch im mindesten trennen zu können. Der transzendierende Gedanke muß gegen Alles abheben, gegen alles, was es gibt, obwohl es dort, sozusagen, nicht einmal mehr nichts zu denken gibt. In dieser Richtung hat sich die logische Denkschwierigkeit verschärft zur Unwegsamkeit oder – wenn die Wortbildung anginge – zur Weglosigkeit. Man fühlt sich zur Regungslosigkeit verdammt, gleichsam wie lahm gelegt. Nicht, daß es schon deshalb völlig unmöglich wäre, einen Denkweg zu bahnen, der muß aber auch erst gebahnt werden. Die Aporie als solche – das meint die Rede von der Unwegsamkeit – impliziert auch nur ansatzweise eine Wegweisung, läßt sogar die Spur der Implikation von Wegen vermissen.

50 Über den Weg der Wahrheitssuche, den ich einschlagen kann, mit Aussicht auf die allein noch zu Gebote stehende Kohärenz-Wahrheit, darf ich danach nicht mehr, aber auch nicht weniger als dies sagen: Ein Gedankengang, der sich fortlaufend seiner Kohärenz vergewissert hat, mündete in die Formulierung von gewissen schwierigen Denkerfordernissen ein. Das Nichts will weder als ein Etwas noch wie kein Etwas genommen und dennoch gedacht werden. Forderungen, die ebenso folgerichtig sich ergaben wie sie offenbar aporetisch ausfallen. Weder etwas noch nichts und doch denkbar – das scheint unmöglich. Wenn sich nun Gedanken ausbilden und artikulieren lassen, die diese Erfordernisse unbeschadet

ihres aporetischen Charakters erfüllen, sie ungeteilt und unge-
schmälert vollstrecken, dann spricht das für ihre Wahrheit, dürfen
sie für wahr gehalten werden.

51 Was nun die Erfüllbarkeit jener Erfordernisse selbst betrifft,
meine ich vorab noch eine Mutmaßung anstellen zu dürfen. Sollte
sich tatsächlich ein richtiggehender Denkweg bahnen lassen, ein mit
philosophischer Begrifflichkeit gepflasterter, so wird der wohl im
Diesseits anheben, diesseits von Etwas seinen Ausgang nehmen und
schließlich jenseitig dazu münden, jenseits davon sich verlaufen.
Wenn es zutrifft zu sagen, Nichts gibt Etwas, müßte ich mir solch
einen Wege eigentlich ebnen können. Wo genau aber sollte er im
Diesseits seinen Ausgang nehmen, wo der Ausgangspunkt liegen?
Diesseits erinnert an das Nichts – unter all dem, was sich mir bereits
begrifflich erschloß – allein die Negation. Und daß von der Negation
ein Weg zum Ziel führt, will mir nach der festgeschriebenen Konditionierung abwegig erscheinen; gebietet sie doch, das Nichts gerade jenseits von Negation zu denken. Allerdings löst sich der Vorbehalt rasch auf; jeder diesseitige Ausgangspunkt müßte ja als ein
diesseitiger den Vorbehalt auf sich ziehen, jeder der in Erwägung
gezogenen Wege hat vom Diesseits ins Jenseits zu weisen. Ich darf
getrost bei der Negation ansetzen. Für sie wiederum darf der Ausdruck *Nichten von etwas* stehen, mit dem spezifizierenden *von*,
worin sich nach *Frege* die Ergänzungsbedürftigkeit der Negation
manifestiert. Meinem Anliegen zuliebe darf ich ferner das Nichten-
von-etwas sogleich als Verlaufsform der totalen Negation, der äußersten Negation, die kurz *nichts* heißt, unterstellen, das heißt als
Nichten von Etwas. An dieser Figur ansetzend, müßte ich auf irgendeine Weise, auf einem völlig unvorgezeichneten Wege, schließlich
und endlich jenseits von Etwas zu denken kommen. So meine Hoffnung. Darauf läßt sich hoffen, auch ohne hinter die theoriegeschichtlich längst geläufige, von *Hermann Cohen* ausdrücklich vollzogene terminologische Abhebung des Begriffes des Nichten und
des Nicht vom Begriff des Nichts[114] zurückzufallen. Mehr noch,
ohne eine terminologische Distanzierung wie diese könnte bei dem
gesuchten Denkweg von einem Weg schwerlich die Rede sein. Bleibt
nur noch, ihn zu suchen. Wenigstens in einem ersten Schritt gilt es,
das Nichten aus seiner Verwicklung in Etwas gedanklich herauszu-

treiben. Mittlerweile hab ich diesen Schritt absolviert. Statt so zu
tun, als würde er im Moment der Niederschrift eben vollzogen, will
ich beschreiben, was mir widerfuhr.

Nichten selbst, Nichten an sich und nichten-ohne-sich

52 *Nichten selbst.* Ähnlich wie bei einem spontanen Zugriff wählte
ich als erstes das naheliegendste Verfahren. Ich versuchte mich dem
Nichten gedanklich zu nähern, suchte es aus dem Nichten-von-Etwas, aus der Verlaufsform der äußersten Negation zu bergen, indem
ich von seinem Bezug auf das Etwas bewußt absah, vom Etwas ab-
strahierte, dieses buchstäblich wegdachte, um sodann von der vollen
Figur auf das Nichten zurückgehen zu können, von der Bezogenheit
auf das Bezogene zurückzukommen. In dieser Art vorzugehen,
heißt, auf das Nichten *selbst* abzuheben, nach ihm *selbst* zu suchen.
Mit anderen Worten, das zuerst gewählte Vorgehen folgte der Figur
der Selbstbezogenheit. Die Selbstbezogenheit besteht in der Bezogenheit von etwas auf sich *über* anderes; sie ist seine ausholende
Bezogenheit auf sich, sein vermitteltes, durch anderes vermitteltes
Für-sich. Eben diese Figur beschrieb meine Vorgehensweise. Sie
zielt auf das, worin das Nichten, das mir nirgends einfach für sich
begegnete, wenigstens gegen das Etwas der Negation für sich bestehe, worin also es selbst bestehen mochte. Dem entsprach es, das
Nichten vermittels eines Absehens vom Etwas, ausholend über dieses Abstrahieren, verstehen zu wollen. Ich wollte Nichten denken,
fand es völlig verwickelt in Bezüge auf Etwas, die Negation heißen,
bezog es vermittels der Abstraktion davon auf sich, und derart vermittelt auf sich *selbst.* Nun absolvierte der Gedankengang die Figur
der Selbstbeziehung freilich auf eine besondere Weise. Indem er
nämlich ausholend über so dezidiert negative Akte wie das Abstrahieren, Absehen und Wegdenken aufs Nichten referierte, durchlief
er jene Figur hintergründig negativ. Schon deshalb mußte er im
Ergebnis dürftig ausfallen. Soweit er über eine Abstraktion ausholte
und sich also negativ vermittelte, nahm er genau die beschränkte
Form der Negation an, aus der er den Begriff des Nichtens erlösen
sollte. Da kam es folgerichtig, als unter dem Titel *Nichten selbst* lediglich eine Art Negationstorso sich abzeichnete. Die Vorstellung

vom Nichten als eine Art Vorzeichen ohne Vorgezeichnetes, als ein um das Negierte amputiertes Negationszeichen stellte sich ein. Oder der Gedanke an eine Inhaltsarmut, die daran erinnert, daß die Negation konkreten Gehalt einzig aus dem Negierten bezieht. Wie der unausgeführte Ansatz der Negation bot sich das Nichten selbst dar, wie ein nach Fortsetzung heischendes, um Vollendung barmendes Fragment.

53 *Nichten an sich.* Ich mußte das Verfahren forcieren, sollte es dazu taugen, das Nichten aus jener Verwicklung mit Etwas gedanklich herauszutreiben, die in der Negation notwendig geschieht, und vermutlich nur unter anderem in der Negation. Vor allem war der Versuch, ihm per Abstraktion von dem Etwas näherzukommen, durch ein weitergehendes Verfahren zu ergänzen. Statt mittels der Abstraktion vom Etwas das Nichten selbst verstehen zu wollen – um dann gerade in Gestalt dieser Absehung doch wieder die negative Form zur Geltung zu bringen, von der eigentlich der Gedanke ans Nichten entlastet werden sollte – hatte ich nunmehr hinsichtlich des ganzen Bezugs auf Etwas *Zurückhaltung* zu üben, mich dieses Bezuges als eines selbstverständlich gegebenen *zu enthalten*. Eine regelrechte *Epoché* stand zu vollziehen an. Eine andere freilich, als die von *Edmund Husserl* ausdrücklich praktizierte und ideengeschichtlich zu Ehren gebrachte transzendentale, aber doch eine Epoché. Alle philosophisch bedeutsame Epoché gilt der Selbstverständlichkeit; sie zu vollziehen bedeutet, sich einer Selbstverständlichkeit zu enthalten, sich davor in Zurückhaltung zu üben. Bei der von *Husserl* demonstrierten geschieht das in der besonderen Weise, daß sie *den natürlichen Seinsglauben* außer Geltung setzt.[115] Der natürliche Seinsglaube bildet dort das Selbstverständliche, das die Zurückhaltung verdient. Aber die Selbstverständlichkeit grassiert in vielerlei Gestalt; schier zahllos die Selbstverständlichkeiten, aus denen sich der Horizont einer jeden Lebenswelt zusammensetzt. Schier endlos weit sich daher das Feld der philosophischen Epoché ausdehnen muß. Um das Versprechen der Weisheit halten zu können, hebt Philosophie notwendigerweise darauf ab, das Selbstverständliche unselbstverständlich zu machen – ebenso notwendig gehört die Epoché zu ihrem Kanon.[116] Es hieß, eine für die Philosophie habituell bedeutsame geistige Tätigkeit an einem der vielen möglichen

Fälle zu vollstrecken, als mein Problem eine solche Enthaltung gebot. Zu enthalten hatte ich mich der Selbstverständlichkeit, mit der das Nichten unbedingt von einem Etwas erfahren wird, der selbstverständlichen, weil im Nichten *selbst* liegenden Gerichtetheit. Dabei war besagte Gerichtetheit sehr wohl gedanklich zu vollziehen und nachzuvollziehen, nur eben als eine unselbstverständliche. Weit davon entfernt, sie in Abrede zu stellen oder sonstwie zu verneinen, hatte ich mich aber davor zurückzuhalten, sie wie eine fraglose Implikation mitzudenken. Und indem ich zugleich das Etwas, das die Nichtung erfährt, immerfort im Augenwinkel behielt, blieb die Epoché davor bewahrt, zur Abstraktion auszuarten. Wie man das Nichten gleichsam *vor* der Auslegung zur Negation zu denken hat, statt von einer für selbstverständlich genommenen Auslegung auszugehen und auf ein Ausgelegtes in Gedanken zurückgehen zu wollen – das bildete nunmehr die leitende Frage. Nach dem *Nichten-an-sich* wurde dieserart gefragt, danach, wie Nichten an sich zu begreifen sei, keinesfalls also nach einem Wesen des Nichtens oder gar nach einem logischen Subjekt desselben.

54 *Nichten ohne sich.* Gleich bei den ersten Versuchen, mich in der gebotenen Zurückhaltung zu üben, mußte ich einen Schritt gehen, der mit der elementaren Denkgewohnheit fühlbar kollidiert. Es gelang mir durchaus, bei dem Gedanken an das Nichten mich der für Negationen typischen Bezogenheit auf Etwas zu enthalten und die bloße Abstraktion davon, diese Verneinung, zu meiden, aber erst nachdem ich mich obendrein einer gewohnheitsmäßigen Erwartung enthielt. Der Erwartung nämlich, ich würde es mit einer Folgebeziehung zu tun bekommen, mit einem Vorgang, der sich vollzieht, sich vollstreckt, der sich vorkommt und sich nachfolgt. Die Negation trägt den gemeinten Vorgangscharakter überdeutlich, ihr läßt sich mühelos eine gewisse Abfolge ablesen. Da gibt es zunächst ein Etwas, sodann ist da ein Verneinen und schließlich ein Negat, das im gegebenen Falle *nichts* heißt. Selbst wenn diese Momente sich einer raumzeitlichen Scheidung voneinander widersetzen, reihen sie sich doch zur logischen Folgebeziehung. Als Negat folgt die Negation sich, das heißt dem Verneinen, nach, als Verneinen kommt sie sich, das heißt dem Negat, vor. Diesem Folgecharakter gegenüber mich auch noch zurückzuhalten, wäre möglicherweise leicht gefallen,

wenn er der Negation allein vorbehalten bliebe. Aber das tut er natürlich nicht. Alles Seiende, jedes Etwas weist ihn auf, zumindest wie einen Charakterzug. Er gehört sogar zu den allergewöhnlichsten Selbstverständlichkeiten auf der Welt. Am selbstverständlichsten erscheint er in Gestalt des sogenannten Zeitpfeils. Seiendes geschieht ausnahmslos in der Zeit, es ereignet sich, und soweit das auch das Etwas tut – mit Ausnahme der Zeit selbst wohl durchgängig – hat man unter den Begriffen beider mit lauter Ereignissen zu tun, die einander ablösen, die früher oder später geschehen, so daß die einen den anderen vorausgehen und diese jenen nachfolgen. Mehr noch, die zeitliche Folge findet sich tief eingelassen in das Es-ist und Es-gibt. Es gibt oder existiert etwas notwendigerweise auch in dem Sinne, daß es mit seinen früheren Zuständen *sich* vorkommt und mit den späteren *sich* nachkommt. Schließlich begegnet das Folgen noch allenthalben auf eine quasi zeitlose Weise, in Formen, denen Zeitlichkeit zumindest nicht mehr ohne weiteres abgelesen werden kann. Wie zum Beispiel in der denkbar einfachen Beziehung des Einen zum Anderen. Selbst wo die zugleich bestehen, gewissermaßen gleichzeitig, folgt das Andere dem Einen nach. Das Andere unterstellt das Eine unabdingbar als logisch vorgängig. In diesem logischen Sinne kann das Andere unter Umständen in dem Einen sich vorkommen, wie dann umgehrt das Eine im Anderen sich nachkommt. Wahrlich eine der allergewöhnlichsten Selbstverständlichkeiten machen diese Erinnerungen bewußt, und damit im Ansatz schon unselbstverständlich. Ein Gemeinplatz nachgerade, zu sagen, das Gegebene und Existente findet sich durchgreifend von Folgebeziehungen strukturiert. Mit ihnen bei allem Erdenklichen rechnen zu müssen und zu dürfen, gehört nicht zufällig zu den elementaren, um nicht zu sagen: eingefleischten, Denkformen. Die historisch vertraute Logik und Sprache hat diese Erwartung strukturell fixiert. Am machtvollsten wohl in dem Gebot der Folgerichtigkeit. Daß allein der folgerichtige Gedankengang wahr ausgehen könne, das darf offenkundig nur gelten, weil und insofern sich die Folgebeziehung überhaupt als universaler Bestand voraussetzen läßt. Ausgerechnet einer dermaßen tief verwurzelten Erwartung hatte ich mich auch noch zu enthalten – zusammen mit der für Negationen typischen Bezogenheit auf ein Etwas – sollte die angestrengte Epoché gelingen. Sie mußte zu einer Epoché der Folgebeziehung vertieft und ausgedehnt werden. Allen Ernstes galt es dies zu denken: Das Nichten, aber ohne sich vorzukommen oder, was damit zusammenfällt, ohne sich nachzukommen. Wobei das Wort *ohne*, wie einführend dargetan, für Absenz steht und mit einer verkappten Verneinungspartikel höchstens verwechselt werden könnte. Die Dinge gestalten sich hier schwieriger als bei den Experimenten mit der Negativform, die *Paul Virilio* so beredt geschildert und reflektiert hat.[117] *Virilio* beschreibt, wie er, zwei nahe beieinander liegende Dinge sehend, eigentlich drei sieht – die beiden Dinge und ihre gemeinsame Negativform. Die Negativform avanciert zum unübersehbaren Dritten, indem sie durch eine gewisse Justierung des Sinnesorgans, durch eine willentliche Umstellung auf das vordergründige Flächigsehen beispielsweise, zur Quasi-Positivform befördert wird, ohne daß gleichzeitig die genuinen Positivformen zu Quasi-Negativformen herabgesetzt werden. Das bereitet zwar eine fühlbare Anstrengung, es verlangt aber doch nicht, elementare Funktionsgewohnheiten, hier des Sehens, außer Kraft zu setzen. Dagegen es nachgerade widernatürlich anmutet, angesichts eines Angedachten sich der Erwartung zu enthalten, in Gestalt seiner mit Folgebeziehungen zu tun zu bekommen, mit einem Vorgang, der als solcher sich vorkommen und sich nachfolgen muß. In der Natur findet sich dafür nirgendwo ein Exempel. Zu denken galt es in der Tat ein nichten-ohne-sich. Ohne eine Beschaffenheit seines Namens, ohne die Beschaffenheit, in der es hätte sich vor- und nachkommen müssen. Und doch Nichten. Gerade an sich figuriert es ohne sich. Fragte sich weiter, wie das nun seinerseits begriffen werden will. Wie versteht sich das Nichten unter der Voraussetzung, daß ich mich zusammen mit der für Negationen typischen Bezogenheit auf ein Etwas auch noch der tief verwurzelten Erwartung einer Folglichkeit enthalte? Wie hatte ich dieses Ohne-sich zu denken? Alle Versuche, es auf dem Wege logischen Schließens begreiflicher zu machen, es mir buchstäblich zu erschließen, scheiterten, und mußten scheitern, weil ihm doch jenes Vor- und Nachkommen vollends abgeht, das beliebige Aussagen erst in den Stand setzt, untereinander Folgebeziehungen einzugehen, die Rollen von Prämissen und Konklusionen einzunehmen und auszufüllen. So fand ich mich ganz auf ein intuitives Denken verwiesen, auf das diskursive Artikulieren einer Intuition. Es war, als würden ohnehin schon widernatürliche Figuren zu

einem noch viel merkwürdigeren Gespinst auswachsen. Sich-vor-
weg-figurieren, so mochte es näherungsweise artikuliert werden.
Und zwar absolut sich vorweg, rein sich vorweg, unentwegt und in
jeder erdenklichen Hinsicht. So daß der Sich-Bezug wie eine immer
schon verschwundene Vermittlung in dem Vorweg aufgeht. Statt
ihm je vorkommen zu können. Ein Figurieren, das sich in sich selbst
überholt, ein Überholen, daß sich seinerseits in sich selbst überholt,
und dieses ebenso. Untauglich dazu, sich hinzuziehen zum Vorgang,
unfähig, sich zu erstrecken zur Folgebeziehung. Ein unendlicher
kleiner Punkt nimmt sich dagegen gleichsam wie ein Füllhorn voller
Repitition und Differenz aus.

55 Für die angedachte Intuition nach einer kohärenten begrifflichen
Artikulation suchend, drängte sich mir unaufhaltsam der Begriff der
Ekstase auf. Mit irgendeiner Verwendungsweise dieses Begriffs
mochte die Artikulation gelingen. Wobei ich *Ekstase* damals wie
heute in der urtümlichen und einfachsten Bedeutung nahm. Urtümlich bedeutet der einschlägige altgriechische Ausdruck schlicht und
einfach *heraustreten*. Seine schon kompliziertere und heutigentags
weithin gebräuchliche Ausdeutung in dem Sinne, daß jemand aus
sich heraustritt, verdankt sich bereits einem spezifizierenden Bedeu-
tungswandel in psychologischer Perspektive. Ich hielt und halte
mich an den urtümlichen Sinn: heraustreten. Daß dem Begriff die
Nihilität keineswegs auf der Stirn geschrieben steht, daß er nach
Lautung und Schriftbild vielleicht sogar am allerwenigsten Nihilität
assoziiert und dennoch dazu taugen soll, ein Nichten auf den Begriff
zu bringen, hat mich nur anfangs beunruhigt. Leicht läßt sich ein-
sehen, warum das zwar überraschend aber doch folgerichtig kommt.
Worte, die von sich an Nihilität erinnern, einschlägige Assoziationen auslösen und entsprechende Konnotationen mit sich führen,
gehören zumeist der negativen Lexik an, und die hatte bei meiner
Aufgabe von vornherein außer Betracht zu stehen. Zum geringeren
Teil meinen sie Pejoration und Absenz, und solchen Inhalts ver-
mochten sie zu den in meiner Sache mittlerweile anstehenden wei-
terführenden Überlegungen genausowenig beizusteuern wie die
negative Lexik. Es mußte eigentlich noch am ehesten ein gleichsam
artfremd wirkender Begriff in Betracht gezogen werden. Einer wie
Ekstase. Sicherlich nicht in der einfachen substantivischen Form, in

der er von der wissenschaftlichen Tradition bevorzugt wird; dazu nimmt das schlichte Substantiv viel zu unverblümt auf einen ausgemachten Vorgang Bezug, auf das offenkundig sich vor- und nachkommende Geschehen des Heraustretens. Während ich doch die Epoché der Folgebeziehung durchhalten mußte, mich unverdrossen der naturwüchsigen Erwartung zu enthalten hatte, auf ein sich vor- und nachkommendes Geschehen zu stoßen, und allein bei Gewährleistung der Zurückhaltung darauf hoffen durfte, zu gegebener Zeit jene Intuition artikuliert zu haben, die näherungsweise die Figur sich-vorweg beschreibt. In welcher Verwendungsweise mochte der Begriff der Ekstase dazu befähigen, die Intuition zu artikulieren und mithin auch den ebenso befremdlichen wie unabweislichen Gedanken an ein Nichten-ohne-sich mit Inhalt zu füllen? Ich versuchte es auf mancherlei Weise. Mehr verfehlt als getroffen wurde die Intuition bei dem Versuch, ihr mit iterativen Bildungen bei- und näherzukommen, zum Beispiel mit der Iteration: *Das Heraustreten des Heraustretens*, die Ekstase aller Ekstasen. Also ähnlich, wie man sich in der mythischen Tradition eine Geburt allen Gebärens und einen Anfang aller Anfänge vorzustellen versucht hat, in der Absicht, von ausgemachten Prozessen auf einen prozeßfreien Ausgangspunkt zurückzugehen, um in Wahrheit den Prozeß nur vorzuverlegen. Ganz ähnlich gingen die von mir probierten Iterationen allesamt fehl. Schon weil sie Verdopplungen behaupten, unterstellen sie genau das Sich-Vorkommen, dessen ich mich gerade enthalten wollte. Empfänglicher zeigte sich die Intuition für Sätze, die den Begriff der Ekstase in einer reflexiven, ja in einer selbstbezüglichen Weise ausführen. Etwa für den Satz: es handelt sich um eine Ekstase, die einzig und allein darin besteht, ihrerseits herauszutreten, die einzig und allein in dem Sinne geschieht, daß sie selbst erst heraustritt. Sätze wie dieser vermeiden zwar die offenkundige Iteration, setzen an die Stelle der Verdopplung eine Ekstase, die sich selbst erst heraustreten läßt. Jedoch könnte die Ekstase, so wie das der zitierte Satz behauptet, sich selbst entlassen nur überflüssigerweise. Sie müßte schon geschehen, um dabei ihrerseits erst herauszutreten, und wenn sie bereits geschieht, wozu muß sie dann noch sich selbst vollbringen? Eine Ungereimtheit, in der sich bemerkbar macht, daß der Satz immer noch einen ordinären Vorgang ansetzt. Bei seiner Formulierung befand ich mich ungefähr auf einer Stufe mit der traditionsrei-

chen Idee der Selbstverursachung. Um Ursache seiner selbst sein
können, muß etwas schon geschehen, und geschieht es bereits, wozu
muß es sich dann noch selbst bewirken? Nach all den Annäherun-
gen an die Intuition, die am Ende immer wieder die gebotene Epoché zusammenbrechen ließen und mich auf das gewohnte, nicht
zuletzt mit dem Verneinen eingeübte Denken in Vorgängen, Abfol-
gen, Folgebeziehungen zurückwarfen, stellte sich schließlich diese
Wortbildung ein: *ecstasis sui.* Eine Bildung, die unvermindert *heraustreten* bedeuten soll, aber doch einzig und allein als *zu-sich-heraustreten.* Dies trifft die Intuition.

56 *Ecstasis sui.* Statt der Ekstase zuzumuten, sie würde überflüssigerweise sich selbst noch entlassen, setzt der gebildete Begriff sie in
der Figur, zu sich herauszutreten, an. Diese Figur anhaltend zu denken, fällt schwer, sie verfällt einem leicht. Mir wollte sie lange quasi
zu Momenten zerfallen, als hätte sie Momente, die untereinander
und mit dem Ganzen zusammenhingen und eingedenk ihres Zusammenhangs doch für sich gedacht werden dürften und könnten.
Derart zerfallend, fiel sie von der Intuition ab und ließ Zweifel an
ihr aufkommen. Etwa in folgender Weise. Zu sich herauszutreten,
bedeutet dabei dieses zu-sich nicht soviel wie: zum Heraustreten,
zur Ekstase? Und wenn, bedeutet dann die ganze Figur nicht soviel
wie ein Heraustreten zum Heraustreten? Und wenn dies, beschreibt
sie dann nicht doch eine von den Iterationen, in Gestalt derer etwas
überdeutlich sich vor- und nachkommt, und derer ich mich mit dem
gebildeten Begriff gerade enthoben wähnte? Der Zweifel speiste sich
aus einer unterschwellig gemachten Voraussetzung. Er setzt voraus,
daß es der in Rede stehenden Figur angemessen sei, von ihr Momente abzuziehen, um die dann untereinander in Beziehung zu
setzen und in den hergestellten Beziehungen allerlei Fragwürdiges
aufzufinden. Er setzt das aber fälschlicherweise voraus. Auch wenn
ihr Schriftbild etwas anderes nahelegt, diese Figur läßt Momente,
die für sich genommen immer noch gedacht werden könnten, vollständig vermissen. Völlig falsch daher, an ihr eine Verkettung, Verknüpfung oder Verschränkung zweier Ekstasen ablesen und enthüllen zu wollen. Falsch aber auch, anzunehmen, es handle sich um
eine, eine einzige Ekstase. Schon um eine einzige Ekstase annehmen
und ansetzen zu können, hätte ich ein richtiggehendes Ereignis

dieses Namens voraussetzen müssen. Während die Finesse der ecstasis sui, ihre Tücke sozusagen, gerade darin liegt, auch nur ein einziges Mal richtiggehend sich zu ereignen, sich zu vollziehen. Statt unterderhand doch wieder einen Vorgang, ein Ereignis, ein Geschehen namens Heraustreten zu unterstellen, galt es vielmehr dies zu denken: *heraustretend-heraustreten*. Das traf die Intuition wieder. Das adverbiale Vorwort modalisiert das verbale Nachwort, so fehlt auch der logische Raum für Iteration. Und fragte ich mich nun, wie noch der Rest Äußerlichkeit, von dem die Figur heraustretend-heraustreten gezeichnet bleibt, gedanklich hintergangen und die Figur gleichsam zu Ende gedacht werde könne, gelangte ich zu der Antwort: einzig und allein als rein sich vorweg laufend. So wie das die Intuition eingegeben hatte. – Zweifel nährte ferner und erst recht die Frage nach einem Woraus. Zu sich *heraus*treten, aber woraus, wo heraus? Mußte ich mir diese Frage nicht redlicherweise vorlegen? Und verweist sie nicht allzu deutlich auf ein Vorgängiges, auf einen Hintergrund, einen Grund und Boden? Auf lauter Dinge also, von denen im gegebenen Kontext gar keine Rede mehr sein können dürfte, sollte es mit zuvor formulierten Aussagen seine Bewandtnis haben. Wieder setzte meine Fragestellung voraus, ich dürfte von der Figur Momente abziehen. Ich dürfte sodann dieses Heraus von ihr abheben, wie ein Moment, das mit ihr bloß zusammenhängt und innerhalb des Zusammenhangs zumindest passagenweise für sich gedacht werden könnte. Sie setzte das abermals fälschlicherweise voraus. Die Figur will auch nur im mindesten wie ein gegliedertes Ganzes genommen werden, sondern gewissermaßen am Stück, oder besser noch: auf Anhieb. Ich mußte es mir versagen, angesichts der unversehrten Figur die Lautung *heraus* so denken zu wollen, als stünde der Begriff des Heraustretens für sich. Wie ein Treten aus etwas heraus, dieserart genommen, würde die Ekstase als eine richtiggehend gegebene unterstellt. Eben diese Unterstellung ließ mich weit hinter die gerade versuchte Begriffsbildung *ecstasis sui* zurückfallen. Indem ich nun zu-sich-heraustreten in der Tat auf Anhieb zu denken suchte, mußte ich gewahren, daß die Frage nach einem Woraus schlicht entfällt. Es handelt sich, wieder absichtlich delusorisch gesprochen, um ein Figurieren, das nur mündet, um pures Münden. Wollte ich die ecstasis sui unbedingt wo heraustreten sehen, so höchstens aus dem, wohinein sie münden könnte. Eine Behauptung von so krudem Richtungssinn bringt wenigstens das Problem des Richtungssinns angemessen bizarr zur Sprache. – Zunächst wollte es mir so scheinen, als strukturierte die fragliche Figur eine Art Werden von Ekstase, als gäbe sie deren Entstehungsformel her. In der Weise sie deutend, hatte ich die Figur aber gleichsam zurückgedeutet, zurückgestuft auf eine Dimension, die ich eigentlich überschreiten wollte. Das Werden geschieht in der Zeit, Entstehung und Herausbildung zeitigen. Die ecstasis sui dagegen? Zu sich herauszutreten, das bedeutet bestenfalls, in die Zeit allererst eintreten zu können. Und dies galt es zu verstehen, ohne bei der törichten Vorstellung von einer Zeit vor der Zeit Zuflucht zu suchen. Was den Gedanken an die ecstasis sui zu einem ebenso unbequemen, ja Kopfschmerzen bereitenden wie abenteuerlich anziehenden Gedanken gemacht hat, hängt vornehmlich damit zusammen, daß er nicht nur gegen den sogenannten Zeitpfeil abhebt, auch gegen die Folgebeziehung schlechthin und überhaupt. Daß er die Umstellung auf einen abseitigen, der ganzen Folgerichtung entschlagenen Richtungssinn verlangt und verheißt. Nichts, was da aufeinander und auseinander folgt. Und doch ein Richtungssinn. An dieser Stelle lauerte die Gefahr, mir darunter eine Umkehrung der Folgerichtung vorzustellen. Aber die führte lediglich zu einer umgekehrten Folgerichtung. Voraussetzung und Folge wechselten untereinander die Plätze, Vorkommen und Nachfolgen tauschten die Rollen. Erst indem ich mich gegenüber der an der diesseitigen Allgegenwart von Folgebeziehungen geschulten Erwartung genauso in Zurückhaltung übte wie der bloßen Umkehrung gegenüber, zeichnete sich der fragliche Richtungssinn ab: Ein Sinnen, ein gerichtetes Figurieren, das dermaßen rückhaltlos sich vorläuft, daß es unmöglich je sich erstrecken und hinziehen kann zum Ereignis und Vorgang, zur Folge und Abfolge. Rein sich vorweg figurierend. – Im dargelegten Sinne, und nur in diesem, wollte ich fürderhin den Begriff der ecstasis sui verwenden. Ganz in seinem Sinne versteht sich jenes Nichten, das vom Standpunkt einer gerade für notwendig befundenen Epoché als nichten-ohne-sich erschien und bezeichnet wurde.

57 *Zwischenbilanz.* Wohin hat der geschilderte Gedankengang geführt? Er wurde ja nicht unternommen, um eine Art Phänomenologie des Nichtens auszubreiten, er zielt auf das Nichts. Ich wollte

einen Weg finden, auf dem sich die aporetischen Ansprüche erfüllen lassen, die das Denken des Nichts unbedingt einlösen muß, soll es sich in der Gewißheit, kohärent auszufallen, wiegen dürfen. Zur Erinnerung, das Nichts will transzendental gedacht werden, weder wie ein Etwas noch wie nichts. Jenseitig zu beiden und doch gedacht. An dem Maßstab gilt es zu bilanzieren. Wie weit haben mich die angestellten Meditationen den vertrackten Ansprüchen nähergebracht, inwieweit haben sie mich bereits transzendental denken lassen? Sie mündeten in die Begriffbildung *ecstasis sui* ein, und die scheint mir jenen Erfordernissen durchaus zu korrespondieren. Sie korrespondiert, sagen wir, ihrem Schnittpunkt. Die erinnerten Erfordernisse überschneiden sich nämlich in einem Punkte, in punkto Wiederholung. Die Konditionierung, weder ein Etwas noch nichts zu denken, bedeutet nach einer Seite hin, sowohl den Gedanken an das offenkundige Wiederholen meiden zu müssen, das (in ureigenster Verquickung mit Differenz) das Etwas ausmacht, als auch den bei dieser Gelegenheit sich unweigerlich vordrängenden Gedanken an das verborgene Wiederholen, das noch in der totalen Negation geschieht, die kein Etwas oder kurz: nichts genannt wird. Weder das offenkundige positive Wiederholen noch das verborgene negative. Jenseits allen Wiederholens denken zu müssen, das bildet den Schnittpunkt zwischen den ihrer Vollstreckung harrenden Erfordernissen. Und genau in diesem Punkt trifft sich der Begriff der ecstasis sui mit ihnen. So wie er die Ekstase begreift, als zu sich heraustretend, weist er jenseits von allem, was *sich* vor- und nachkommt, und das heißt doch schon: jenseits von Wiederholung. Denn an der Figur, sich vorzukommen und sich nachzufolgen, hängt jegliche Möglichkeit von Wiederholung. Schon das einfachste Wiederholen, das simple Nochmals, unterstellt die Figur. Als Wiederholtes kommt es sich – dem Wiederholenden – vor, wie es umgekehrt als Wiederholendes sich – dem Wiederholten – nachkommt. Soweit ich also die ecstasis sui in der Tat zu dem Preis gedacht habe, mich dabei der naturwüchsigen Erwartung eines sich vor- und nachkommenden Geschehens zu enthalten, insoweit habe ich mich dabei auch der Erwartung eines wiederholenden Geschehens enthalten. Heraustreten, und zwar so, wie es sich vorweg figuriert, rein sich vorweg – dieserart figuriert es jenseits allen Wiederholens. Transzendental. Ich mußte wenigstens ansatzweise jenseits von Etwas und nichts zu denken gekommen sein, eine dazu neutrale Begrifflichkeit gebildet, eine transzendentale Figur gezeichnet haben. – Aber wohl auch nur ansatzweise. Mit vorstehenden Aussagen bereits das Nichts gedacht zu haben, darf ich wohl kaum beanspruchen. Dazu erscheint der Begriff der ecstasis sui einfach zu dürftig, viel zu wenig inhaltsvoll. Was wiederum seiner letztendlich doch noch verbliebenen Nähe zur Selbstbeziehung geschuldet sein wird. Es fehlt ihm das gehaltvoll denkbare So. Denn – und diesen Punkt habe ich den ausgewiesenen Bedingungen des Problems hinzuzufügen, angesichts der gewonnenen Erfahrung im Transzendieren nachzutragen – das Nichts dürfte ein So kennen, ein richtiggehendes So. Freilich ein transzendentales, also eines jenseits von Beschaffenheit und Identität, jenseits von dem differenten Wiederholen, das ein Etwas ausmacht, und erst recht von dem dominanten Wiederholen, das im strengen Wortsinne als Selbigkeit oder Identität bezeichnet zu werden verdient. Um nun in dieser Denkrichtung vordringen zu können, muß ich den Begriff der ecstasis sui mit all den Figuren, die darunter zu denken waren, von einer Begrifflichkeit aufnehmen, fortschreiben und überbieten lassen, die gewissermaßen über eine größere semantische Kapazität verfügt. Nach ihr habe ich in der überkommenen Lexik ohne Erfolg gefahndet. So versuche ich es denn mit einer künstlichen und darum unverwandt, ja befremdlich anmutenden Komposition. Sie lautet *adindividuieren*.

individuus, individuieren und adindividuieren

58 Die avisierte Begriffsbildung will gebührend eingeführt werden. Nicht nur deshalb, weil die Komposition des geläufigen Begriffs *Individuieren* mit der Vorsilbe *ad = heran* als solche völlig ungebräuchlich ist, auch weil schon das geläufige Stammwort in die Komposition mit einer Bedeutung eingehen soll, die vom zeitgenössischen Wortgebrauch abweicht. Die Bio- und Sozialwissenschaften der Gegenwart binden die Begriffe des Individuums und der Individuation samt Familienanhang inhaltlich mehr oder minder direkt an den Unterschied und Zusammenhang zwischen Einzelnem, Besonderem und Allgemeinem, so daß sie auch oder vorzugsweise oder gar ausschließlich soviel bedeuten sollen wie das Einzelne bzw.

die Vereinzelung, oder mit dem Fremdwort, das Singuläre bzw. die Singularisierung. Aus solcher Verquickung mit der Singularität oder Einzelheit, aus der von diversen Philosophien nachgeahmten Einbindung in die Beziehung Einzelnes / Allgemeines gehört die philosophische Auffassung vom Individuum und Individuieren erlöst. Keineswegs willkürlich, sondern durch einen Rückgriff auf das noch im mittelalterlichen Philosophieren nachweisbare Denken des metaphysischen Individuums. Es steht an dieser Stelle also eine Vergewisserung an, eine terminologische. Dazu will ich den im letzten Kapitel gezogenen Gedankenfaden für einen Moment ablegen, um ihn nach vollzogener Vergewisserung wieder aufzunehmen. Der terminologische Rekurs mag zunächst wie ein bloßer Exkurs erscheinen, tatsächlich hilft er, die angekündigte Begriffsbildung vorzubereiten. In diese Bildung darf nur eine Auffassung von der Individuation eingehen, die über die heute so verbreitete fachwissenschaftliche Engführung erhaben ist.

59 *individuus*. Meine Vergewisserung hat bis auf einen historischen Ausgangsbegriff zurückzugehen, bis auf jenes lateinische Wort, das mittlerweile zu der weitläufigen Wortfamilie ausgewachsen ist, die unter anderem den Terminus der Individuation zu ihren Angehörigen zählt. Bis auf: individuus = unteilbar. Das ist ja das Ausgangswort, *individuus*, das urtümlich nichts anderes bedeutet als *unteilbar*. Gemeinhin wird angenommen, daß es *Cicero* gewesen sein soll, der mit der Wortbildung *individuum* den älteren, von ihm bereits vorgefunden griechischen Begriff des Atoms ins Lateinische übertrug, dabei immerfort an nichts weiter als das Unteilbare denkend. Mindestens ebenso bedeutsam wie diese Beziehung zur Atomistik, sind die eigenen Wege, die das einmal geschöpfte Wort in der lateinischen Philosophie ging. Während *Atom* mehr und mehr zu einem physikalischen Terminus sich profilierte, avancierte *Individuum* zum metaphysischen Begriff. Das macht verständlich, wie das lateinische Pendant sich mit einer Bedeutung aufladen konnte, die dem griechischen Ausdruck fremd war und fremd blieb. Unter dem Titel *Individuum* verband sich nämlich der Gedanke an das Unteilbare allmählich mit dem an das Einzigartige, während unter dem Titel *Atom* die Idee des Unteilbaren mit Vorstellungen von Ersetzbarkeit, von elementarer Austauschbarkeit so eng verwachsen blieb, wie das

die Lehre des *Demokrit* vorgezeichnet hatte. Die Differenz des Individuums zum Atom, der Unterschied des austauschbar Unteilbaren zum unteilbar Einzigartigem läßt sich noch mühelos im Blick behalten, vor Nivellierungen und Verwechslungen wird er schon durch eine sinnfällige Andersheit der Lautungen und Schriftbilder geschützt. Schwerer fällt es, die etymologisch bedeutsamen Differenzierungen zu sortieren und im Auge zu behalten, die der Begriff des Individuums an sich selbst erfahren und durchlaufen hat und die sich unter der Selbigkeit der Lautung verbergen, was so sehr zu Verwechslungen Anlaß gibt, daß sie immer wieder dementiert werden müssen. Nicht verwechselt werden will der Terminus *individuum*, der ein ebenso unteilbares wie einzigartiges meint, mit jener Deutung, die bis heute in den Bio- und Sozialwissenschaften grassiert, von der sich aber auch Philosophien der Neuzeit haben imponieren lassen – mit seiner Bindung an die Beziehung Einzelnes / Allgemeines, an das Singuläre, an die Vereinzelung eines Allgemeinen. Es scheint nur so, als würde der Gedanke an das Einzigartige, der in der ersteren Fassung zu Ehren kommt, durch den Gedanken an das Singuläre, der in der letzteren Fassung zur Geltung kommt, vollstreckt werden, seine nähere Ausführung erfahren. Die Einzigartigkeit stellt etwas erheblich anderes dar als die Singularität, und mit Unteilbarkeit ist die Singularität nachgerade unverträglich. In Wahrheit handelt es sich um drei Gestalten: das physische Atom, das metaphysische Individuum und das Singuläre, an das die Bio- und Sozialwissenschaften vorzugsweise oder gar ausschließlich denken, wenn sie vom Individuum reden. Eigentlich eine einleuchtende Konstellation – Naturwissenschaft, Philosophie, Sozialwissenschaft. Nur daß ihre Evidenz von einem gewissen begriffsgeschichtlichen Ereignis und Trend beeinträchtigt wird. Nach und nach verschwand der metaphysische Begriff des Individuums hinter der massiven Präsenz seiner fachwissenschaftlichen Deutungen und Umdeutungen, ist gleichsam verschütt gegangen. Man muß schon intensiv nach seinen Spuren suchen. Auf ein Spurenelement treffe ich zum Beispiel in Texten von *Peter Abaelard*, etwa dort, wo er *individuus* und *singularis* als zwei Bestimmungen der göttlichen Substanz ansetzt, als Bestimmungen, die in dieser Substanz zwar unzertrennlich zusammenbestehen aber innerhalb des Zusammenhangs doch strikt unterschieden bleiben.[118] Das heißt, mit dem Prädikat *individua* schreibt er jener Substanz etwas anderes als Singularität zu und mit dem Prädikat *singularia* etwas anderes als Individualität. Sein Schüler *Gilbert de la Porrée* verteidigt die nämlichen Prädikate bereits dagegen, auch nur extensional identisch gesetzt zu werden. Die beiden Begriffe hält er nicht nur de facto, sondern erklärtermaßen auseinander.[119] Bereits ein zweites Spurenelement. Auf ein drittes stoße ich in des *Thomas von Aquin* Summe wider die Heiden. An einer Textstelle, wo die unvergänglichen Substanzen auf ihr eigentümliches Verhältnis zu den Arten hin betrachtet werden. Sie werden als Individuen qualifiziert. Aber das in einem ganz unselbstverständlichen Sinne. Jedes dieser Individuen bildet allein schon eine Art. Bei den unsterblichen Körpern gebe es innerhalb einer Art nur ein Individuum.[120] Eine Art, ein Individuum. Jede dieser Arten erschöpft sich in einem Individuum. Jede Artdifferenz ist dort sogleich eine individuelle Differenz und nichts weiter. Dieserart, und nur so, figuriert das Individuum resp. das Unteilbare zugleich als etwas Einzigartiges. Von ihm sprechen zu wollen wie von einem Singulären, wie von der Vereinzelung eines Allgemeinen, ginge offenkundig fehl. Es füllt seine Art aus, statt sie mit anderen Exemplaren zu teilen, statt sie also wie eine mit anderen geteilte Gemeinsamkeit und Allgemeinheit zu vereinzeln. Etwas Einzigartiges und schon deshalb etwas anderes als ein Singuläres. An dieser Textstelle leuchtet der metaphysische Begriff des Individuums auf. Gleichwohl *Thomas* an der gleichen Stelle vom Individuum noch in einem schwächeren Sinne spricht. Im Zusammenhang mit den vergänglichen Substanzen. Dort teile ein Exemplar mit anderen dieselbe Art. Es vereinzelt sie. Als Individuum konnte es höchsten im Sinne des Singulären bezeichnet werden. Durch diese Textstelle hindurch führt der Weg abwärts, hin zu der heute so übermächtigen Reduktion des Individuellen aufs Singuläre. Den Abweg will ich vorerst links liegen lassen. Was ich dagegen am historisch überkommenen Gebrauch von *Individuum* ausgezeichnet haben wollte und zugunsten einer noch anstehenden Begriffsbildung sicherstellen möchte, ist der Rang der metaphysischen Begrifflichkeit. Etwas ebenso Unteilbares wie Einzigartiges zu meinen. An diesen Befund schließt wiederum eine Annahme über den für mein Anliegen noch interessanteren Begriff des Individuierens an. So unbestreitbar wie seine etymologische Abkunft sich darstellt, müßte er gleichfalls ein der wissenschaftlichen Engführung entrücktes Bedeutungspotential aufweisen, das in der hintergründigen semantischen Liaison des Unteilbaren mit dem Einzigartigen der Aktualisierung harrt.

60 *individuieren.* In den nachlesbaren Zeugnissen der Begriffsgeschichte stellt sich das allerdings anders dar. Zweifellos verdankt sich die Bildung des fraglichen Begriffs dem mittelalterlichen Universalienstreit. Von vornherein taucht er dort in Gestalt des *principium individuationis* auf. Und genetisch eingebunden in diesen Kontext wird er unweigerlich eine semantische Vorfixierung auf das Verhältnis von Einzelnem und Allgemeinem erfahren haben. Sodann mußte er soviel bedeuten wie die Vereinzelung eines Allgemeinen oder das Heraustreten aus dem Allgemeinen oder das Heraustreten zum Einzelnen. Lauter Beziehungen, die sich verlustfrei auch als Singularisierung fassen ließen. Individuation ist danach zumindest extensional identisch mit Singularisierung. Das erklärt vielleicht, warum der junge *Nietzsche* das Prinzip der Individuation ohne Einschränkung der apollinischen Kultur zuschlagen und überlassen wollte.[121] Das Individuum als das Singuläre, das einzelne Exemplar einer Art, das von den anderen Exemplaren derselben Art bloß unterschieden ist, mithin begrenzt, abgegrenzt von ihnen, und die Individuation folglich als die Vereinzelung einer Art, als das Heraustreten *aus* solcher Allgemeinheit und *zum* abzählbaren, unterschiedenen, wohl begrenzten Exemplar – das ist in der Tat durch und durch apollinischen Stils. Aber muß die Individuation unbedingt im apollinischen Geiste verstanden werden? Könnte solch ein Verständnis nicht ebensogut einer kulturellen Überformung geschuldet sein, die es abzutragen gilt? Auch wenn ich zu konstatieren habe, daß der Begriff der Individuation historisch von vornherein in der genannten Weise gebraucht wurde, selbst wenn ich überdies einzuräumen hätte, daß er sogar niemals anders als in dem genannten Sinne benutz wurde, bleibt doch immer noch folgendes Bedenken möglich. Da die Lautung *individuieren* zweifelsfrei von *individuus* sich herleitet, muß auch ihr Bedeutungspotential von deren Bedeutung sich herleiten lassen. Demzufolge mag sie bedeuten, zum Unteilbaren herauszutreten, zu etwas ebenso Unteilbarem wie Einzigartigem herauszutreten, und in diesem Sinne: zum Individuum. Gleichviel, wo heraus das geschieht und ob es sich dabei überhaupt um ein

Heraustreten *aus* etwas handelt. Eben diese semantische Möglichkeit will ich aktualisieren. Kaum hab ich mich dazu entschlossen, scheinen mir gewisse Unterstellungen, die der einschlägige Wortgebrauch zumindest heutigentags als Selbstverständlichkeiten mit sich führt, höchst unselbstverständlich. Das betrifft vor allem die Selbstverständlichkeit, mit der man unter dem Titel *Individuation* stillschweigend eine Identifikation mitdenkt und behende von *individuieren* zu *identifizieren* übergeht, als handelte es sich um Synonyme. Derlei Übergange als fraglos gerechtfertigt zu vollziehen, fällt besonders an analytischen Philosophien auf. *Peter F. Strawson* erklärt die individuierende Tatsache zur hinreichenden Bedingung der Identifikation[122], *Quine* definiert das Individuationsprinzip als eines der Identifikation[123], *Davidson* bindet die Individuation von Ereignissen an identische Ursachen und Wirkungen[124]. Die Selbstverständlichkeit, mit der man Individuation für Identifikation nimmt, hat zwar Tradition[125] und wird daraus eine zusätzliche Festigkeit beziehen, richtiggehend stützen kann sie sich jedoch nur auf ein Meinen, das seinerseits schon eine fraglose, fragwürdige Gewißheit darstellt. Auf die Meinung, das Individuelle für das Singuläre nehmen zu dürfen. Wäre das Individuelle per se das Singuläre, so gleichermaßen ein Unterschiedenes und mithin Identisches, und dann wäre Individuation allerdings au fond Identifikation. Aber mit der einen Selbstverständlichkeit verfällt auch die andere. Für den laufenden Gedankengang jedenfalls sei die ganze an *individuus* anschließende Begriffsfamilie gegen Verwechslungen mit der Selbigkeit wohl verwahrt; ob von Individuen, Individualität oder Individuation die Rede sein wird, das gewohnheitsmäßige Assoziieren mit Formen der Selbigkeit darf dabei stets als suspendiert gelten. – Ich nehme *individuieren* also als einen Begriff mit metaphysischer Abkunft auf, der mir zunächst einfach *heraustreten zum Individuum, zum Unteilbaren* bedeutet, und dessen Assoziieren mit Selbigkeit und hintergründiger Allgemeinheit ausdrücklich außer Geltung gesetzt wurde, ohne damit seinem Auswachsen zum volleren Begriffsinhalt im geringsten den Weg abzuschneiden. In diesem Sinne mag der aufbereitete Terminus in die avisierte Begriffsbildung eingehen.

61 *adindividuieren* – eine Verknüpfung des vergewisserten Fachwortes mit der Vorsilbe *ad,* die in Kompositionen *heran* bedeutet.

Ihr geläufiger Part, darin eingeschlossen der Begriff des Individuums, steht noch uneingeschränkt für Diesseitiges. Seinen sinnfälligen Ausdruck findet das in der Form der Substantivierung. *Das* Individuieren rangiert genauso wie das Individuum unbedingt auf Seiten des Etwas, auf Seiten dessen, was wiederholt und differiert, wie immer sich das Unteilbare mit dem Differenten wird zusammendenken lassen, das muß sich später zeigen. Von der einzuführrenden Wortfügung hingegen wird sich zeigen und erwarte ich mir, daß sie dem Ansinnen, *transzendental* zu denken, jenseits von Etwas und nichts zu denken, zur Begrifflichkeit verhilft. Dabei kann und soll sie eine Figur fortschreiben, die sich bereits als eine transzendentale abgezeichnet hat, die Figur ecstasis sui, d. h. zu sich herauszutreten. Die nimmt sie auf. Zugleich kann sie diese Figur innerhalb einer erweiterten Bedeutungsmöglichkeit fortschreiben, die sich gleichsam wie eine semantische Aussicht eröffnet. Ich will nun darlegen, wie sie welche Bedeutung anzunehmen vermag. Zunächst muß sie einfach bedeuten: heraustreten zum Individuum – ganz so, wie das schon ihr vertrauter Bestandteil tut. Ihre eigentümliche Bedeutung allerdings kann darin kaum liegen. Zwar bedeutet sie, was schon der Begriff *individuieren* meint, aber doch in einem verwickelteren Sinne. *Delusorisch* gesprochen, bringt sie eine buchstäbliche Verwicklung des Heraustretens zum Individuum zur Sprache, und diese seine Verwicklung liegt darin, daß es gerade *sich* zum Individuum heraustreten läßt, daß es gerade sich als Individuum entläßt. Aber wie gesagt, eine solche Behauptung fällt noch delusorisch aus, versucht das jenseitig zu Denkende vom Standpunkt des Diesseits aus anzudenken und anzusprechen, kann bestenfalls provisorisch gelten. Um über das Provisorium hinauszugelangen, muß ich den Begriff *individuieren* noch einmal für sich nehmen und eine wichtige Beziehung herauskehren, die er für sich, vor seiner kompositorischen Verwendung, unterstellt. Für sich genommen unterstellt er eine Beziehung der Individuation zum Individuum, die am treffendsten als *Aufgehen* bezeichnet wird. Die Individuation geht im Individuum auf, ähnlich dem Prozeß, der in seinem Ergebnis aufgeht, oder dem Grund, der in seiner Folge aufgeht. Überdies geht sie dermaßen rückhaltlos darin auf, daß sich höchstens in der Abstraktion die Individuation gegen das Individuum abheben und wie ein Hervorgehen gegen ein Hervorgehendes apart auszeichnen läßt.

Und was noch mehr ins Gewicht fällt, selbst bei weitgehendster Abstraktion läßt sich darum schwerlich annehmen, es sei die Individuation, die in dem Individuum hervortritt, dessen Hervorgehen sie doch gerade ausmacht. Völlig unmöglich, daß die Individuation in demjenigen Individuum herausträte, das sie entläßt. Jene geht in diesem auf, darin besteht hinlänglich die Beziehung beider, die der zum Baustein bereitgelegte Begriff für sich genommen unterstellt. Und daran muß sich auch jede weitere Verwendung seiner halten. Unmöglich kann eine Individuation zugleich im Individuum aufgehen und als dieses seinerseits heraustreten. Um ein für allemal einem Denkfehler vorzubeugen, den ich bereits an der traditionellen Begriffsbildung der causa sui, der Selbstverursachung moniert habe. Unbeschadet dessen darf ich aber doch folgenden Fall in Erwägung ziehen. Und diese Erwägung beginnt schon, die Möglichkeiten des Diesseits zu übersteigen. Durchaus denkbar, auch bei strikter Vermeidung besagten Fehlers denkbar bleibt doch immer noch der Fall, in dem die Individuation sehr wohl das hervorgehende Individuum bildet, nur daß sie dann unmöglich auch den Vorgang bilden kann, der in diesem Individuum aufgeht. Sie ihrerseits wie ein Individuum erst hervorgehen zu sehen, legt ihr Begriff sogar nahe, konsequenterweise muß es in Betracht gezogen werden. Auszuschließen gilt es nur eins: daß sie in dem Individuum zugleich aufgehe und herausträte. Wie sollte das Hervorgehende, das der Vorgang der Individuation doch längst ausmachen muß, zu einem solchen noch hervorgehen können? Das gehört zu den Dingen der Unmöglichkeit, allerdings auch allein das. Durchaus denkbar also der eigentümliche Fall, in dem zusammen mit dem Individuum, ja *als* dieses, in Gestalt dessen ausgerechnet die Individuation heraustritt, um als das Geschehen, das den substantivischen Ausdruck verdient, allererst hervorzugehen. Vorausgesetzt, man vermeidet es, eben dieses Geschehen auch noch aufgehen, in dem nämlichen Individuum aufgehen sehen zu wollen. Gesetz den Fall, so fragt sich natürlich, was dann in dem Individuum aufgeht, wenn zusammen mit diesem, als dieses oder in dessen Gestalt die Individuation heraustritt. Was soll überhaupt als aufgehend ins Auge gefaßt werden können, wenn dabei der einschlägige unter den überkommenen Begriffen, der allein zutreffende unter ihnen, außer Gebrauch bleiben muß, weil er im gesetzten Fall einzig in der grammatischen Rolle des Hervorgehenden Verwendung finden darf? Die Frage erscheint als unbeantwortbar, und ihre Unbeantwortbarkeit scheint hinterrücks gegen die Denkbarkeit des angenommenen Falles zu zeugen, tatsächlich erweist sie sich als unbeantwortbar allein für die historisch überkommene, um nicht zu sagen naturwüchsige Begrifflichkeit. Eine artifizielle Begriffsbildung steht an. Sie muß irgendwie soviel wie individuieren meinen und kann doch die Individuation lediglich in der Rolle des Heraustretenden unterstellen, muß insofern individuieren denkbar machen, ohne daß dabei sogleich an die Individuation gedacht werden darf. Um derlei zusammen erfüllt zu sehen in einem Begriff, dafür nun bietet sich die präparierte Bildung *adindividuieren* förmlich an; sie vermag eine Bedeutung anzunehmen, die jene Erfordernisse miteinander erfüllt.

Das Nichts: adindividuieren

62 Die künstliche Wortfügung kann und soll wie gesagt bedeuten, was schon *individuieren* meint, aber dies doch in einem gleichsam abwegigen, entlegenen Sinne, in dem Sinne nämlich, wie es aufgeht in einem Individuum, als welches es seinerseits heraustritt, als welches es mithin allererst zu der Individuation hervortritt, zu dem Vorgang, der den substantivischen Ausdruck verdient. Sie meint sehr wohl, zum Individuum herauszutreten, aber doch zu einem solchen Individuum, in Gestalt dessen erst das Geschehen und Ereignis, das als das Heraustreten-zum-Individuum bezeichnet gehört, herautritt. Kurzum: individuieren, wie es in einem Individuum aufgeht, in dem es erst als die Individuation hervorgegangen. Letztere hält sich dabei in der grammatischen Rolle des Hervorgehenden, ohne bereits in der Rolle des Hervorgehens unterstellt werden zu müssen. Während adindividuieren sich sowohl aufgehend als auch heraustretend versteht, indem es – im Individuum aufgehend – zu dem Geschehen der Individuation heraustritt, dem seinerseits ein vergleichbares Sowohl-als-auch abgesprochen werden mußte. Man mag sich fragen, warum es so zugehen sollte, wieso sich unter dem eingeführten Titel fügen soll, was unter dem überkommenen substantivischen Ausdruck unverträglich erscheint, wieso sich auf einmal *individuieren* denken lassen soll, auch ohne darin sogleich

den Vorgang der Individuation geschehen sehen zu müssen, und man möchte die Frage als die nach einem Grund beantworten oder beantwortet bekommen, so als müßte sich unter dem eingeführten Titel irgendeine Beschaffenheit oder Bestimmtheit ausfindig machen lassen, die sich in der merkwürdigen Figur äußert, sich in ihr vollstreckt und sie zur Folge hat. Einen solchen Grund gibt es weder zu finden noch zu suchen. Allenfalls darf ich, mit dem Vorbehalt bloßen Umschreibens, von der Finesse der Figur sprechen. Die kommt ins Spiel, sobald ich eine Figur, die sich bereits als äußerst jenseitig abgezeichnet hat, mit *individuieren* zusammendenke. Letzteres taucht dann als das zu Denkende in einer Weise auf, die einen schlichteren Ausdruck zwar verdiente aber kaum zuläßt: heraustretend herauszutreten zum Individuum. Auch dieserart figurierend, geht es vollends auf in dem Individuum. Dieserart kann es allerdings nur aufgehen, indem es ebensogut erst hervorgeht. Aufgehend im Individuum, gerät es erst zu dem aufgehenden Vorgang, der mit Fug als Individuation bezeichnet werden darf. Mehr noch, gerade *dazu* geratend, geht es eben *darin* auf. Womit es sich bei dem Individuum von vornherein um ein gewisses handeln muß, nämlich um eines namens Individuation. Beziehungsweise um diese in Gestalt von jenem. Derlei bedeutet *adindividuieren*, herauszutreten zu einem Individuum, und zwar so wie es in einem solchen aufgeht, als welches es erst zu dem Geschehen der Individuation hervortritt.

63 In der ausgezeichneten Weise zu figurieren – nämlich ebenso aufzugehen im Individuum wie zusammen mit ihm zur Individuation herauszutreten – das heißt, sich vorweg zu figurieren, und zwar rückhaltlos sich vorweg. Also ganz im Sinne der schon vertrauten und an dieser Textstelle aufzunehmenden Figur *rein sich vorweg*. In dem Sinne will der gebildete Begriff näher verstanden werden. Von dem Vorgang der Individuation hingegen muß es heißen, daß er sich vorkommt. Der Vorgang, das Geschehen, das Werden und dergleichen *kommen sich vor*. In dem sie sich vorkommen, können sie sich vollziehen, sich in der Zeit erstrecken, sich entfalten oder entfremden, bis zur Unkenntlichkeit sich wenden und sich anders werden. Die Wendungen, die sie unter Umständen durchlaufen, mögen noch so paradox anmuten und einen schier unvordenklichen Ausgang nehmen, sie verlängern, verschieben, verwandeln, verkehren, ver-

zaubern ein gewisses So, in Form dessen sie sich vorkommen, und das allein unter dieser Bedingung eine Beschaffenheit hergibt. Was immer geschieht, das Geschehen widerfährt einem Vorgängigen, und in dem Vorgängigen kommt es sich vor. Von dieser elementaren Folgebeziehung, die offenbar der Zeitlichkeit korrespondiert, dürfte unser Denk- und Sprechvermögen durchgreifend geprägt zu sein, jedenfalls so sehr, daß bei dem Versuch, gedanklich ohne die Unterstellung eines Vorgängigen auszukommen, die naturwüchsige Logik und Grammatik fühlbar widerstreben, um schließlich zu versagen. Das macht es auch so schwer, den Gedanken an *adindividuieren* diskursiv auszugestalten Er muß einer naturwüchsig sich vordrängenden Erwartung entsagen, der Erwartung, da geschehe etwas, das den Namen *individuieren* verdiene, und das – weil es so und so beschaffen – sich vollzöge, sich in der Zeit erstrecke, dabei ein vorgängiges So vollstreckend, verwandelnd, verkehrend. Dem gilt es zu entsagen und dennoch zu denken. Zwar handelt es sich um heraustreten-zum-Individuum, jedoch, worin es aufgeht, darin tritt es erst hervor. So figuriert es sich vorweg, weit davon entfernt, sich vorzukommen, sich zu vollziehen. Dies wiederum heißt – und damit betrete ich eine, sozusagen, finale Stufe der Vergewisserung – daß es auch nur den Ansatz von Wiederholung aufweisen kann. Von Wiederholung fehlt hier jede Spur. Denn die Wiederholung unterstellt, und so bereits in der simplen Weise von *nochmals*, das Vorgängige, das allein der Wiederholung zu Gebote steht. Was sich vorkommt, und ausschließlich das, vermag zu wiederholen. Höchstens der ausdrückliche Sich-Bezug – *sich* vorweg zu figurieren – kann den Anschein von Wiederholung erwecken, indem er als Bezugspunkt ein Vorgängiges vorauszusetzen scheint. Gewiß gilt der Sich-Bezug diesem heraustreten-zum-Individuum, nur daß der Ausdruck *vorweg* ihm gleichfalls gilt. Und allein wenn dies verkannt oder verdrängt wird, kann der Sich-Bezug vor dem geistigen Auge zur Beziehung auf etwas Vorgängiges stocken. Für gewöhnlich meint *vorweg* einen ebenso geläufigen wie überschaubaren Bezug, überdies einen, den jegliche Wiederholung impliziert. Das Wiederholen läuft dem Wiederholten vorweg, wie umgekehrt jenes in diesem sich vorkommt. Aber bei einer so geläufigen Konstellation läuft etwas einem anderen vorweg, einem anderen Zustand seiner. Rein *sich* vorweg figurierend, so versteht sich hingegen adindividuieren, das heißt, so radikal vorweg, daß es unmöglich zu einem wiederholbaren So stocken kann. Der Wiederholung entbehrt es hinlänglich. – Nun scheint daraus in der Konsequenz die Unwiederholbarkeit zu folgen, als stünde der gebildete Begriff für etwas Wiederholungsloses. Was hinlänglich der Wiederholung entbehrt, so mag man schließen wollen, muß postwendend für wiederholungslos, für unwiederholt befunden werden. Die Folgerung zu ziehen, wäre dennoch falsch. Falsch insofern, wie die Worte *wiederholungslos* und *unwiederholt* Verneinungen implizieren, was das letztere regelmäßig tut und das erstere wenigstens unter Umständen. Soweit sie aber Verneinungen implizieren, unterstellen sie wiederum Wiederholung, wenngleich nur in einer denkbar dürftigen Form, in Form jener definiten Wiederholung, die alle Negation vollstreckt. Und soweit sie auch nur diese dürftige Wiederholung unterstellen, können sie unmöglich auf die in Rede stehende Figur Anwendung finden – eben weil die der Wiederholung überhaupt entbehrt. Sowenig *adindividuieren* und *rein-sich-vorweg* für eine Wiederholung zu stehen vermögen, sowenig schon deshalb für die definite Wiederholung des Wiederholens überhaupt.

64 Angesichts der gerade getroffenen Feststellungen gewinne ich die Überzeugung, daß es sich lohnt, an dieser Stelle innezuhalten und zur Generalvergewisserungen auszuholen. Erfüllt ein Gedankengang, der in Konsequenzen wie die gezogenen einmündet, nicht schon die Bedingungen, die dem Denken des Nichts zu stellen waren? Um noch einmal an die Bedingungen des Problems zu erinnern. Wenn überhaupt, so erschließt sich ein Nichts höchstens dem transzendentalen Denken. Was besagen sollte: nur indem man es weder als ein Etwas noch wie nichts zu nehmen versucht und dennoch gehaltvoll denkt. Zwar kommt dabei die Gewohnheit zu kurz, unter dem Nichts sich eine Art völliger Leere vorzustellen oder seinen Begriff auf den des Nichtseienden zu reduzieren bzw. mit der Hypostase der einschlägigen Kleinschreibung zu verwechseln, für den philosophischen Begriff des Nichts jedoch galt es das auszubedingen: weder Etwas noch nichts. Die beiden Erfordernisse schneiden sich in einer: jenseits von Wiederholung gilt es zu denken, dabei die quasi positive Wiederholung (Etwas) genauso übersteigend wie die negative (nichts). Eben dahin aber müßte der vollzogene Gedan-

kengang doch vorgedrungen sein. Vor allem vermöge eines künstlich gebildeten Begriffs, der eine bizarre Figur ausgezeichnet hat – adindividuieren. Indem dieses nämlich rein sich vorweg figuriert und mithin jeglicher Wiederholung entbehren muß, sogar der minimalen, die noch in der Negation sämtlichen Wiederholens geschieht, kann es zutreffend weder für das Etwas noch für die totale Negation davon genommen werden. Um ein Etwas ausmachen zu können, oder auch nur eine Negation davon, müßte es die Wiederholung kennen. Weder für das eine noch für das andere kommt in Betracht, was jeglicher Wiederholung entbehrt. Damit liegt die wichtigste unter allen Aussagen, die der per Komposition eingeführte Begriff überhaupt zu formulieren erlaubt, flach auf der Hand. Genau insofern kann *adindividuieren* schließlich weder ein Etwas noch nichts bedeuten, weder unmittelbar ein Etwas noch das aufgehobene Etwas, für das unser Wort *nichts* steht oder näher besehen doch stehen sollte. Genau insoweit wiederum erfüllt sich die Bedingung, die dem Denken des Nichts gestellt werden mußte. In der Tat also kennt es ein So. Nur daß es sich dabei um ein So ohne Bleiben handelt. Während das Etwas kraft differenter Wiederholung bleibt und das Seiende per identischer Wiederholung ein Bleiben hat, auf daß in der einen wie in der anderen Weise das So ein Bleiben stiftet, kennt das Nichts nur ein So ohne Bleiben. Ein transzendentales So: adindividuieren. – Dieses So mit seinem unvertrauten Taufnamen und der bereits ausgezeichneten Figur steht nun in einer ihm ebenbürtigen Beziehung zur Individuation, zu einem Etwas solchen Namens. Wie ein transzendentales eben findet es sich darauf bezogen. Leicht könnte man ja annehmen, es würde sich *anders* als die Individuation verstehen, es würde hier zwischen beiden differenziert bzw. es gelte zwischen ihnen zu differenzieren, wenn schon nicht zu unterscheiden. Aber weit gefehlt. Auch wenn die Darstellung das nahelegen mag und zumindest den Anschein von Andersheit einfach erwecken muß, schon weil die Begriffe beider nach Schriftbild und Lautung augenscheinlich und hörbar voneinander abweichen, strikt als Begriffe genommen, dezidiert logisch gesehen, taugt nur der eine von ihnen zur Implikation von Andersheit, der Begriff der Individuation. Vom Standpunkt dieses vertrauten und vorgefundenen Begriffs erscheint noch der unvertraute und eigens gebildete als ein anderer Begriff, als der von etwas anderem. Aber das ist Delusion. Per se kann *adindividuieren,* nach allem, was unter diesem Titel angeführt und aufgeführt wurde, unmöglich etwas *anderes* als Individuation oder dergleichen bedeuten. Ebensowenig kann es danach auch nichts anderes als dieses bedeuten, von Unterschiedenheit zu schweigen. Fast zwangsläufig mußte sich darum das Gefühl einstellen, die Darstellung bewege sich im Kreise; es fehlt hier die Andersheit, die sich dem Kreislauf in einer der Gewohnheit entgegenkommenden Weise sinnfällig entschlägt. Regelrecht zum Zirkel kurzgeschlossen hat sich die Darstellung dennoch nicht. Etwas anderes als Individuation genausowenig meinen zu können wie nichts anderes, das bedeutet schließlich, der nämliche Begriff transzendiert. Noch die Möglichkeiten der Andersheit übersteigt er. Man kann ihn sodann kaum gründlicher mißverstehen als in dem Bemühen, ihn mit Vorstellungen von einer Vorform oder Urform der Individuation faßlicher zu gestalten. Wohin es den Gedanken in der gewählten begrifflichen Fassung tatsächlich verschlagen hat, erhellt eine naheliegende Ergänzung. Ich brauche lediglich den Gedanken ans Etwas ausdrücklich einzubeziehen, damit sich der Begriff *adindividuieren* in der erhellenden Weise reformulieren läßt. Unter expliziter Bezugnahme auf das Etwas bedeutet der Begriff immer noch heraustreten-zum-Individuum, aber doch so, wie dieses in einem Individuum aufgeht, in Gestalt dessen es als ein richtiggehendes Etwas allererst hervortritt, als das Etwas namens Individuation. *Herauszutreten zum Individuum, genauer gesagt: zu einem gewissen Individuum, und als dieses tritt jenes allererst wie ein Etwas hervor, das als Individuation bezeichnet gehört.* Wobei die Aussage einschließt, wie sehr erst in der hervorgegangenen Etwasheit auch die Zeitlichkeit vorkommen kann, die das Wort *allererst* offenkundig zur Sprache bringt, so sehr nämlich, daß die Annahme eines Zuvor, eines zeitlichen, für baren Unsinn gelten darf. Die in Rede stehende Begriffsbildung bedeutet also sehr wohl: heraustreten zum Individuum; aber statt dieses als ein Etwas zu unterstellen, meint sie es so, wie es seinerseits erst zum Individuum hervortritt, um in Gestalt dessen erst richtiggehend ein Etwas auszumachen, um dergestalt erst wie ein Etwas zu wiederholen und zu differieren, um dieserart erst unter alldem aufzutauchen, was es gibt und was zur Andersheit taugt. Durchaus hat man unter besagter Begriffsbildung an das Etwas zu denken, aber doch in der Weise, daß man dabei gleichsam auf die Kehrseite des unmittelbar gemeinten sinnt. Hiernach darf ich nun endgültig bilanzieren: adindividuieren denkend, denke ich das Nichts. Denn, jenen Begriff bildend, erschließt sich nichts geringeres, als daß dieses so einfach und immanent anmutende Figurieren, zum Individuum herauszutreten, höchst verwickelt sich darstellt, indem es im nämlichen Individuum ebenso aufgeht wie hervorgeht, indem es darin also zu sich heraustritt, um als dieses Individuum erst ein Etwas ausmachen zu können, eines mit der Beschaffenheit der Individuation, weshalb es seinerseits ganz offenbar jenseits von Etwas und nichts sich verstehen muß. Wie das Nichts. Und weil es sich verbietet, zu sagen, das Nichts sei dieses oder jenes, das Nichts mache dieses oder jenes aus – alles grammatische Formen, innerhalb derer allein das Seiende bzw. das Etwas theoretisch gewaltfrei angesprochen werden kann und die auf den Nichtsbegriff nur zu dem Preis Anwendung finden können, ihn unterderhand doch wieder dem Seienden oder dem Etwas zuzuschlagen – deshalb und nur deshalb wähle ich eine mit den verfänglichen Formen kaum zu verwechselnde Schreibweise. *Das Nichts: adindividuieren.*

65 Aussagen, die dem Nichts gewidmet wurden, fallen *wahr* aus, sofern sie die Erfordernisse erfüllen, die dem Denken des Nichts aufgegeben werden mußten. Darin besteht das direkt anwendbare Kriterium, das einzige, das praktisch zu Gebote steht. Die Bedingungen des Problems müssen sich erfüllen; Gedanken, mit denen weder Etwas noch nichts gedacht wird und die dennoch gehaltvoll ausfallen, können das Nichts schwerlich verfehlt, müssen es begreiflich gemacht haben. Dieses Kriterium gehört dem Prinzip der *Kohärenz* an. Es setzt voraus, die ausbedungenen Erfordernisse bilden Schnittstellen eines kohärenten Gedankenensembles – von einem System, einem Ganzen zu sprechen, vermeide ich absichtlich – und indem die Bildung des Begriffs *adindividuieren* jene Erfordernisse erfüllt, darf sie ihrerseits als eine kohärente und in diesem Sinne wahre gelten. Die zur Begriffsbildung aufgebotenen Aussagen leisten das. Allerdings leisten sie das in einer sonderbar halbherzigen Weise. Sie leisten das nur vordergründig, während sie zugleich hintersinnige Effekte zeitigen. Semantisch stimmen die betreffenden Aussagesätze und Worte mit den Bedingungen des Problems zusam-

men, grammatisch jedoch eröffnen sie hinterrücks Deutungsmöglichkeiten, die ihrer Semantik direkt ins Gesicht schlagen. Adindividuieren verstehe sich, hieß es, als rückhaltlos sich vorweg figurierend, ebendarum entbehre es der Wiederholung. Kaum formuliert, läßt sich der Satz aber auch so deuten, als handle es sich um die Wiederholung einer Abwesenheit von Wiederholung. Die figürliche Bildung *sich-vorweg* soll ausdrücklich gegen *sich-vorkommen* abheben, aber einmal festgehalten, erscheint sie wie der Titel auf ein besonderes Vorkommen. Das Nichts verstehe sich jenseits von Beschaffenheit – einmal ausgesprochen, scheint die Feststellung wieder nur einer Beschaffenheit zu gelten, und zwar der leeren Beschaffenheit, ansonsten frei von Beschaffenheit zu sein. Dieserart gleiten die auf das Nichts gerichteten Gedanken hinterrücks ins Diesseits hinüber. Ja, sie entgleiten sich, fallen von sich ab; der Aussagesatz hintertreibt die Aussage. Freilich kann ich die konterkarierenden Deutungsmöglichkeiten dementieren, sofern das überhaupt noch aussteht, nur daß es den dementierenden Sätzen ähnlich ergeht wie den dementierten. Wie kommt das? Wie können Sätze und Termini, die semantisch die gestellten Bedingungen erfüllen, in grammatischer Hinsicht konterkarierende Deutungen zulassen? Es liegt nahe, dafür die sprichwörtliche Verhexung des Denkens durch die Sprache verantwortlich zu machen. Und damit könnte es sein Bewenden haben, mit der Diagnose einer untilgbaren Aporie ließe sich die Untersuchung abschließen – sogar halbwegs ehrenvoll, weil die Schwierigkeit weniger in dem begrenzten Vermögen des Autors als vielmehr in der Vertracktheit seines Themas wurzelt – wenn nicht die Intuition die Frage soufflierte, ob hinter der Kollision semantischer und grammatischer Aspekte womöglich eine Denkweise steckt, die begrenzte Trächtigkeit einer Denkweise, die einer trächtigeren zu weichen hat. Näher besehen, liegt das sogar nahe. Der Text eröffnet grammatisch Deutungsmöglichkeiten, welche seine ausdrückliche Bedeutung konterkarieren, weil der Gedanke ans Nichts kaum eine Ausführung erfährt in der Denk- und Sprechhandlung mit ihren logischen und grammatischen Strukturen, weil ihm also die tätige Ausführung weitestgehend vorenthalten bleib, weil das Gedachte kaum denkend und sprechend getan wird. Es fehlt eine, sagen wir, *performative* Denkweise.

66 Mein Verständnis für Performativa schließt an eine bekannte und gemeinhin auf *John L. Austin* zurückgeführte Idee an, und zwar insoweit, wie danach unter dem Performativen zu verstehen sei, daß das Konstatieren, als das Aussagen, direkt mit dem tätigen Vollzug des Ausgesagten, mit dessen Ausführung in Handlungen einhergeht.[126] Dies nun aber – durchaus in Erweiterung von *Austins* erklärter Absicht – als Art und Weise zu denken, als eine Denkungsart. Die performative Denkweise besteht in einfachster Weise darin, ein zu Denkendes sich eigentümlich zu erschließen, indem der Gedanke daran zugleich in der Gedankenabfolge Vollzug erlangt, im Fortgang von einem Gedankenschritt zum nächsten Ausführung erfährt, das heißt als Denkhandlung vollzogen und gewissermaßen praktiziert wird. Wobei der Gedanke, indem er im Fortgang seine Ausführung erfährt, ebensogut erst auszuwachsen vermag, und diese Ausführung, indem sie dem Gedanken logischen Raum eröffnet, ebensogut erst anhebt. Soweit zur performativen Denkweise im einfachsten Sinne. Zu ihr fortzuschreiten, wird für mich zwar erst unter dem Anspruch, das Nichts zu begreifen, akut, an sich aber verdienen schon das Seiende und das Etwas in solcher Weise behandelt zu werden. Auch deshalb empfiehlt es sich, von ihr im Plural zu sprechen. *Erstens.* Wie sehr sich das Seiende gerade im Unterscheiden und mithin auch im Verneinen offenbaren muß, liegt nach der Einführung auf der Hand. Performativ wird es gedacht, wenn die Negation nicht nur einen Inhalt seines Bestimmens bildet, sondern in eins damit die Form, von Bestimmung zu Bestimmung überzugehen. Darum gehört eine dialektische Methode wie sie *Hegel* geprägt hat, zu den performativen Denkweisen.[127] Die Negation, die sie an ihren Gegenständen konstatiert, führt sie zugleich im Übergehen denktätig aus. *Zweitens.* Angesichts des Etwas, angesichts von Sein und Zeit z. B., nimmt die gedankliche Performation ganz andere Züge an; einer am Prinzip der Negativität ausgerichteten Denkungsart muß das Etwas mit der im eigentümlichen Offenheit sich eher verschließen als offenbaren. Möglicherweise erfährt das Denken offener Beschaffenheit seine denktätige Ausführung und dadurch ermöglichte Entfaltung in jener Kunst des Fragens, unter der *Hans-Georg Gadamer* das dialektische Vermögen verstand, den Gedanken

ins Offene zu stellen.[128] Ein Fragen, das rein didaktische und rhetorische Zwecke bei weitem übertrifft, das geistig öffnen und offenhalten soll, als die Seele der Denktätigkeit und Sprechhandlungen, in denen die Offenheit des Etwas nicht nur angedacht und angesprochen, sondern ebensogut praktiziert wird. Erst dem gedanklichen Tun, das, sozusagen, von ihrer Art ist, offenbaren sich die überraschenden Wendung der per se offenen Beschaffenheit. Und wie im Großen, so im Detail. Zu konstatieren, das Sein *ist* kein Seiendes, hieße, die intendierte Bedeutung grammatisch zu durchkreuzen; auch die Feststellung, Sein *ist* nicht, behält noch eine unbewältigte Doppeldeutigkeit. Sein gibt es – in dieser von *Heidegger* schließlich gefundenen Gestalt hat sich performatives Denken durchgesetzt. Für die Paradoxien eine lineare Definition geben zu wollen, eine, der gerade das Eigentümliche ihres Gegenstandes logisch und grammatisch äußerlich bleibt, mutet schal an. Performativ denkt *Deleuze* die Paradoxie, indem er sie paradox qualifiziert.[129] *Drittens.* Unter dem Anspruch, das Nichts jenseits von Etwas und nichts zu begreifen, erlangt die Performation abermals einen neuen Sinn. Er erschließt sich von der diagnostizierten Schwierigkeit her. In dem bilanzierten Makel setzte sich eine gewisse Denkungsart wider bessere Absicht durch, eine gegen Zweifel durch Selbstverständlichkeit besonders gut geschützte – das Denken in der Weise des Nachvollziehens. Alle Deskription geschieht in der Weise gedanklichen Nachvollzuges. Aber das Nichts denken zu wollen, indem man es gedanklich nachzuvollziehen versucht, und sei es unterschwellig, muß einfach ambiguose Ergebnisse zeitigen; denn Nachvollzug unterstellt Wiederholung. So sehr die eingeführten figürlichen Begriffe und die zu ihrer Bildung aufgebotenen Aussagen inhaltlich jenseits von Wiederholung und Differenz weisen, jenseits von Beschaffenheit und Etwasheit überhaupt, innerhalb der unterschwellig fortwirkenden Denkform des Nachvollziehens mußten sie Ausdrucksformen suchen und finden, die grammatisch Wiederholung assoziieren und dadurch ihre Semantik konterkarieren. Die Denkform des Nachvollzugs statuiert das zu Denkende vorab als das Andere des Denkens, quasi wie ein Etwas, oder gar als etwas vom Bewußtsein Unterschiedenes, quasi wie ein Seiendes. Dieser schon vorbewußt möglichen Statuierung des zu Denkenden kommt der anstehende Fortgang zur Performation zuvor. Er beläßt die angereicherten Aussagen – eingedenk ihrer Ambiguität – er soll das Gedachte pointieren und von der Doppeldeutigkeit entbinden. Das insgeheime Nachvollziehenwollen wird ergänzt und abgelöst von einer Art Mitvollzug, durch die Weise des gedanklichen Mitvollziehens. Schon angestrengte Überlegungen wieder aufnehmen, neuerlich absolvieren und weitertreiben – bis sie tun, was sie meinen. Gedanken, wie sie unter der eingeführten Begriffsbildung ausgearbeitet und bis zu einem gewissen Grade treffend artikuliert wurden, vertiefen – bis das gedankliche Tun seinerseits adindividuiert, bis der sprachliche Ausdruck sich abzeichnet, der neutral, im oben genannten Sinne neutral ausfällt, und zwar semantisch *wie* grammatisch. Sukzessive beschreiben, gleichsam protokollieren läßt sich die Performation freilich nur zu dem Preis, gerade in der Form der Deskription vom beschriebenen Tun abzufallen, mit Effekten wie den bereits monierten. Auch diese Inkonsequenz noch meidend, hab ich vorab zu offerieren, worauf die Performation stößt. Darauf, *daß* es Etwas gibt.

Das Nichts: daß Etwas gegeben

67 Am Anfang der Überlegungen stand die Statusformel: Es gibt Etwas. Die Frage nach dem Es, das gibt, galt es erneut aufzuwerfen. Es mit dem Begriff des Nichts namhaft machen zu dürfen, habe ich zu zeigen versucht. Um das Nichts zu denken, durchlief ich Figuren, die auf einen künstlich gebildeten Begriff sich bringen ließen, wenngleich in doppeldeutiger Weise, und die schließlich darin eklatieren, *daß* es Etwas gibt. Wobei die Betonung auf dem Wort *daß* mit Fug liegt und sich systematisch versteht. In der Fortsetzung findet sich das Etwas als solches so wenig ausgedrückt wie das Geben als solches. Gemeint ist einzig, *daß* Etwas gegeben. Dies macht weder selbst ein Etwas aus noch einfach nichts. *Das Nichts*, sprich: *adindividuieren*, dies meint, so zu individuieren, *daß* es Etwas gibt. Damit hat sich überdies für das Nichts ein Ausdruck natürlich sprachlicher Art eingestellt, natürlich genug, um es überraschend nah und vertraut erscheinen zu lassen. Wenn uns das Nichts überhaupt zu begegnen vermag, dann darin, *daß es* Etwas gibt. Es in diesem Sinne denkend, läuft der Gedanke genauso sich vorweg, wie es das zu denken galt. So tut der Gedankengang, was er bedeutet. Der Satz, *daß*

Etwas gegeben – zumal mit der systematisch gemeinten Betonung – liefert den semantisch *und* grammatisch neutralen Ausdruck, so neutral, wie das die Bedingungen des Problems erheischen.

68 Erwiesene Neutralität des Gedankens erlaubt, das zu Denkende jenseitig zu wähnen, jenseits von Etwas. Sie kennt signifikante Symptome. Symptomatisch gibt sie sich an einer bestimmten Ungereimtheit zu erkennen, an jener heillosen Konfusion, zu der unter Umständen die Hypostasierung, die Substantivierung führt. Substantivierbarkeit steht ja in besonderer Weise für Hypostase oder Etwasheit. Im Falle von *daß* allerdings erweist sie sich, in logisch sinnvoller Weise jedenfalls, als unmöglich. In diesem Falle beschert die versuchte Hypostasierung unweigerlich Ungereimtheit und Konfusion. Derlei blieb der Philosophie solange erspart, wie man das Wort *daß* zwar mit einem terminologischen Anspruch gebrauchte, vor seiner Substantivierung jedoch zurückscheute. Beredtes Zeugnis davon scheint mir ein Text von *Sören Kierkegaard* abzulegen. An der betreffenden Textstelle sucht er das Selbst zu bestimmen, und es heißt dazu, das Selbst bestehe nicht schon in dem Verhältnis, das sich zu sich selbst verhält, vielmehr bestehe es gerade darin, *daß* sich dieses Verhältnis zu sich selbst verhält. Dieses *daß* (sich das Verhältnis zu sich selbst verhält) markiert *Kierkegaard* als den springenden Punkt, dabei fühlbar bemüht, sogar den Ansatz von Substantivierung respektive Hypostasierung in diesem Punkte zu meiden.[130] Bei dem behutsamen Wortgebrauch blieb es allerdings nicht. Spätestens durch *Eduard von Hartmann* wird die Substantivierung versucht. In der philosophischen Terminologie taucht *das Daß* auf. Sowohl das Weltganze als auch jedes einzelne Ding darin habe ein Daß, sogar *sein* Daß.[131] *Ernst Bloch* geht noch einen Schritt weiter, treibt die Hypostasierung bis zu einer grundbegrifflich gemeinten Opposition: das Daß einerseits und das Etwas andererseits; das Etwas komme vom Daß her und bilde sein Anderssein.[132] *Bloch* vermutete, zusammen mit dieser Opposition ein für die Philosophie fundamentales Verhältnis freigelegt zu haben, tatsächlich aber verwickelte ihn die Vermutung nur in eine kaum zu übersehende und noch weniger hinzunehmende logische Ungereimtheit, in eine Konfusion, die letztendlich den historisch spät unternommenen Versuch einer Hypostasierung von *daß* en bloc in Frage stellt. Um das kurz zu zeigen. Wie gesagt, soll das Etwas innerhalb der behaupteten Opposition das Andere des Daß bilden. Das Daß kann aber zum Etwas in der Beziehung der Andersheit oder Differenz nur stehen, wenn, so darf man folgern, wenn es seinerseits zur Andersheit überhaupt taugt und also ein Differentes ausmacht. Indem es aber als ein Differentes unterstellt wird, muß es selber *Etwas* heißen dürfen. Dies meint schließlich minimal der Begriff des Etwas: das Differente (und schon deshalb Wiederholende). Um das Daß also vom Etwas, und zwar von dem Etwas schlechthin und überhaupt, scheiden zu können, muß es seinerseits als ein Etwas vorausgesetzt werden. Um es von dem Etwas überhaupt abzuheben, muß es davon wie von seinem Anderen geschieden werden, und um es von seinem Anderen abzuheben, muß das Daß selbst wie ein Differentes genommen werden – mithin doch wie ein Etwas. Gerade die Scheidung vom Etwas überhaupt setzt das hypostatische Daß als ein Etwas. Was *Bloch* noch bekräftigt, indem er am Ende dem Daß eine richtiggehende Beschaffenheit zuschreibt, eine thelisch – energetische. Nach dieser Zuschreibung zeichnet sich die logische Konfusion noch deutlicher ab. Die Differenzierung zwischen einem Daß und dem Etwas schlechthin hat etwas zur Bedingung, was sie eigentlich unmöglich macht, nämlich die Unterstellung des Daß als ein Etwas. Solch eine Differenzierung erheischt, was sie untergräbt. Dabei geht *Bloch* zweifellos formal folgerichtig vor. Wer sich auf die Substantivierung *das Daß* systematisch einläßt, muß sie in der Tat gegen Etwas schlechthin und überhaupt absetzen. Nur so kommt er dem Wortgebrauch von *daß* und *was* nach, von dem er ausging, und dem die außersprachliche Verwurzelung schwerlich abgesprochen werden kann. Und er hat sehr wohl das Daß vom Etwas überhaupt wie von einem Anderen abzuheben. Die Notwendigkeit dafür liegt bereits in der Form der Hypostase: zwangsläufig kann es sich bei dem Daß nur um eine Hypostasierung neben *anderen* handeln. Beide Konsequenzen zieht *Bloch*. Als eine hypostasierende Gestalt neben anderen läßt sich das Daß in jeglichem Vergleich nur als Anderes gegen Anderes, nur als ein Differentes zur Geltung bringen, das heißt wie ein Etwas. Und als die Hypostasierung gerade von *daß* muß es gegen jegliches Etwas abgehoben werden. Wie ein Etwas gegen jegliches Etwas muß man das Daß differenzieren wollen. Ein kontingenter Widerspruch, der gleichwohl folgerichtig sich ergibt, allerdings nur solange, wie die hypostatische Bildung arglos vorausgesetzt bleibt, der ebendarum aber die logische Unmöglichkeit dieser Bildung einprägsam bezeugt. Um damit direkt auf das Motiv für die laufende Vergewisserung zurückzukommen. Mit Sicherheit bleibt ein Ausdruck, der in der Hypostasierung nachgerade mißbräuchliche Behandlung erfährt, für die philosophische Terminologie geeignet; man muß sich nicht damit bescheiden, ihn in der Art von Linguisten als bloßes Demonstrativum zu führen, wie mir das *Davidson* zu tun scheint[133]. Das Wort *daß* gibt sogar einen außergewöhnlichen Bestandteil der philosophischen Terminologie her. Während ansonsten die Hypostasierung genauso wenig ein logisches Problem bereitet wie zum Beispiel im Übergang von *etwas* zu *das Etwas*, verweigert sich ihr das fragliche Wort in jeder Hinsicht. Innerhalb vorliegenden Kontextes läßt sich verstehen, warum. Weil es genuinerweise gegen Etwasheit, gegen Wiederholen und Differieren, gegen alle Beschaffenheit abhebt. Ebendarum muß die Formel, *daß* es Etwas gibt, obschon sie doch das Etwas mit anspricht, genau genommen jenseits davon weisen. Und das ihrer Semantik nach genauso wie hinsichtlich der grammatisch möglich gemachten Assoziationen. Sie liefert den neutralen Ausdruck, der das Denken des Nichts gebührend pointiert. Das Nichts, sprich: adindividuieren, das heißt in der Tat, so zu individuieren, *daß* Etwas gegeben.

Das genuine Individuum

69 Das Etwas, dessen Begriff bereits die Einführung eröffnet hat, erscheint jetzt, nachdem seine Gegebenheit vom Nichts her eine Aufhellung erfuhr, im neuen Licht. Wenn es zutrifft, zu sagen, Nichts gibt Etwas, wenn es ferner angeht, das Nichts in der absolvierten Weise zu denken, für die der künstliche Begriff *adindividuieren* steht, dann muß sich das Etwas als Individuum erweisen, muß es sich als eben das Individuum zu erkennen geben, das besagte Begriffsbildung antizipiert. Diese Schlußfolgerung drängt sich auf – das Etwas als Individuum. Tatsächlich braucht man der Konsequenz nur ein Stück weit zu folgen, um sogar zu finden, wie sich die historische Ausgangsbedeutung *individuus, unteilbar* erst erfüllt, wenn sie mit dem stoisch inspirierten Begriff des Etwas zusammen-

gedacht wird, und wie umgekehrt die Differenz weitergedacht werden kann und muß, wenn es das Etwas, das mit ihr steht und fällt, als Individuum zu begreifen gilt. *Zum einen. Unteilbar* bedeutet: *anders als ein Ganzes.* Im deutschsprachigen Diskurs kommt es allerdings oft genug vor, von der Unteilbarkeit auf die Ganzheit zu schließen, gelegentlich sogar, vom unteilbaren Ganzen zu sprechen, als bildete die Ungeteiltheit die ureigenste Bestimmung der Ganzheit, aber das gehört zu den Kuriosa, die wohl jeden ernsthaften Diskurs begleiten. Ein Ganzes ist, weil unbedingt aus Teilen bestehend, ebenso unbedingt teilbar, und sei es auf dem Wege der Destruktion. Soweit etwas zu Recht unteilbar genannt wird, insoweit kann es nur zu Unrecht ein Ganzes heißen. Damit ist bereits der erste Schritt des angekündigten Zusammendenken getan. Die Ganzheit ist eine Gestalt der Unterschiedenheit, sie ist die komplexe Unterschiedenheit. Und so abwegig es erscheinen muß, dem Unteilbaren die Ganzheit zuschreiben zu wollen, so folgerichtig ist es daher, das genuine Individuum kraft seiner Unteilbarkeit gegen das bloß Unterschiedene abheben zu sehen. *Zum anderen* versteht sich das Unteilbare *anders auch als das Amorphe.* Schier unverständlich muß das genuine Individuum bleiben, solange von seiner Ungeteiltheit auf eine Amorphie geschlossen und der Gedanke ans Unteilbare mit der Vorstellung von diffuser Einerleiheit und äußerster Kontinuität verknüpft wird, wozu eine bestimmte begriffsgeschichtliche Linie durchaus ermuntert. Verständlicher wird dieses Individuum im Anschluß an eine andere Traditionslinie, für die namentlich *Gottfried Wilhelm Leibniz* steht. Er steht dafür vor allem mit folgender These: es gibt etwas, das, *obwohl es keine Teile kennt,* eine *Vielzahl von Beziehungen enthält.*[134] Ungeteilt und doch in sich vielfältig – dieser Gedanke birgt auf alle Fälle einen trächtigen Ansatz: Die Ungeteiltheit impliziert keineswegs notwendig das Amorphe oder Indifferente. Sowenig die gegliederte Ganzheit das Unteilbare charakterisiert, ebensowenig auch die Indifferenz. Unbeschadet aller Ungeteiltheit kann es sich quasi positiv gegen das Indifferente abheben. Es ist möglich, ein Drittes zum Teilehaben und Geteiltsein einerseits und zum Amorphen und Indifferenten andererseits zu bestimmen. Indem *Leibniz* nun den dritten, neutralen Begriff bei dem der Vielzahl, einer sozusagen Vielzahl-in-sich, gefunden zu haben meint, gelingt es ihm kaum, den trächtigen Ansatz auszuführen. Die

Vielzahl taugt schwerlich zu dem gesuchten Dritten. Die Vielzahl steht der Geteiltheit viel näher, als man das auf Anhieb vermuten mag. Näher besehen erweisen sich beide als Abkömmlinge der Unterschiedenheit. Geteiltheit stellt die Unterschiedenheit auf komplexen Niveaus dar, und unter dem Begriff der Vielzahl wird lediglich die Eigenschaft des Unterschiedenen herausgekehrt, abzählbar zu sein. Alles Unterschiedene und nur das Unterschiedene ist ein Begrenztes und durch seine Begrenztheit abzählbar. Dies vorausgesetzt, ergibt sich folgende Konsequenz: Um den Gedanken an eine interne Vielzahl ergänzt, wurde der Begriff des Unteilbaren unterderhand dem Geteilten über Gebühr angenähert. Die Frage nach dem Dritten zwischen Teilbarkeit und Indifferenz stellt sich erneut. Was muß und kann an die Stelle des von *Leibniz* verwandten Begriffs der Vielzahl treten, um jene Intuition zu bergen, die er artikulieren wollte aber doch verfehlte? Mit welchem Begriff läßt sich das Unteilbare so explizieren, daß seine Distanz zum Indifferenten oder Amorphen gewahrt bleibt? Das ist, um abzukürzen, der Begriff der Differenz. Er verbürgt einen hinreichenden logischen Abstand sowohl zur Indifferenz als auch zur Geteiltheit, zu dieser besonderen Form von Unterschiedenheit. In summa heißt das: erst mit dem Begriff der Differenz läßt sich das Unteilbare zu Ende denken. Von daher verschränken sich die Begriffe des Etwas und des Individuums ineinander. Das Individuum kann die Unteilbarkeit nur aufweisen, indem es zugleich wie ein Etwas differiert, und das Etwas muß, schon um differieren zu können, au fond die Unteilbarkeit kennen. Wie *individuus* sich erst unter dem Begriff der Differenz zu Ende denken läßt, so unterstellt dieser Begriff bereits den Gedanken an das, was unteilbar und mithin anders als ein Ganzes ausfällt. Die Bedeutungen explizieren sich gegenseitig, die eine zieht die Konsequenz der anderen. Eingedenk dieser eher verborgenen als flach auf der Hand liegenden Bezüge zweier traditionsreicher Begriffe läßt sich die eingangs gezogene Schlußfolgerung bekräftigen: *Indem Nichts Etwas gibt, gibt es Etwas als Individuum.*

70 *Individualität* – was dieser Begriff bedeutet, müßte in der Konsequenz nirgendwo anders als an der Beschaffenheit des Unteilbaren ausgemacht werden. Wie versteht sich Individualität, wenn sie denn zutreffend nur als Beschaffenheit von etwas Unteilbaren sich verste-

hen läßt? Dann wird die Individualität doch in einer Art und Eigenart zu suchen sein, die dem Unteilbaren gerade als solchem zukommt, die es gewissermaßen kraft seiner Unteilbarkeit oder wenigstens gemäß seiner Unteilbarkeit aufweist, und die auch die Unteilbarkeit bezeugt oder vielmehr von ihr bezeugt wird. Was aber sollte unter einer Eigenart zu verstehen sein, die derart intensiv mit der Unteilbarkeit zusammenhängt? Wenn sich für das Individuum überhaupt eine Art denken läßt, die mit seiner Unteilbarkeit zusammenstimmt, dann so, daß es sogar der Art nach einzig dastehe. *Eine Art kann die seinige nur ungeteilt ausmachen – so muß die Art auch allein die seinige ausmachen.* Kaum anzunehmen, daß ein Ungeteiltes seine Art mit anderen teilt; es hat die Art hinlänglich zur seinigen, hat gewissermaßen die gesamte Art zur seinigen, und darum kommt auch einzig und allein ihm diese Art zu. Das bedeute der Begriff *Einzigartigkeit* – die Art mit dem einzigen Vertreter, die individuelle Differenz unmittelbar *als* sogenannter Artunterschied, als Artenvielfalt, so daß Individualität zu Individualität steht wie eine Art zur anderen – darin besteht genuine Individualität. An etwas wesentlich anderes ist in den zeitgenössischen Bio- und Sozialwissenschaften gedacht, sobald dort die einschlägigen Worte fallen. Man spricht von Individualität und meint Singularität, spricht vom Individuum und meint bloß das Einzelne. Wo *Michel Foucault* vorgibt, eine Komplizenschaft zwischen Individualisierung und Disziplinierung zu durchschauen und zu enthüllen[135], deckt er in Wahrheit die Verschränkung der Vereinzelung mit der Vermachtung des Einzelnen auf. Die Individualisierungshypothese, die *Ulrich Beck* seinerzeit unter dem Thema Risikogesellschaft vorgetragen hat[136], war bestenfalls eine Singularisierungsthese, wenn nicht bloß eine Privatisierungsthese. Inzwischen ist der wissenschaftliche Wortgebrauch so weit gekommen zu glauben, wann immer er irgendein Ereignis nach Längen- und Breitengrad exakt verortet, vollständig datiert und auf diese Weise als ein singuläres Geschehen markiert, würde er es individuieren. Kolossale Verwechslungen das. Weit liegen Individualität und Singularität auseinander, ähnlich weit wie Sein und Seiendes. Die Singularität oder Einzelheit kann nie etwas anderes sein als die Vereinzelung, die Vereinzelung einer Art. Jede Singularität ist damit eine unter vielen Vereinzelungen derselben Art. Und diese Art ist dann etwas Allgemeines, weil das Gemeinsame eines Vielfachen, das Gemeinsame vielfacher Vereinzelungen. Eine jede davon variiert und modifiziert die gemeinsame Art auf einmalige Weise, prägt sie einmalig aus und macht sich dadurch unverwechselbar. Unverwechselbar macht sie sich aber auch nur in der Weise der Variation, Modifikation und Ausprägung einer Art, nur in dieser Unterordnung unter die Art. Das heißt, der Einzelne und seine Singularität begegnen einem mitten unter den Gestalten der *Unterschiedenheit*, von daher rührt auch ihre *Abzählbarkeit*. Denkbar weit liegen darum Individualität und Singularität in der Tat auseinander. Während diese in der Unterschiedenheit heimisch ist, kann jene überhaupt nur auftauchen, soweit Differenz in Form von Ungeteiltheit der Unterschiedenheit zuvorkommt. Die Singularität ist jeweils Exemplar einer Art, ein Fall davon, sie steht für eine Art – die Individualität hingegen besteht direkt in einer Art, wenn sie überhaupt für etwas steht, so nur für sich. Jedes Singuläre fällt unter einen Begriff, darunter noch vieles fällt – jeder Individualität korrespondiert ein Begriff, unter den sonst nichts fällt. Weil der Einzelne seine Art mit anderen teilt, muß er selber geteilt sein und ein Ganzes bilden – weil die Individualität gerade in der ungeteilten, mit nichts und niemandem geteilten Art besteht, muß sie eines Unteilbaren Art heißen dürfen. Singularität und Individualität kennen gleichermaßen die Notwendigkeit, aber sie kennen die Notwendigkeit in ungleicher Weise. Indem die Individualität mit der Art zur Einzigartigkeit zusammenfällt, besteht das Individuum für sich unersetzbar, das heißt, mit einer inwendigen Notwendigkeit. Solche Notwendigkeit hat der Einzelne mit seiner Singularität kaum auf der Seite; in der Beziehung der gemeinsamen Art zu ihren jeweils bestimmten Vereinzelungen erscheint jedes Einzelne eher ersetzbar als unersetzbar, und die Notwendigkeit spannt sich vornehmlich als Artzusammenhang zwischen den Vereinzelungen auf, gewissermaßen auswendig. In diesem Falle handelt es sich um auswendige oder extrinsische Notwendigkeit, im Falle der Individualität um inwendige oder intrinsische Notwendigkeit. In der Struktur des Einzelwesens liegt das Schwergewicht des Substantiellen auf der Art, die es mit seinesgleichen teilt, und die einmalige Ausprägung, die es erst zum Einzelwesen macht, hat nur das Leichtgewicht des Akzidentellen. Beim Individuum verhält es sich gewissermaßen umgekehrt. Gleichsam wie etwas Substantielles nimmt sich gerade seine Einzig-

artigkeit aus; sie gibt den Stoff her, der dazu taugt, Ausprägungen zu
erfahren, die im Vergleich mit ihr bestenfalls wie Akzidenzien abschneiden. Und gewisse allgemeinen Merkmale, die das genuine
Individuum durchaus kennt, all das, was es mit anderen gemein hat,
das rangiert durchweg unter dem letzteren, unter dem Akzidentellen. Es korreliert mit anderen Individuen – mit welchen und auf
welche Weise wird sich zeigen – es muß daher mit ihnen auch gewisse Merkmale gemeinsam haben, und handle es sich nur um das
Merkmal, überhaupt eine Einzigartigkeit aufzuweisen, überhaupt
zum Unteilbaren zu gehören, überhaupt ein Individuum auszumachen. Wenigstens soviel Allgemeines muß sich an ihm finden. Aber
das Allgemeine an ihm ist keineswegs etwas Substantielles, das es
mit seiner Einzigartigkeit lediglich auf eine singuläre Weise ausprä-
gen, variieren und modifizieren würde, umgekehrt, es ist seine
Einzigartigkeit, was sich in der Beziehung auf die andere Einzigartigkeit des anderen Individuums zu einem gemeinsamen Merkmal
ausprägt, was in Bezug auf das andere und nur in dieser Beziehung
als ein gemeinsamer Modus *erscheint*, als die gemeinsame Akzidens
nämlich, überhaupt etwas Einzigartiges auszumachen. Deutlicher
gesagt, für das genuine Individuum macht es ein Merkmal von un-
wesentlicher Bedeutung, überhaupt zum Unteilbaren zu gehören,
überhaupt die Einzigartigkeit zu kennen, und von wesentlicher
Bedeutung allein, die jeweilige Einzigartigkeit aufzuweisen. Es ver-
riete also ein Mißverständnis, wollte man die Behauptung von
Einzigartigkeit in dem angegebenen strikten Sinne unter Verweis
auf irgendwelche doch unverkennbar gegebenen allgemeinen Merkmale entkräften oder relativieren. Es hieße, das genuine Individuum
mit der schlichten Abwesenheit sogenannter gemeinsamer Merkmale zu verwechseln. Was es in der Tat auszeichnet, liegt ganz in
einer eigentümlich asymmetrischen Gewichtung. Seine Einzigartigkeit als substantiell und das Allgemeine an ihm als akzidentell, das
hebt es au fond gegen das bloß Singuläre ab. Das Allgemeine als
frappierende Manifestation von Individualität, statt umgekehrt die
Individualität als biedere Vereinmaligung eines Allgemeinen. So
steht etwas sogar der Art nach einzig da.

71 Abzählbar ist, wie gesagt, ausschließlich das Unterschiedene,
denn Zahl und Zahlenförmigkeit unterstellen notwendig die Be-

grenztheit, und die Grenze kennt nur das Unterschiedene, sprich: das Seiende. Das genuine Individuum kommt der Zählbarkeit genauso zuvor wie das im Grunde alles Differente tut. Es kennt die Endlichkeit, jedoch durchweg in Formen jenseits von Grenze. Man hat es sich also strikt zu versagen, das genuine Individuum abzählen zu wollen – als ein erstes oder zweites usw. – wird es dennoch gezählt, widerfährt ihm unangemessene Behandlung. Das Individuum kann sich als das eine auf ein anderes Individuum beziehen, sobald ein anderes sich abzeichnet. Das eine, das andere, das abermals andere – diese Weise des Differenzierens kommt dem Individuum wie dem Differenten überhaupt entgegen, und während das Zweite notwendig *nicht* das Erste ist, fällt das Andere auch anders als das Nicht-Eine aus. Aber selbst diese von der Zumutung der Abzählbarkeit entlastete und dem Etwas grundsätzlich gemäße Weise der Reihung mutet im Falle der Individualität zumindest in gewisser Hinsicht problematisch an. Die Problematik hält sich noch im Verborgenen, solange man unter dem Individuum einfach das Unteilbare versteht, sie macht sich bemerkbar, sobald darüber hinaus die Einzigartigkeit gedacht wird. Zwischen dem einem und dem anderen Unteilbaren zu differenzieren, scheint unbedenklich, aber von einer *anderen* Einzigartigkeit zu sprechen und Einzigartiges mit Einzigartigem differieren zu sehen, sehr bedenklich. Es fragt sich, ob man die Einzigartigkeit überhaupt als eine *andere* und mit anderen differierende annehmen kann, ohne sie selbst aus dem Auge zu verlieren. Wenn Beziehungen Beschaffenheit exekutieren, dann kommt es gewiß folgerichtig zu behaupten, Differentes differiere mit Differentem, aber daß Einzigartiges mit Einzigartigem im Verhältnis des Differierens stehen können soll, in einem für beide gleichem Verhältnis der Andersheit, erscheint dann mehr als bedenklich. Wie könnten wir unter dem Einzigartigen ein jedes für jegliches als das andere annehmen, ohne die Gemeinten im gleichen Verhältnis zueinander zu wähnen, und wie könnten wir sie im gleichen Verhältnis zueinander wähnen, ohne unterderhand die Einzigartigkeit in Abrede zu stellen? Gewiß, der Andersheit steht Symmetrie ohnehin fern; das Andere fällt anders aus als anderes. Noch darin liegt allerdings Wiederholung in einem Maße, wie sie unmöglich unter dem Einzigartigen stattfinden kann. Was macht sich an dieser Stelle bemerkbar? Daß der Gedanke an die Einzigartigkeit das Fassungsvermögen sogar des emphatischen Differenzbegriffs überragt. Jene Unteilbarkeit, die sich erst als Differenz zu Ende denken, erst dieserart gegen Geteiltheit und Unterschiedenheit überhaupt genauso abheben läßt wie gegen Amorphie und Indifferenz schlechthin, eben diese Ungeteiltheit erfüllt sich zugleich in einer Einzigartigkeit, die den Differenzbegriff semantisch überfordert. Als würde der Begriff des Individuums zu dem der Differenz in einer ambivalenten Beziehung stehen: soweit er Unteilbarkeit meint, verschränkt er sich mit diesem, soweit er Einzigartigkeit meint, überragt er ihn. Mit dem Begriff des genuinen Individuums dürfte einer ins Spiel gekommen sein, der nicht nur das überkommene Denken in Unterschieden, sondern auch das Denken einer emphatisch gemeinten Differenz überschreitet.

Die Individuation

72 Wenn die Formel zutrifft, Nichts gibt Etwas, und es richtig war, das Nichts in der absolvierten Weise zu denken, dann muß sich das Etwas als Individuum erweisen, urtümlich zumindest. Das ergab sich als nächste Konsequenz aus den zum Nichts angestellten Überlegungen. Im Anschluß an den nämlichen Gedankengang bietet sich noch eine weitere Konsequenz an. Im Lichte dieser Konsequenz zeichnet sich das genuine Individuum als ein jeweiliges ab, als mit einer gewissen, jeweiligen Einzigartigkeit begabt. Mit welcher? Bei dem genuinen Individuum handelt es sich, wie gesagt, um dasjenige, das die zum Begreifen des Nichts aufgebotene Begriffsbildung *adindividuieren* gewissermaßen in Aussicht gestellt hat, erwarten ließ. Erst in seiner Gestalt, hieß es, kann es *individuieren* richtiggehend geben, wie eine Gegebenheit vorkommen. Nun haben wir mit ihm zu schaffen – in seiner Gestalt muß es die Individuation geben. Das heißt, das genuine Individuum besteht direkt in der Individuation, es besteht aus Individuation, und nur daraus. Dieses sonderbare Zusammenfallen gilt es in der Konsequenz ernsthaft ins Auge zu fassen: Ein Individuum, dem gerade die Individuation eigentümlich, ein Individuum, das nichts Geringeres als die Individuation zur Beschaffenheit hat. Was genauer hat es damit zur Beschaffenheit? Was macht Individuation aus? Zum einen: Eine Ekstase. Und dies in dem ältesten Sinne des Wortes: εκστασις, das heißt Heraustre-

ten. Kompliziertere Figuren wie das Aus-sich-heraustreten und Außer-sich-sein, die der Ekstasebegriff später eingeschrieben bekam, gehören bereits zu den sekundären und spezifizierten Bedeutungen. Urtümlich meint εκστασις schlicht und einfach Heraustreten. Und ein solches macht die Individuation aus. Zum anderen die individuelle Ekstase, das Heraustreten eben zum Individuum, das heißt zum Ungeteilten und Einzigartigen. Schließlich die grund- und bodenlose Ekstase. Das Heraustreten zum Individuum geschieht grund- und bodenlos. Der Satz des Grundes bleibt davon gleichwohl unberührt. Nihil est sine ratione[137], nichts ist ohne Grund – streng genommen und pointierter formuliert, bedeutet der Satz: all das, was richtiggehend *ist*, ist dies nicht ohne Grund. Mit anderen Worten, jegliches Seiende hat seinen Grund.[138] Mit dem genuinen Individuum jedoch steht etwas anderes als ein Seiendes oder Nichtseiendes in Rede, etwas, das es gibt statt zu sein, und worauf der berühmte Satz nur gewaltsam Anwendung finden könnte. Weder geschieht die Individuation vor einem ontischen Hintergrund und aus ihm heraus, noch wächst sie aus einem Boden heraus, noch auch folgt sie in einer erdenklich anderen Weise aus einem Vorgängigen, von einer Folgerung aus dem Nichts zu schweigen. Sie geschieht grund- und bodenlos und geht in dem heraustretenden Individuum vollständig auf. Deshalb die weise Einsicht, das Individuelle gehöre verstanden statt erklärt. Ohne die Annahme einer grund- und bodenlosen Individuation, ließe sich das Gebot schwerlich aufrecht erhalten. So wie der Begriff der Individuation im laufenden Gedankengang sich plaziert findet – direkt im Anschluß an den des Nichts – mag sich seiner Deutung eine tradierte Idee aufdrängen; man kann sich erinnert fühlen an die Idee einer Kreation aus dem Nichts. Creatio ex nihilo, das scheint der Begriff der Individuation zu unterstellen, so wie er eingeführt wurde. Näher besehen aber, findet sich für die tradierte Idee keine Möglichkeit, an das absolvierte Denken des Nichts konsistent anzuschließen. Das Nichts, das weder wie ein Etwas noch wie nichts begriffen werden will, steht auch nicht als die Quelle zur Verfügung, aus der sich irgend etwas schöpfen ließe. Die ihm gewidmeten Überlegungen haben natürlich Konsequenzen, wie sollte ein Gedanke keine Konsequenzen haben, die Konsequenzen zu ziehen, unterstellt aber nicht zwangsläufig, das Gedachte als Grund von Folgen in Anspruch zu nehmen. Etwas anderes ist, daß der sehr wohl in Anspruch genommene Begriff der Ekstase eine Richtung weist, eine von den Silben *Heraus* assoziierte Richtung. Und in der Tat macht es Sinn, zu sagen, das Heraustreten zum Individuum verstehe sich als eines aus dem Nichts. Aber gerade dieserart wird es als ein grund- und bodenloses angesprochen. Dahingegen das Heraustreten aus dem Allgemeinen, als welches man die Individuation häufig gedeutet hat, dabei etwas Allgemeines als Grund und Boden unterstellend, in Wahrheit nur die Singularisierung oder Vereinzelung ist, gleichviel ob im Falle der Vereinzelung sinnvoll von einer Ekstase gesprochen werden kann oder nicht.

73 *Das principium individuationis* hat in der Geschichte der Philosophie eine renommierte Rolle gespielt. Es wäre aber leichtfertig, ihm unbesehen einzuräumen, an den historischen Ausgangsterminus *individuus* konsistent anzuschließen, ihm ungeprüft zuzugestehen, einen legitimen Abkömmling jenes Ausgangsbegriffes darzustellen. Die vielen Auslegungen, die das Prinzip erfahren hat, wurden nur allzu oft von der Verwechslung der Individualität mit Singularität beeinträchtigt. Das geschah so oft, daß das Prinzip der Individuation mit einem Prinzip der Singularisierung verwachsen scheint, und macht verständlich, weshalb der junge *Nietzsche* es en bloc der apollinischen Kultur zuschlagen konnte. Was er tatsächlich meint, ist ein Grundprinzip des Apollinischen, das nur ein Gesetz kennt: die, wie es wörtlich heißt, Einhaltung der Grenzen des Individuums[139]. Solch ein Gesetz verdient am allerwenigsten den Titel *principium individuationis*. Wo Grenzen und deren Einhaltung in Rede stehen, ist am allerwenigsten vom Individuum die Rede, höchstens vom singulären Seienden. An die Sphäre des Seienden wurde das Prinzip abgetreten. Auf diesem Abwege begegnet einem auch die geläufige Ineinssetzung von Individuation und Identifikation. Und die wiederum hat einen sozialphilosophisch bedeutsamen Ableger in dem semantischen Zusammenwachsen der Begriffe des Individuellen und des Privaten gefunden, wofür am sinnfälligsten wohl die historisch bornierte Identifizierung des privaten Eigentums mit dem individuellen steht. Heraustreten aus dem Allgemeinen, Vereinzelung, einmalige Ausprägung einer gemeinsamen Art, Ausbildung von Identität, abzählbar zu sein als erstes, zweites usw. – all das sind

Bestimmungen des Singulären, des einzelnen Seienden. Die Individuation kommt dem zuvor. Und in diesem gegen Verwechslung mit
Singularisierung verwahrten Sinne bildet sie des genuinen Individuums eigentümliche Beschaffenheit, ja seine Einzigartigkeit.

Das Individuum mit der Individuation als Individualität

74 Ein Individuum, das gewissermaßen aus Individuation besteht,
das von individueller Ekstase erfüllt, ausgefüllt wird, dem das Heraustreten zum Individuum eigentümlich zukommt – dies charakterisiert das genuine Individuum, diese Konfiguration von Individuum und Individuation bildet die Art, die einzig und allein die
seinige ausmacht, seine Einzigartigartigkeit oder Individualität. Ich
will mich in diese Individualität etwas vertiefen, sie verstehen. Ihrer
intrinsischen Notwendigkeit folgend, kann ich dabei schließen und
folgern, sogar in der Weise des zwingenden Schließens und der
notwendigen Folgerung, das heißt in der Art von Deduktionen und
deduktiver Erschließbarkeit. Um dabei allerdings alsbald zu der
Schlußfolgerung zu gelangen, wie wenig sich daran richtiggehend
erschließen läßt, und wie sehr manches dem Erschließbaren hinlänglich entzogen und geheimnisvoll bleibt. In einer ganz naheliegenden, um nicht zu sagen, flach auf der Hand liegenden Weise läßt
sich folgendes erschließen. Wenn es das Heraustreten zum Individuum seinerseits schon als ein Individuum gibt, dann muß das
heraustretende offenkundig anders als das genuine ausfallen. Anders zum Beispiel als die einzigartige Konfiguration, die dem genuinen die Individualität stiftet. Die kann das heraustretende unmöglich wiederholen. Eines Individuums Individualität kann die Individuation nur als Heraustreten zum anderen Individuum bilden. Das
liegt nahe. Aber schon das besagt immerhin, wie sehr das genuine
Individuum in einer Beziehung zum Anderen steht, die ihm alles
andere als äußerlich bleibt. Statt sich auf das Andere wie auf ein
Abgeteiltes und abzählbar Unterschiedenes zu beziehen, hat das
genuine Individuum eine Bezogenheit auf das Andere gewissermaßen zum Inhalt. Die gehört zu seiner Individualität. Gerade für sich
genommen, findet es sich auf das Andere bezogen. *Was* nun das
andere Individuum, das heraustretende, eigentümlich ausmacht,

was für eine Einzigartigkeit es seinerseits aufweist, entzieht sich dagegen dem regelrecht Erschließbaren. Obwohl das Heraustreten zum anderen Individuum direkt in die eigentümliche Konfiguration eingebunden ist, läßt sich aus seiner Einbindung keineswegs schlußfolgern, in welcher Individualität es aufgeht, was für eine Individualität das heraustretende Individuum ausfüllen mag. Jegliche Einzigartigkeit, im Kleinen wie im Großen, stellt nichts geringeres als eine kosmische Kreation dar. Die Kreation buchstäblich erschließen zu wollen, etwas Kreatives schlüssig, schlußförmig begreifen zu wollen, setzte die Möglichkeit eines kreativen Schließen voraus, unterstellte einen ebenso notwendigen wie erfinderischen Schluß. Uns müßten Schlußfiguren zu Gebote stehen, wie sie vermutlich dem *Aristoteles* vorgeschwebt haben, wo er die topische Dialektik zugleich als eine Kunst der Erfindung *und* als eine Form des – per definitionem für notwendig, zwingend gehaltenen – logischen Schließens in Aussicht stellt.[140] Aber ein solches Schließen ist unvertraut geblieben. Vertraut sind vielmehr die Schlußregeln der Syllogistik, die nichts weiter normieren als die Art, wie sich die Begriffe der Prämissen in den Konklusionen wiederholen dürfen, in welchen variierenden Verknüpfungen sie dort Wiederholung erfahren dürfen. Alle Syllogismen sind unschöpferisch. Nach *Charles Sanders Peirce* ist die einzige logische Operation, bei der überhaupt so etwas wie eine neue Idee ins Spiel kommt, die schlußförmige Einführung erklärender Hypothesen, die er unter der Bezeichnung *Abduktion* bekannt gemacht hat.[141] Mittels solcher Schlüsse die Einzigartigkeit individueller Wesen auch nur hypothetisch erklären zu wollen, lag ihm allerdings fern. Bekenntnisse zu einer Logik des Schöpferischen bekommt man gelegentlich durchaus zu lesen, zum Beispiel in der historistischen Geschichtsphilosophie von *Ernst Troeltsch*[142] und der Dialektik von *Jean-Paul Sartre*[143], nur daß es bei Bekenntnissen geblieben ist. Es steht nicht gut bestellt um den historisch immer wieder geltend gemachten Anspruch auf kreatives Schließen. Eingedenk dessen darf die behauptete Unerschließbarkeit jenes anderen Individuums pointierter noch wie folgt gefaßt werden. Aus der Konfiguration von Individuum und Individuation folgt zwingend, daß das heraustretende Individuum anders als das genuine ausfallen muß, schon darum aber auch anders als eine Folgerung daraus. Erschließbar anders und mithin anders als etwas Erschließbares.

Dieser diffizile Befund mit der auffälligen Verquickung von Erschließbarkeit und Unerschließbarkeit faßt sich nun am getreuesten in der nachstehenden Feststellung zusammen. In der Individualität des genuinen Individuums liegt notwendig, liegt mit einer schlußförmig artikulierbaren Notwendigkeit lediglich soviel: *daß es anderes Individuum gibt*. Damit wird eine Daßheit gefolgert. Wobei die Daßheit weder mit dem hypostatischen Daß, dessen mich kritisch zu vergewissern ich schon Gelegenheit hatte, noch mit einer unter dem Nichtsbegriff gedachten Figur verwechselt werden will. Als *Daßheit* bezeichne ich die *notwendige Tendenz zu offener Washeit*. Jede intrinsisch notwendige und darum zwingend erschließbare Tendenz zu einer offenen, für Kreation offenen – und darum notwendigerweise unerschließbaren – Washeit verdient diese Bezeichnung. Ganz so, wie im genuinen Individuum notwendig beschlossen nur liegen kann, daß es anderes Individuum gibt.

75 Schließlich muß es das andere Individuum auch noch auf eine andere Weise geben als das genuine, seine Andersheit muß bis auf die Gegebenheitsweise durchschlagen. Das hängt direkt damit zusammen, wie sich Gegebenheit überhaupt versteht. Grundsätzlich gilt, daran braucht nur erinnert zu werden, im Da sedimentiert sich ein So, im Status findet eine Beschaffenheit ihre Ablagerung. Dies trifft für das Es-ist wie für das Es-gibt zu, aber es gilt für dieses doch ungleich intensiver und durchdringender als für jenes. Im Es-ist sedimentiert sich die Unterschiedenheit respektive die Selbigkeit. Dem entspricht es, wenn der Status zu-sein, sich bei allem Seienden als derselbe erweist, sich von Seiendem zu Seiendem nur unterscheidet, sich lediglich verändert, indem er Abwandlungen erfährt, die eine dominante Wiederholung in Grenzen und flach hält. Alles was ist, ist in derselben Weise. Dergleichen ließe sich von dem anderen Status, vom Es-gibt höchstens irrtümlicherweise behaupten. In ihm finden Differenz und Wiederholung – wie sie der Unterschiedenheit und Selbigkeit zuvorkommen – ihren Niederschlag. Er vermag tiefergehende Wandlungen als bloße Veränderungen zu durchlaufen. Er differiert. Nicht nur also, daß jegliche Andersheit in der Beschaffenheit bis hin zur Andersheit in der Gegebenheitsweise durchschlägt – das geschieht ähnlich schon im Falle des Unterschiedenen – beim Es-gibt geraten die Wandlungen gewichtiger als das

Wiederholen, konstituieren sie Gegebenheitsweisen, von denen man nicht wie von vernachlässigbaren Größen absehen, vielmehr nur zu dem Preis abstrahieren kann, das Wesentliche zu verfehlen. Gegebenheit schlechthin und überhaupt verdient durchaus als un-eigentlich, unwesentlich gewichtet zu werden, im Vergleiche mit den differenten Gegebenheitsweisen. In diesem Lichte will die the-matisierte Konfiguration gesehen und weitergedacht werden. Das andere Individuum muß es in anderer Weise geben als das genuine, und die Andersheit seiner Gegebenheitsweise muß sozusagen für wesentlich genommen werden. Womit sich freilich abermals nur eine Daßheit erschlossen hat. Zwingend erschließen läßt sich die Gegebenheitsweise des anderen Individuums aus jener Konfigura-tion ebenso wenig und ebenso sehr wie seine Einzigartigkeit. Das heißt, zunächst nur bis zu der Feststellung hin, *daß es das andere auch auf andere Weise gibt.* Auf was für eine Weise, steht dahin, trägt sich jenseits vom Erschließbaren zu. Ein Punkt ausgenommen. Um einen Gesichtspunkt kann die markierte Daßheit doch schon halb-wegs schlüssig weiter gedacht werden. Er wird nahe gelegt durch jenen Charakter der Kreation, der für des anderen Individuums Einzigartigkeit unbedingt zu erwarten steht. Wenn das Heraustreten zum anderen Einzigartigen in der Tat einer Kreation gleichkommt, dann kann das seiner Gegebenheitsweise schwerlich gleichgültig bleiben, muß das seine Gegebenheitsweise durchgreifend prägen. Fragt sich nur, wie, auf welche Weise? An dieser Stelle riskiere ich eine These, deren Ausführung der späteren Darstellung vorbehalten bleibt, und die wenigstens soviel behaupten darf: daß es das andere Individuum auf andere Weise gibt, indem es das noch nicht und nicht mehr gibt.

76 Es gehört zum Witz der recherchierten Verwicklungen von In-dividuum und Individuation, wenn die sonderbar vage bleibenden Aussagen über das heraustretende Individuum dafür um so ver-bindlicher das genuine charakterisieren. Was für das heraustretende eine bloße Daßheit, verbürgt dem genuinen Individualität. Seine Einzigartigkeit besteht, wenigstens nach einer Seite hin, darin, *daß es das andere Individuum nur geben kann, indem es das noch nicht und nicht mehr gibt.* Dieserart heißt es *Zeit.*

DIE ZEIT

Zeit, Ereignis und Zeitigen

77 *Zeit* nenne ich also das Individuum mit der Individuation als Individualität. Ein Etwas, das sich über die Maßen umständlich beschreibt, besteht es doch darin, *daß es zum einen etwas anderes gibt, dies jedoch zum anderen nur, indem es das noch nicht und nicht mehr gibt.* Diese Daßheit macht die Zeit aus. Ihre Eigentümlichkeit, anstatt in alldem zu liegen, was es nur in der ausgezeichneten Weise gibt, verbindet sich ganz damit, daß es dies nur so gibt. Das Andere aber, das es allein auf besagte Weise zu geben vermag, stellt das Ereignis dar. *Ereignis* heißt das noch nicht und nicht mehr und nur so Gegebene. *Was* es allein dieserart geben kann und *daß* es das nur so zu geben vermag; das Ereignis einerseits und die Zeit andererseits. Nächst dem Begriff des Nichts verschließt sich der der Zeit am hartnäckigsten der stofflich-gegenständlichen Denkungsart. Vor allem deshalb, weil das Verstehen der Zeit verlangt, eine Daßheit zu treffen. Mit Sicherheit verfehlt würde die, stellte man sich die Zeit als eine Gesamtheit von Ereignissen vor, gleichsam wie ein Behältnis voller Ereignisse. Fehl ginge aber auch die gegenläufige Annahme, die Zeit schließe das Ereignis aus sich aus, gleichsam wie eine reine und unendlich dünne Struktur. Als eine Daßheit kann die Zeit das Was, als welches das Ereignis zu ihr steht, genausowenig aus sich ausschließen wie in sich einschließen. Die ganze Denkform des Aus- und Einschließen, der Exklusion und Inklusion versagt hier samt der daran hängenden Kategorien der Negation, der Unterschiedenheit und des Gegensatzes. Die Daßheit mit ihrem merkwürdigen Spiel von *daß und was*, gehört zu den Phänomenen, die sich in selten offenkundiger Weise als Differenz oder Andersheit darbieten. Zunächst folgendermaßen: Zeit versteht sich anders als das Ereignis, weshalb die Vorstellung von einer Gesamtheit von Ereignisse fehl geht. Zeit versteht sich mithin aber auch anders als ein Nicht-Ereignis, als diese Negation, weshalb die Vorstellung von einer unendlich dünnen Struktur, die das volle Was aus sich ausschließt, gleichermaßen in die Irre führen muß. Weder das Was des Ereignens noch kein

Was macht die Zeit aus, sondern eben eine Daßheit. Sogar die gewohnheitsmäßig und schon vorbewußt sich vordrängende Deutung der Differenz von Zeit und Ereignis als ein Zusammenhang von zweierlei Gegebenen, als eine Aufzählung, die die Zeit als erstes und das Ereignis als zweites Phänomen präsentiert, muß man sich versagen. Uneingeschränkt gilt hier, was bereits für das genuine Individuum versichert wurde. Das Heraustreten zum anderen Individuum macht seine Individualität aus, ohne daß es sich zu dem anderen wie das erste zum zweiten verhielte. Die Andersheit kennt per se das Eine und das Andere, das Erste, das Zweite und das Abzählbare überhaupt ist typisch nur für die Unterschiedenheit. In diesem Sinne läßt sich sehr wohl *einerseits* von der Zeit und *andererseits* vom Ereignis sprechen, aber doch ohne dabei zweierlei zur Sprache zu bringen. Dieser Andersheit weiter nachgehend, zeichnet sich schließlich noch folgender Aspekt ab. Das Ereignis alles andere als aus sich ausschließend, muß die Zeit sich an ihm darstellen. Die Individualität der Zeit muß an der Beschaffenheit des Ereignisses, ja als Beschaffenheit eine Darstellung finden. So *zeitigt* das Ereignis. Der Begriff des *Zeitigens* – vom Wortgebrauch her mit einer starken Affinität zum Bewegen und Bewirken ausgestattet – meint zunächst In-der-Zeit-Geschehen. Aber das In-der-Zeit, gerade dieses *In*, kann dem Ereignis schwerlich äußerlich bleiben, als wäre es in die Zeit eingetaucht, von ihr umspült und umgeben. Vielmehr wird es seine Beschaffenheit erfassen, an seiner Beschaffenheit Darstellung finden. Eben das meint der Begriff des Zeitigens näher: die Darstellung der Zeit *als* Beschaffenheit des Ereignisses. Um die sich abzeichnende Mannigfaltigkeit vergleichbarer zu machen. Zum einen die Zeit: das heißt, *daß* es ansonsten etwas nur geben kann, indem es das noch nicht und nicht mehr gibt. Zum anderen das Ereignis: das heißt, *was* es allein dieserart geben kann. Schließlich das Zeitigen: das heißt, *wie* es das der Beschaffenheit nach in der ausgezeichneten Weise allein zu geben vermag. Sowenig die Zeit das Ereignis aus sich ausschließt und darum an ihm Darstellung findet, ebensowenig schließt sie das Ereignis freilich in sich ein. Ihre Individualität gruppiert sich zwar um die ausgezeichnete Gegebenheitsweise, aber doch in der Form einer Daßheit. Und die kann als solche unmöglich im Ereignis und seiner Beschaffenheit sich erschöpfen, muß sich gegenüber dem Zeitigen unbedingt zurückhalten. Deshalb wird, umgekehrt, das Zeitigen auf die Zeit notwendig zurückweisen, wird das Zeitigen notwendigerweise die Zeit buchstäblich voraus-setzen. Mit anderen Worten, das Zeitigen läßt sich nur zu dem Preis begreiflicher machen, daß man dabei das eigentümlich Zeitliche an der Zeit in der einen oder anderen Weise unbegriffen unterstellt.

78 Die Figur Zeit-Ereignis-Zeitigen ernstgenommen, ergibt sich sowohl das Gebot, Verwechselungen zu meiden, vor allem die Verwechselung der Zeit mit dem Zeitigen und umgekehrt, als auch die Unmöglichkeit klarer Unterscheidungen. Der Anspruch auf klare Unterscheidungen, saubere Abgrenzungen und trennscharfes Differenzieren, sollte er denn erhoben werden, müßte hier unerfüllt bleiben. An dieser Figur gibt es nichts zu unterscheiden und abzugrenzen. Um so dringlicher stellt sich die Frage, wie man unter solchen Umständen überhaupt jene Verwechslungen vermeiden, ja auch nur diagnostizieren können sollte. Aber es findet sich ein denkbar sicheres Kriterium. Man ist intellektuell an der Zeit gescheitert, solange man sie wie ein Ereignis nimmt und damit so oder so aufs Zeitigen reduziert; und diese Verwechslung und Reduktion verrät sich in Aussagen über die Zeit, die das zu Begreifende ihrerseits unbegriffen voraussetzen. Die Individualität der Zeit, das Zeitliche an ihr, muß man im selben Maße verfehlt haben, wie es unbegriffen vorausgesetzt wird, wie die Zeit also in Begriffen und Aussagen gedacht werden soll, die das zu Denkende mehr unterstellen als erhellen. Auf die eine oder andere Weise verenden solche Versuche in Annahmen einer zeitigenden Zeit, mögen die Annahmen naiv daherkommen oder sich als Reflexivität verbrämen. Sich mit dem Behaupten einer zeitigenden Zeit zu begnügen, bildet gleichsam die Todsünde der Zeitauffassung. Ihre kardinale Tugend hingegen liegt gerade in der Leistung, die Zeit in ihrer Individualität zu verstehen, und das hat notwendig zur Bedingung, sie schließlich und endlich in solchen Aussagen zu denken, die hinlänglich ohne die direkte oder indirekte, implizite oder explizite Unterstellung von Zeitlichkeit auskommen. Dies erst genügt der Daßheit, die die Zeit ausmacht, denn diese Daßheit, und allein sie, kann unmöglich ihrerseits noch in der Zeit geschehen. Man tut deshalb gut daran, die Zeit allen Ernstes als Individuum zu nehmen, statt nach einem allgemeinen Wesen der Zeit zu fragen. Die Suche nach dem Allgemeinen neigt dazu, die

Zeit mit einem universellen Ereignis zu verwechseln. Selbst wenn von diversen Ereignissen die Rede sein kann, und davon, daß ihnen eine gewisse Gegebenheitsweise gemeinsam sei, wird man damit aller Wahrscheinlichkeit nach nur ein allgemeines Zeitigen oder allgemeine Züge des Zeitigens zu fassen bekommen haben.

79 Ob die Zeit, mit *Kant*, als eine Anschauungsform a priori anzusehen oder, gegen *Kant*, den Dingen an sich selbst zuzuschreiben ist, ob unser Wissen von ihr ein Konstrukt darstellt[144] oder auf eine von ihm unterscheidbare Realität abhebt, ob wir sie im Geiste nur abbilden oder eher bilden, ob sie urtümlich eine subjektive und erst im Nachherein durch Messung und Kommunikation objektivierte Zeit ist[145] oder eine von vornherein objektive und erst nachträglich subjektivierte, das sind Fragen von bestenfalls zweitrangiger Bedeutung. Sie fragen nach einem Status der Zeit, zumal nach einem subjektbezogenen Status, alle Statusfragen aber gehen an der Eigentümlichkeit des eigentümlichen Gegenstandes regelmäßig vorbei. Werden sie obendrein erkenntnisstrategisch bevorzugt, langt ihre Behandlung ebenso regelmäßig bei einer gewissen Formenrohheit an. Transzendentale Ästhetik, wie sie die Kritik der reinen Vernunft präsentiert, hält sich vordergründig an eine Fragestellung diesen Typs, um sie zugunsten einer Statuierung der Zeit als bloßer Anschauungsform zu entscheiden. So kommt es nicht verwunderlich, wenn dort auch wenig über die Eigentümlichkeit der Zeit zu lesen steht. Was weiß man schon von ihr, nachdem einem mitgeteilt wurde, daß die Zeit gleich dem Raume reines Anschauen sei, ganz wie der Raum für sich selbst kein Bestehen habe, ähnlich wie der Raum synthetische Sätze a priori ermögliche, nur daß die als Raum bezeichnete Anschauungsform ausschließlich äußere Anschauungen, die als Zeit bezeichnete dagegen ausnahmslos alle Anschauungen formiere.[146] Eine leitende Frage sollte niemals so gestellt werden, daß sie das Philosophieren auf Statusfragen fixiert, sie sollte es niemals zum vordergründigen und hauptsächlichen Problem machen, wie Zeit, Raum oder sonst etwas sich statuiert finden. Vielmehr sollte sie unbedingt und unumwunden auf die Unverwechselbarkeit des Unverwechselbaren, die Besonderheit des Besonderen, die Beschaffenheit des Beschaffenen zielen. Von daher klären und erledigen sich auch die wichtigen Statusfragen, etwa die Frage, ob es die

Zeit gibt. In jedem Da sedimentiert sich schließlich ein So. In erster Linie gilt es zu qualifizieren, Quale begreiflich zu machen, Beschaffenheiten auf Begriffe zu bringen. Für Aussagen aber, die eine der Zeit eigentümliche Beschaffenheit zu treffen suchen, ist es weitgehend gleichgültig, ob sie mit der Zeit eine Anschauungsform oder eines von den Dingen an sich selbst qualifizieren, ob sie ein Konstrukt ausgestalten oder eine sogenannte ontologische Realität beschreiben, ob sie ein Abbild oder ein Gebilde ausmachen, sie müssen nur treffend ausfallen, müssen das Zeitliche an der Zeit treffen, einerlei in welchem Status sie das angetroffen haben mögen. Haben sie es getroffen, stellen und klären sich auch die originären Statusfragen. Denn in jeglichem Da sedimentiert sich ein So. Wohlgemerkt, mit diesen Zeilen nehme ich zu den eingangs erinnerten Statusfragen selbst keinerlei Stellung, keine abschlägige, keine zustimmende. Ich schlage mich weder auf die eine noch auf die andere Seite der geistesgeschichtlich durchprobierten Antwortmöglichkeiten. Ich will diese Fragen relativieren. Soweit sie dagegen in Philosophien strategisch bevorzugt werden, scheint mir ein selten eingefleischter Glaube Pate zu stehen, der Glaube, es wäre wirklich eine Sache von Belang, nach und nach das ganze All unter der Frage zu verhandeln, ob und wie der Mensch es sich zurechtmache. Stützen kann sich der Glauben eigentlich nur auf ein Weltbild anthropozentrischer Prägung. Meine Hoffnung ist, es ließe sich vorliegendem Text niemals nachsagen und noch weniger nachweisen, dem Anthropozentrismus anzuhängen.

Anders als Bewegung

80 Unsere Sprache steckt voller Deutungen der Zeit. Wir sprechen vom *Fluß der Zeit*, vom *Lauf der Zeit*, vom *Gang der Zeit*, als wäre die Zeit eine Bewegung wie der Fluß, der Lauf und der Gang. Manchmal freilich hat man das Gefühl, die Zeit stehe still, aber noch dieses Gefühl unterstellt, eigentlich mache die Zeit eine Bewegung aus. Der Blick auf die Uhr bekräftig das. Kreisende Urzeiger, rasender Lauf der Ziffern auf der Digitalanzeige – was erscheint sinnfälliger, als daß die Zeit eine Bewegung. Interessanterweise gibt es Idiome, die diese Deutung ebenso ausdrücklich wie verdächtig ma-

chen. Beispielsweise *Zeit vergeht*. Der Gebrauch des Idioms gibt zu denken. Denn üblicherweise heißt es zwar *Zeit vergeht*, kaum aber *Zeit entsteht*, als könnte etwas vergehen, ohne zu entstehen. Durchaus geläufig ist es, zu sagen, man habe Zeit gewonnen, es sei Zeit frei geworden für gewisse Tätigkeiten. Aber solche Ausdrücke meinen am wenigsten ein Entstehen von Zeit, vielmehr unterstellen sie die Zeit als etwas immer schon Vorhandenes, davon ein Quantum frei wird für irgendein Tun. Der Alltagsrede zufolge müßte die Zeit immerfort bloß vergehen, gleichsam wie ein unerschöpfliches Reservoire, das Quantum für Quantum vergeht, verrinnt und verläuft, ohne entstehen zu müssen. Und dies läßt die Deutung der Zeit als Bewegung fragwürdig erscheinen. Bei wirklicher Bewegung, soviel gehört zu den philosophischen Gewißheiten, hängen Vergehen und Entstehen unauflöslich zusammen. Nun kann man, um die Deutung der Zeit als Bewegung vor aufkeimendem Zweifel zu retten, folgendermaßen argumentieren. Die Alltagsrede wird der Bündigkeit halber nur abkürzen, wenn sie hinsichtlich der Zeit ein Vergehen ohne Entstehen ausdrücklich macht. Wissenschaftlich bereite es keine Schwierigkeiten, das Idiom zu vervollständigen, ein Entstehen der Zeit aufzuzeigen, etwa unter Verweis auf die Urknalltheorie. Der Theorie zufolge hat die Zeit zusammen mit dem Universum ihren Anfang, zusammen mit dem Anfang aber kennt sie doch eine Entstehung, und als etwas, das entstanden ist, statt immerfort nur zu vergehen, darf sie durchaus eine Bewegung genannt werden. So ungefähr ließe sich im Anschluß an die Wissenschaft argumentieren. Näher besehen jedoch bringt das Modell vom Urknall das Nachdenken über die Zeit in eine tiefe Verlegenheit. Wenn die Zeit zusammen mit dem Universum einen Anfang genommen hat, dann muß sich der Anfang auch zeitlich bestimmen lassen. Tatsächlich heißt es bei den Fürsprechern des wissenschaftlichen Models, vor zirka zwanzig Milliarden Jahren habe sich der Urknall zugetragen. Mithin muß allen Ernstes behauptet werden, die Zeit sei vor soviel Jahren entstanden. Aber das bedeutet, die Zeit habe ihre Anfangszeit, habe eine Entstehungszeit. Es müßte sodann eine Zeit für die Zeit geben, es müßte eigentlich zwei Zeiten geben, eine, die entstand, und noch eine, in der oder zu der sie entstand. Und während man gerade vermeinte, die erstere verstanden zu haben, sie als Bewegung begreifen zu dürfen, konfrontiert einen die zweite abermals mit der Frage nach der Zeit. Gesetzt, man deutete die ganz ähnlich als Bewegung, so müßte dafür bereits eine dritte Zeit als Entstehungszeit angenommen werden, für die wiederum eine vierte und so weiter und so fort. Die Frage nach der Zeit schöbe das Nachdenken beständig vor sich her. Spätestens an dieser Stelle, da die Konsequenzen sich abzeichnen, die sich ergeben, wenn das Denken der Zeit einem einschlägigen Idiom, diesem Sprachwissen von besonders resistenter Selbstverständlichkeit, Folge leistet, darf der fragmentarische Charakter des Idioms als Anzeichen von tieferer Bedeutung genommen werden. Warum gehört *Zeit vergeht* sogar zu den Idiomen, während der Ausdruck *Zeit entsteht*, mit dem das Idiom notwendig korreliert, höchsten zu den ungebräuchlichen zählt? Einem Wesen, das nur spricht und überhaupt nicht denkt[147], könnte dieser Punkt kaum zum Problem geraten, ein Wesen, das spricht *und* denkt, ohne beides getrennt zu tun, muß er dagegen stutzig machen. *Heidegger* hielt die Frage für trächtig genug, um sie in *Sein und Zeit* sich vorzulegen. *Warum sagen wir: die Zeit vergeht, und nicht ebenso betont: sie entsteht?*[148] Meines Erachtens muß die Antwort lauten: Weil eine natürliche Sprache nur trügen kann, indem sie sich zugleich verrät, weil sie, zumal als Alltagsrede, ebenso fälschen wie sich überführen muß. Mit besagtem Idiom fälscht sie die Zeit zur Bewegung, durch das Ungebräuchlichsein des korrelativen Ausdrucks, durch diese Inkonsequenz, verrät sie den Trug.

81 Der Einsicht, die Zeit müsse anders als eine Bewegung verstanden werden, war bereits *Aristoteles* nahegekommen. Keinesfalls ist die Zeit die Bewegung selbst, versichert er.[149] Bewegung kann die Zeit schon deshalb nicht sein, begründet *Plotin*, weil Bewegung in der Zeit ist.[150] Da alle Veränderung in der Zeit geschieht, kann Zeit keine Veränderung ausmachen, führt *Bolzano*[151] den Gedanken weiter. Der Gedanke muß zumindest soviel Wahrheit enthalten wie er sich mit der Erfahrung einer fruchtlosen Iteration trifft. Jeglicher Versuch, die Zeit in der Weise einer Bewegung sich vorzustellen, bekommt es logisch mit der Zeitlichkeit aller Bewegung zu tun. Da alle Bewegung in der Zeit sich vollzieht, kann die Zeit im Paradigma der Bewegung nur zu dem Preis vorgestellt werden, daß man eine *zeitigende* Zeit annimmt. Gibt es Bewegung nur in der Zeit, könnte es Zeit *als* Bewegung ebenfalls nur in der Zeit geben, womit eine

unendlich wiederholbare Iteration anhebt. Jeder Gedanke an die Zeit unterstellte eine weitere Zeit, die ihrerseits nur gedacht werden könnte, indem für sie abermals eine ungedacht bleibende Zeit vorausgesetzt wird. Diese fruchtlose Iteration sollte das Denken der Zeit unbedingt meiden. Wie es sodann auch sämtlichen Wortgebrauch und Begriffsaufwand zu meiden hat, der vordergründig oder unterderhand die Annahme einer zeitlichen Zeit unterstellt. Schon die simpelste Verknüpfung des Zeitbegriffs mit Zeitwörtern läuft auf die iterative Annahme hinaus. Arglos spricht man von zukünftiger und vergangener Zeit; da aber Zukunft und Vergangenheit der weithin geteilten Auffassung zufolge Dimensionen der Zeit ausmachen, müßte die Zeit wie ein Ereignis in der Zeit geschehen, um zur künftigen und vergangenen Zeit auseinanderfahren zu können. Oder es heißt, schon immer sei die Zeit dieses oder jenes gewesen; um jedoch irgend etwas schon immer oder oft oder auch nur manchmal gewesen sein zu können, müßte sie ihrerseits noch der Zeitlichkeit unterstehen, die jene Zeitwörter nach der einen oder anderen Seite hin zur Sprache bringen. Alle Anwendung von Zeitwörtern auf die Zeit setzt diese genauso zum bloßen Ereignis herab, wie das grundsätzlich der bequeme Versuch tut, sie sich als Bewegung vorzustellen. Soweit also der bereits bei *Plotin* und *Bolzano* nachlesbare Gedankengang vor der Annahme einer zeitigenden Zeit bewahrt, wenigstens insoweit verdient er, hier aufgenommen und fortgeschrieben zu werden. Fraglich erscheint dagegen, ob das Verhältnis der Zeit zur Bewegung in der Form der Verneinung, derer sich der rezipierte Gedankengang bedient, zu Ende gedacht werden kann. Zeit sei *nicht* Bewegung und *keine* Veränderung, hieß es. Aber was für eine Negation von Bewegung gehalten werden soll, müßte darum als absolute Ruhe erscheinen, und die Ruhe – ob die absolute oder die relative – gehört wieder zu den Ereignissen, die ihre Zeit haben. Zur Negation von Bewegung die Zeit erklärend, setze man sie abermals zum zeitigenden Ereignis herab. Das Gemeinte oder eigentlich zu Meinende muß offener formuliert werden. Anders als Bewegung versteht sich die Zeit, was nach dem in der Einführung aufbereiteten Begriff der Andersheit ebensogut bedeutet: anders auch als keine Bewegung. Sodann fragt sich allerdings, was die Andersheit der Zeit im Vergleich mit der Bewegung näher qualifiziert, was sie der Beliebigkeit enthebt. Eine gewisse Zuspitzung erfährt die Frage noch in

folgender Hinsicht. Gesucht wird ja die Qualifizierung der Zeit, die
den Gedanken an sie gegen Iteration sicherstellt, indem sie ihn vor
der Unterstellung einer zeitigenden Zeit bewahrt. Im Banne des
negativen Denkens läge es nahe, zu versichern, die Zeit selbst sei
nicht zeitlich und in diesem Sinne *zeitlos*. Zeit ist zeitlos, möchte
man sagen, in der Absicht, der Iteration zuvorzukommen und zugleich an die Allzuständigkeit der Negation glaubend. Nur daß das
zugeschriebene Prädikat Explikationen zuläßt, die sich gegen die
Absicht wenden. Dem geläufigen Wortgebrauch entspräche es
durchaus, folgendermaßen zu ergänzen: Zeit sei zeitlos, mithin von
uneingeschränkt beharrender Identität, und das heißt doch, Zeit sei
immer dieselbe. Kaum eine Behauptung verträgt sich weniger mit
der Zeit als diese Konsequenz. Ganz davon abgesehen, daß sie die
Individualität der Zeit mit Identität verwechselt, zusammen mit der
Selbigkeit schreibt sie ihr ein In-der-Zeit-Geschehen zu. Eine Selbigkeit ließe sich an der Zeit ja nur ausmachen, sofern sie stets,
immer oder auch nur für gewisse Zeiträume dieselbe bliebe. Alles
Konsequenzen, die sie erneut dem Ereignis gleichmachen, die aber
gerade in der erwogenen negativen Charakterisierung als zeitlos
lauern. Und was speziell den Begriff der Selbigkeit betrifft, so verträgt er sich mit der Zeit offenkundig noch schlechter, als das schon
die Vorstellung vom Fluß, vom reißenden Strom und von der Bewegung überhaupt tut. Nun läßt sich der verneinende Gedanke, die
Zeit sei ihrerseits nicht zeitlichen Charakters, vielleicht erhalten,
indem er zu einem positiven verlängert wird, etwa mit dem Attribut
ewig. Hat man die Zeit, wenn sie denn selbst nicht zeitlichen Charakters, für ewig zu halten? Was bedeutet *Ewigkeit*? Das Zeitigen
ohne Anfang oder Ende, das absolute Zeitigen. Ewig lebt, wer wie
die olympischen Götter zwar unsterblich ist, aber doch immer älter
wird, d. h. ohne Ende zeitigt. *Ewig* heißt das unendliche Ereignis.
Mit diesem Prädikat versehen, dürfte die Zeit bestenfalls für ein
besonders souveränes, weil über Anfang und Ende erhabenes Ereignis gehalten werden. Bislang kann also für gewiß nur soviel gelten:
anders als Bewegung versteht sich die Zeit. Was diese Andersheit
allerdings näher ausmacht und der Beliebigkeit enthebt, fragt sich
nach den wiederholten Klärungsversuchen dringlicher noch als
zuvor. Die vergleichsweise weitläufige Suche danach erleichtert es,
eine Qualifizierung zu riskieren, die weniger noch als die geprüften

und verworfenen die Selbstverständlichkeit auf der Seite hat: Anders
als Bewegung und mithin auch anders als keine Bewegung versteht
sich die Zeit, weil sie *nihilischen* Charakters. Ein Satz, der die ge-
suchte Antwort allerdings mehr in Aussicht gestellt als geliefert
haben kann.

82 *Voller Bewegung nimmt sich dagegen das Zeitigen aus.* Es besteht
schließlich in der Darstellung der Zeit an den Ereignissen, sprich,
an sich ereignenden Bewegungen. Typische Begriffe des Zeitigens
heben durchweg darauf ab, wie die Zeit an Verlauf, Struktur und Beschaffenheit von Ereignisbewegungen eine Darstellung findet, ja wie
sie *als* gewisse Verlaufsformen dieser Bewegungen, *als* deren Struk-
turmerkmale und Qualitäten zur Darstellung kommt. Zu solchen
Begriffen gehören nicht zuletzt *später, früher, gleichzeitig* und *älter,
jünger, gleichaltrig.* Unter der außergewöhnlichen Trennschärfe der
letztgenannten zeichnen sich ganz sinnlich wahrnehmbare Qualitäten von Bewegungen als Zeitzeichen ab. Die Jahresringe der Bäume,
dieses natürliche Protokoll ihres Lebensprozesses, die Faltenbildung,
die menschliches Leben in seinem Antlitz hinterläßt, der Farbun-
terschied zwischen Blättern und Laub, Rost und Glätte, Patina und
Glanz von Metallen, die Ablagerung von radioaktivem Kohlenstoff,
die es dem Historiker erlaubt, das Alter von organischen Hinterlas-
senschaften der Frühgeschichte nach der Radiokarbonmethode zu
bestimmen – lauter Beispiele für sinnfällige Phänomene, in Form
derer die Zeit den betreffenden Bewegungen geradezu eingekörpert
und einverleibt scheint, ganz ähnlich dem sprichwörtlichen Zahn
der Zeit. Dennoch geht das Zeitigen in den Bewegungen nicht auf.
Es hat vielmehr etwas höchst Unselbständiges an sich. Es bietet
sich direkt an den Ereignisbewegungen dar und läßt sich doch am
wenigsten aus ihnen selbst verstehen. Was die Ringe der Bäume gerade zu Jahresringen macht, wird noch die gediegenste botanische
Kenntnis auf sich allein gestellt auch nur ansatzweise sagen können.
Unter Umständen kann man das Zeitigen den Bewegungen grob
sinnlich ablesen, verstehen aber läßt es sich erst von der mit ihnen
unverwechselbaren Zeit her. Es ist, altmodisch gesprochen, schon *an
sich* nur Bezogenheit auf anderes, schon *für sich* bloße Darstellung
eines Anderen. Unter allen Gestalten des Zeitigens die bei weitem
unselbständigste aber ist die Kalender- und Uhrzeit.

83 Ob im folgenden abkürzend von der Uhrzeit gesprochen wird, unter stillschweigendem Einschluß der Kalenderzeit, oder ausführlicher von der Kalender- und Uhrzeit, in Rede stehen wird dabei durchweg jenes Messen, das wir näher besehen meinen und eigentlich nur meinen können, wenn wir behaupten, die Zeit zu messen, allen Ernstes die Zeit. Dieses Messen praktizieren wir mittlerweile in sehr vielfältigen und entwickelten Formen, in allen Formen folgt es jedoch einem schlichten urtümlichen Muster. *Zunächst* haben wir unter überschaubaren Bewegungen einige wenige, stets aber zyklische ausgezeichnet. So den Umlauf von Sonnenaufgang zu Sonnenaufgang, für den erwiesen ist, nicht in einem Umlauf der Sonne um die Erde, sondern in der Erdrotation zu bestehen. Außerdem die Bewegung des Mondes von einer Phase bis zum Wiedereintritt in die gleiche Phase, von Vollmond zu Vollmond beispielsweise. Ferner den Umlauf von Winter zu Winter oder von Frühling zu Frühling usw. Bekanntlich fällt er in der einen wie in der anderen Ansetzung mit dem Umlauf der Erde um die Sonne zusammen. *Sodann* haben wir die ausgezeichneten Bewegungen zu Standardbewegungen erkoren. Sie wurden – als Tag, Monat und Jahr bezeichnet – zu einem Maßstab für alle anderen Bewegungen kultiviert. *Schließlich* messen wir beliebige Bewegungen am Maßstab der Standardbewegungen, und das heißt, wir ermitteln beliebige Bewegungen als ein Bruchteil oder Vielfaches der Standardbewegungen. Dieserart bieten sie sich als sekundenlange, stundenlange, tagelange, jahrelange usw. dar. So ungefähr die minimale Anatomie der Uhrzeit.[152] Eine recht karge Struktur. Leicht ließe sich deren knappe Beschreibung mit vielen interessanten und wichtigen Details anreichern und der vertrauten Praxis modernen Zeitmessens fortschreitend annähern. Daß wir seit der Renaissance für die genannten natürlichen Standardbewegungen zunehmend künstliche Stellvertreter eingesetzt haben, als erstes die von *Christian Huygens* dafür nutzbar gemachte periodische Bewegung eines Schwerependels, daß die natürlichen Standardbewegungen zudem nicht gleichmäßig sind, u. a. wegen der Wirkung der Gezeiten auf die Erdrotation ungleichmäßig verlaufen und darum einer gewissen Ausgleichung unterzogen wurden, indem wir, statt weiter mit dem wahren Sonnenjahr zu rechnen, erst mit einem

mittleren Sonnenjahr und schließlich mit einem festgesetzten tropischen Jahr zu operieren begannen, daß überdies das Sonnenjahr mit seinen 365 Tagen nicht alternativlos ist, sondern kalendergeschichtlich mit einem Mondjahr von 354 Tagen konkurriert, an dem der islamische Kalender ungebrochen festhält – Details von solchem Gewicht[153] ließen sich seitenweise nachreichen. Wenn es an dieser Stelle bei der Andeutung ihrer Vielfalt bleiben soll, so nur deshalb, weil ihre Kenntnis die philosophische Hauptfrage des sogenannten Zeitmessens einer Beantwortung um keinen Deut näherzubringen vermag. Die Hauptfrage lautet: Wie verhält sich die Kalender- und Uhrzeit überhaupt zur Zeit? Die Antwort läuft auf folgende Einsicht hinaus: Das gemeinhin als Uhrzeit bezeichnete Messen trägt weniger zu Recht als zu Unrecht den Namen der Zeit; unter dem geläufigen Terminus technicus messen wir etwas *anderes* als die Zeit.

84 *Die zeitliche Länge.* Das uhrzeitliche Messen hat ein Gebilde zum Gegenstand, das man für gewöhnlich und durchaus treffend die zeitliche Länge nennt. Nicht zufällig finden sich unter den Gemeinplätzen der Uhrzeit zuhauf Abkömmlinge des Längenbegriffs. Die Theateraufführung ging über die volle Länge von fünf Stunden, heißt es zum Beispiel, trotz der Überlänge erhob sich im Anschluß minutenlanger Beifall, und die Spielzeit soll verlängert werden. Selbstredend ist dabei durchweg an eine spezifisch *zeitliche* Länge gedacht, aber gerade diese Selbstverständlichkeit darf wundernehmen, weil doch die Länge per se mit Breite und Tiefe korreliert und in diesem Verbund ganz dem Raum angehört, so daß die Fügung *zeitliche Länge* einem hölzernen Eisen von besonderer Dreistigkeit gleichkommt. Was ist das, die zeitliche Länge? Eine Darstellung der Zeit an den Ereignissen, eine Gestalt des Zeitigens, eine Gebilde, in Gestalt dessen sich die genuin *zeitliche* Dauer an der typisch *räumlichen* Ausdehnung von Ereignisbewegungen darstellt. Fast sämtliche Ereignisse geschehen ja auch im Raum, viele davon vollziehen sich zumindest in gewisser Hinsicht als Ortsveränderungen. Das betrifft zumal die Standardbewegungen der Uhrzeit, die als Tag bezeichnete etwa. Deren räumliche Dynamik ist die der Erdumdrehung, ihre Länge die der Bahn, die ein gewisser Ort auf der Erdoberfläche während einer Rotation durchläuft. Wobei es sich voll und ganz um eigentliche Länge handelt, um die räumliche, um Längen-

ausdehnung, sogar um die einer Ortsveränderung. Diese Ortsveränderung mit ihrer robusten Räumlichkeit geschieht nun in der
Zeit, und in ihrem Bezug zur Zeit, der natürlich nicht nachträglich
dazukommt, sondern mehr als jeder andere Bezug von vornherein
besteht, bietet sich ihre Längenausdehnung wie verwandelt dar, mit
einer Merkwürdigkeit, die der eines hölzernen Eisens in nichts
nachsteht. In der Zeit zu geschehen, das bedeutet schließlich kaum
etwas weniger als innerhalb einer Umgebung zu geschehen, innerhalb einer Umwelt, einer Welt drum herum zu passieren. Die Zeit
differiert mit dem Raum, differiert auch mit der Längenausdehnung
der thematisierten Ortsveränderung, statt sich von ihnen bloß zu
unterscheiden. Weder macht sie einen Raum noch einen Nicht-
Raum aus. Folglich kann sie dieser Ortsveränderung ebensowenig
innerlich eigen sein wie schlechthin äußerlich bleiben. Innerlichkeit
und Äußerlichkeit liegen der Zeit überhaupt fern, in jeder Beziehung erweist sie sich als völlig unfähig, irgendeinem Gegebenen
oder Seienden innerlich eigen zu sein, und noch mehr, ihm schlicht
äußerlich zu bleiben. Darum muß die Ortsveränderung von bestimmter Längenausdehnung, als welche sich die *Tag* genannte
Rotation in einer Hinsicht vollzieht, gerade in dieser Hinsicht, ausgerechnet als eine länglich ausgedehnte, die Zeitlichkeit anziehen,
auf sich ziehen, annehmen, von ihr durchdringend erfaßt werden,
kurz: sie verräumlichen. Und das natürlich mehr in der eigenen,
räumlichen Art als in der Art der Zeit. So wird die Bahn der Erdumdrehung derart in der Zeit durchlaufen, daß ihre Längenausdehnung selbst zum temporären Intervall, zur zeitlichen Spanne, zur
Ausdehnung zwischen Zeitpunkten gerät. Die Zeitlichkeit erstreckt
sich auf einmal über die Längenausdehnung, sie verteilt sich auf die
fein oder grob anzusetzenden Streckenabschnitte. Sie teilt sich auf.
Der halben Wegstrecke entspricht ein halber Tag, dem Halbkreis
eine Halbzeit, jedem Raumpunkt ein Zeitpunkt. Daran schließt die
Praxis der sogenannten Zeiteinteilung, die einer einteilbaren Zeitlichkeit, folgerichtig an. Während sich meinem Gedankengang die
Zeit doch bereits im Ansatz als unteilbar dargeboten hat. Das Nacheinander, als das die Ortsveränderung auf der Bahn der Erdumdrehung geschieht, indem ein Ort die Bahn peu à peu, Abschnitt für
Abschnitt absolviert, dieses ausgesprochen räumliche Nacheinander
strukturiert sodann auch das Zeitigen, durchformt es zur Sukzes-

sion, zur Aufeinanderfolge von Jetztpunkten, von denen ein jeder
mit einem Nachfolger schwanger geht und einen Vorgänger hinterläßt. Während der Zeit eigentlich alle Sukzession fern liegen müßte,
weil Sukzessionen eine besondere Teilbarkeit voraussetzen und
prozessieren lassen. In der skizzierten Art und Weise ergibt sich eine
mit Zeitlichkeit gleichsam aufgeladene Längenausdehnung, ergibt
sich genau die zeitliche Länge, die der Begriff des Tages näher besehen meint und im Vergleich mit der sich beliebige Ereignisse als ein
Bruchteil oder Vielfaches davon ermitteln, d. h. zeitbezogen messen
lassen. Dergestalt stellt sich Zeit dar. Und diese ihre Darstellung
verstellt sie offenbar auch, in einer Hinsicht sogar bis zur Unkenntlichkeit. Die zeitliche Länge ist nach allen Seiten hin teilbar, einteil-
bar, verteilbar. Die Zeit dagegen, die davon auch nur im Geringsten
durch irgendeine Innen-Außen-Distanz getrennt bestehen kann,
aber doch damit differiert, sie muß vor Verwechslungen mit dem
Teilbaren bewahrt werden. Auch ohne bereits ein volleres Verständnis für ihre Individualität gewonnen zu haben, soviel zumindest gilt
es im weiteren Nachdenken über sie strikt einzuhalten: Daß sie ein
genuines Individuum ausmacht und insofern eben etwas Unteilbares. Weshalb es von ihrer Darstellung mit Recht heißen darf: Unteilbares stellt sich teilbar dar. Darstellung als Verstellung.

85 *Die uhrzeitliche Praxis zählt, sie zählt etwas ab.* Was aber kann
sich ihrem abzählenden Zugriff überhaupt paßgerecht darbieten?
Zahl und Zählbarkeit kennt, das wird an dieser Stelle nicht zum
ersten Mal versichert, allein das Teilbare und Geteilte, allein dasjenige also, bei dem Endlichkeit mit Begrenztheit zusammenfällt
und zusammenfallen muß, weil es von herabgesetzter Differenz und
überhöhter Wiederholung gezeichnet ist, das Seiende mithin. An
der unteilbaren Zeit dagegen gibt es nichts zu zählen; ihre Individualität sperrt sich jedem Zählversuch. So praktisch gewiß es ist,
daß wir beim zeitlichen Messen zählen, so rückhaltlos hat man
einzuräumen, daß wir in dem Gezählten unmöglich die mit dem
Zeitigen unverwechselbare Zeit vor uns haben können. Sogar das
Zeitigen erfüllt nur bedingt die Voraussetzungen der Zählbarkeit.
Nicht nur, daß die Meßobjekte der Uhrzeit höchstens auf seiten des
Zeitigens angetroffen werden, es ist noch eine weitergehende Einschränkung fällig. Allein Ereignisbewegungen mit einer für das

Seiende typischen Begrenztheit, einzig die durch Begrenztheit end-
lichen, die unterschiedenen können eine teilbare und darum zähl-
bare zeitliche Länge aufweisen oder annehmen. Veränderungen
beispielsweise, Veränderungen in dem oben bestimmten Sinne der
prozessierenden Unterschiedenheit. Nur dem Seienden schlägt die
Stunde. Und es hat Witz, zu fragen, was worauf zurückgehen mag,
die Uhrzeit auf die Form der Entität oder umgekehrt diese auf jene.
Eine interessante Antwort gibt die von *Albert Einstein* gewagte Definition der Uhr an die Hand. Die Uhr sei *ein Ding, welches abzählbare Erlebnisse liefert*[154]. Wäre dem so, dürfte man ergänzen, daß es
das zeitliche Messen ist, was Ereignisse zu abzählbar begrenzten,
zählbar unterschiedenen und auf diese Weise eben zu seienden
Bewegungen rastert.

86 *Die uhrzeitliche Praxis zählt nicht einfach, sie mißt.* Das Messen
ist ein besonderes Zählen. Alles Messen zählt, nicht jedes Zählen
mißt. Messen ist Zählen nach einem Maßstab. Ein von vornherein
relatives Zählen. Gezählt werden die Bäume, wenn man im Garten
ihrer zehn feststellt. Gemessen wird der Lauf, der auf drei Stunden
gestoppt und damit als Bruchteil einer maßgebenden Bewegung, des
Tages, quantifiziert wird. Nicht genug also, daß die zeitliche Länge
von Ereignissen an sich schon die Zeit ebenso verstellt wie darstellt,
selbst dieses Gebilde wird im Rahmen der Uhrzeit keinesfalls direkt
gezählt, es muß als Bruchteil oder Vielfaches der zeitlichen Länge
einer maßgeblichen Bewegung bestimmt werden. Wir zählen beim
Zeitmessen nicht eigentlich diese oder jene zeitliche Länge ab, sondern die Relation zwischen der zeitlichen Länge beliebiger Bewegungen einerseits und der Länge einer Standardbewegung andererseits; wir quantifizieren die Verhältnismäßigkeit einer zeitlichen
Länge in Bezug auf eine andere. In der grundsätzlichen Verhältnismäßigkeit des Zeitmessens ist bereits jene Relativität angelegt, deren
verwickelte Phänomene eine prominente physikalische Theorie
herauskehrt. Ihre prinzipielle Verhältnismäßigkeit weist die Uhrzeit
als Kulturgut aus. Gemessen wird, was sich *naturgemäß* nicht zählen
läßt.

87 *Darum die einschränkende Rede von der sogenannten Uhrzeit:*
Was wir messen, wenn wir sagen und meinen, wir würden die Zeit

messen, ist in Wahrheit die zeitliche Länge von Bewegungen, eine schlierige Gestalt des Zeitigens, und schon insofern mit Sicherheit etwas anderes als die Zeit, gleichwohl auch etwas anderes als keine Zeit, als eine Nicht-Zeit. Außerdem können wir dabei höchstens das Zeitigen von Ereignisbewegungen mit einer für Entitäten typischen Abgegrenztheit messen. Und indem wir es bloß zu messen bekommen, rangiert es noch nicht einmal direkt als das Gezählte. All dies soll hier der Uhrzeit keineswegs in der Art eilfertiger Kulturkritik angelastet werden. Offensichtlich erfüllt sie ihren kulturellen Zweck. Solange sie nur leisten sollte, was sie zu leisten vermag, tat sie das mit zunehmender Genauigkeit. Wehe allerdings, von ihr wird mehr verlangt, wehe, sie wird zum Paradigma der Zeitlichkeit schlechthin und überhaupt überhöht.

Physikalische Chronometrie

88 Es mag verwundern, wenn hier die physikalischen Zeitanschauungen darauf befragt werden sollen, womit genau sie befaßt sind, was eigentlich ihren Gegenstand bildet, aber die Frage stellt sich mir allen Ernstes. Sie erhebt sich bereits angesichts auffälliger Themen und Titel, unter denen solche Anschauungen gelegentlich vorgetragen werden. Vor Jahren hat *Stephen W. Hawking* eine *kurze Geschichte der Zeit*[155] veröffentlicht, ein Buch, das erklärtermaßen eine Sache verhandelt, die eine Geschichte habe. Die Zeit soll das sein. Indes, unter den Gegenständen, die eine Geschichte haben, die mit anderen Worten die Zeit genuin historisch ausfüllen und diesen Sinnes eine Zeit haben, ihre Zeit haben, wird man nach der Zeit selbst garantiert umsonst fahnden. Eine Geschichte hat der Raum. Die Verräumlichung gehört zu den Urereignissen des Alls – nicht nur, daß Ereignisse zumeist im Raum geschehen, schon die Verräumlichung stellt ein Ereignis dar – und Ereignisse dürfen grundsätzlich für geschichtsfähig gehalten werden. Die Verräumlichung kennt zudem kulturgeschichtliche Passagen. Es gibt kulturgeschichtlich differente Räume, namentlich der Kosmos (der Wohlgeordnetheit) einerseits und das Weltall, das total verweltlichte All andererseits stehen dafür. Der Raum also empfiehlt sich geradezu der historischen Narration. Dagegen die Zeit, ihr kann man eine Geschichte nur um

den Preis eklatanter Inkohärenz anhängen. Ich brauche mich auf
die vielen Geschichtsauffassungen, die umgehen, nicht im einzelnen
einzulassen, um daran erinnern zu dürfen, daß sie allesamt unter
Geschichte ausdrücklich oder stillschweigend eine auf spezifisch historische
Weise ausgefüllte und erfüllte Zeit verstehen, eine typisch
historische Art, die Zeit auszufüllen, wie immer sie das originär Historische
daran definieren mögen. Eine außerhalb der Zeit stehende
Geschichte behauptet niemand. Die Geschichte der Zeit erzählen
zu wollen, hieße demnach, ein ganz merkwürdiges Vorhaben zu
projektieren. Es hieße, zur Darstellungen bringen zu müssen, wie
die Zeit, die alles andere als ein Ereignis ausmacht, in der vielmehr
ausnahmslos alle Ereignisse geschehen, nichtsdestotrotz noch eine
historische Ereignisfolge bilden könne, wie also die Zeit sich selbst
historisch ausfüllen soll, wie ausgerechnet sie, die von allem Datieren
immer schon vorausgesetzt wird, ihrerseits noch historisch datierbar
sein und gleich einer geschichtsträchtigen Ereignisfolge eine Frühzeit,
Hochzeit, Spätzeit durchlaufen soll. Um spätestens beim Ziehen
solcher Konsequenzen jener Iteration zu verfallen, jener Unterstellung
einer in der Zeit geschehenden Zeit zum Opfer zu fallen, die
kohärentes Denken scheut wie der Teufel das Weihwasser. Wer eine
Geschichte der Zeit zu schreiben sucht, schreibt mit Sicherheit keine
Geschichte der *Zeit*. Wieder anders liegen die Dinge bei der sogenannten
Kalender- und Uhrzeit, die hat unbedingt eine Geschichte,
eine Kulturgeschichte. Sie kann die aber doch nur haben, weil sie
wie das Zeitigen insgesamt mit der Zeit differiert. Von der mit dem
Zeitigen unverwechselbaren Zeit hingegen vermag niemand eine
wenigstens im Tenor schlüssige historische Erzählung zu fabulieren.
Auch *Hawking* hat sie nicht geschrieben. So manche wissenschaftliche
Wahrheit versammelt sein Text, offensichtlich aber zu einem
anderen Thema. Fragt sich, worüber jemand eigentlich schreibt, der
ein Ding der Unmöglichkeit zu vollbringen, eine Geschichte der Zeit
zu verfassen vorgibt und doch unterm falschen Titel viel Wahres
mitzuteilen weiß. Gern will ich in Rechnung stellen, daß es sich bei
seinem Werk um ein modernes Sachbuch handelt, dessen Titel nicht
allein wissenschaftlichen Kriterien genügen möchte, aber wende ich
darauf meine Aufmerksamkeit ganz dem Inhalt physikalischer Zeitanschauungen
zu, stellt sich eher nachdrücklicher noch die Frage,
was eigentlich ihren Gegenstand bilde.

89 *Fälle von erstaunlicher Indolenz.* Es gibt in der Physik eine hartnäckig sich haltende Neigung zur Hinnahme und Inkaufnahme von offenkundig logisch fragwürdigen Definitionen der Zeit. Das hat bereits Tradition. Schon an *Isaac Newtons* Naturlehre fällt das auf. *Newton* wußte, wie wenig die Zeit mit der Kalender- und Uhrzeit verwechselt werden darf; er schied die wirkliche Zeit von einer sogenannten Zeit, als welche er das Messen der wirklichen in Stunden, Tagen, Monate usw. einstufte.[156] Die Kalender- und Uhrzeit bloß als *sogenannte* Zeit, eine tiefe Einsicht. Daß schon für *Newton* die Kalender- und Uhrzeit etwas höchst Relatives war, sei absichtsvoll vermerkt. Der Art und Weise allerdings, wie er die wirkliche Zeit zu bestimmen suchte, gebricht es an Kohärenz. Er bestimmte sie als eine in sich fließende, mithin als eine Form von Bewegung, und als solche müßte die Zeit ihrerseits wieder in der Zeit geschehen. Nicht genug, daß die Anwendung der beliebten Flußmetaphorik also logische Schwierigkeiten von der bereits eingekreisten Art beschert – *Hermann Schmitz* hat sie an dem klassischen Text ausführlich kritisiert[157] – sie nimmt sich auch auffällig inkonsequent aus nach allem, was Newton der Kalender- und Uhrzeit nachgesagt hat. Dieser sogenannten Zeit war doch gerade angelastet worden, aus der Bewegung gewonnen zu sein. Wie konnte er da noch der für wirklich und wahr gehaltenen Zeit einen Bewegungscharakter zuschreiben wollen? Und vor allem, wie sollte man annehmen dürfen, die logischen Schnitzer seien ihm einfach unterlaufen und von ihm unbemerkt geblieben? Ähnlich merkwürdig ungereimt anmutende Verwicklungen begegnen einem in der Physik bis heute. Im Rahmen einer preisgekrönten Arbeit hat *Ilja Prigogine* die Entdeckung einer *inneren Zeit* präsentiert.[158] Die Entdeckung verdanke sich der Thermodynamik. Dagegen die Mechanik, die klassische wie die Quantenmechanik, die Zeit als etwas beschreibt, berechnet und voraussetzt, das er die äußere Zeit nennt. Nämlich als Bewegung, sei es als Bewegung von Punkten, sei es als die von Wellenfunktionen, auf alle Fälle als Bewegung im Sinne des alten Begriffes *kinesis.* Unschwer erkennt man unter dem Titel *äußere Zeit* die schon mehrfach reklamierte Verwechslung wieder. Wenn dagegen nun ein Begriff der inneren Zeit abgesetzt und stark gemacht werden soll, möchte man sich davon die Überwindung eben dieser Verwechslung versprechen. Gerade darin müßte sich doch das Innerliche an der inneren

Zeit erweisen, daß sie sich der Veräußerung an bloße Bewegung sperrt. Allein, *Prigogines* Untersuchung geht in eine andere Richtung. Thermodynamisch sei die Zeit zwar nicht im Sinne von *kinesis*, wohl aber im Sinne von *metabole* zu fassen. Das heißt, als Entstehen und Vergehen.[159] Und damit hat sich die logisch problematische Auslieferung des Zeitbegriffs an den der Bewegung nicht erledigt, sondern reproduziert. Das Entstehen und Vergehen schließt der neuzeitliche Bewegungsbegriff in sich ein, mithin bleibt die angestrengte Unterscheidung zwischen äußerer und innerer Zeit in der Ausdifferenzierung zweier Arten von Bewegung stecken. An dieser Stelle hebt das alte Lied an, die alte Leier. Wie jede Reduktion von Zeit auf Bewegung, muß auch die Reduktion auf die besondere Bewegungsform des Entstehens und Vergehens zu einer Iteration ad infinitum ausufern; alles Entstehen und Vergehen hat seine Zeit, wäre Zeit das Entstehen und Vergehen, müßte sie gleichfalls ihre Zeit haben; solange man aber die Zeit als etwas zu begreifen sucht, das sie selbst schon voraussetzt, hat man sie mit Sicherheit nicht begriffen, sondern lediglich die Fortsetzung eines Verfahrens eingesteuert, bei dem sie auf immer und ewig unbegriffen bleiben wird. Und was noch ungleich mehr ins Gewicht fällt, die logische Problematik springt auch in diesem Falle so sehr ins Auge, daß man sie sich kaum wie eine unbemerkt unterlaufene erklären möchte. Näher liegt die Annahme, sie wurde hingenommen, wurde in Kauf genommen zugunsten eines Prinzips, das für wichtiger gehalten zu werden scheint als das der Kohärenz und Konsistenz des Denkens. In der jüngeren Vergangenheit haben Physiker, zumal philosophierende, den einen oder anderen ernsthaften Versuch unternommen, einen von der Iteration freien und dennoch durchgreifend physikalisch geprägten Zeitbegriff auszubilden. Beredtes Zeugnis davon legt *Hans Reichenbachs* Zeitlehre ab.[160] Bei den reüssierenden physikalischen Theorien jedoch ist die Neigung zur Hinnahme logisch fragwürdiger Zeitbegriffe übermächtig geblieben. In Darstellungen der zeitgenössischen *Stringtheorie* wächst die Neigung sogar zur demonstrativen Indolenz aus. Im besonderen Maße trifft das auf die von *Brian Greene* gegebene Darstellung zu, und speziell auf eine Passage, die zeigen soll, woraus die Raumzeit besteht. Sie bestehe aus einer gewaltigen Zahl von Strings, die alle das gleiche Graviton-Schwingungsmuster ausführen. Die einzelnen Strings stellten gleichsam

Scherben von Zeit und Raum dar, sobald sie nach dem Muster der Gravitationskorpuskel koordiniert schwingen, würden sie Zeit und Raum im herkömmlichen Sinne bilden.[161] Es liegt flach auf der Hand, besteht die Raumzeit aus Strings von bestimmter Schwingung, so besteht sie in einer ebenso bestimmten Bewegung, und besteht sie in einer Bewegung, so muß die Zeit, wie schon der Raum, in der Zeit geschehen. Abermals eine zeitigende Zeit, was das physikalische Modell projektiert. Aber dies sichtlich nicht infolge logischer Arglosigkeit. Der Stringtheoretiker weiß um die logischen Verwicklungen des Modells, fast möchte man sagen, er bekennt sich dazu, indem er erklärt, die sprachlichen Klimmzüge, die zur Vermeidung selbstbezüglicher Definitionen erheischt seien, sich und dem Leser nicht antun zu wollen.[162] Was hat die mittlerweile schon demonstrative Indolenz gegen logisch fragwürdige Definitionen des Zeitbegriffs zu bedeuten, woher rührt die bereits traditionelle Gleichgültigkeit? Daß sie der Nachlässigkeit geschuldet, wollte und will ich ausschließen, zu offensichtlich sind die Ungereimtheiten, zu scharfsinnig die Autoren. Es muß dafür tiefere Gründe geben. Ich meine, in jener Indolenz setzt sich der begrenzte Gegenstand der Physik durch – gegen den vermessenen Anspruch, einen umfassenden und nichtsdestotrotz durch und durch physikalischen Zeitbegriff prägen zu wollen. Die Grenze der *physika* macht sich darin geltend – gegen das Ansinnen, sie übertreten zu wollen, ohne sie nach Denkweise und Gegenstandsbildung richtiggehend überschreiten zu können. Wo liegt diese Grenze, hinsichtlich der Zeit? Einige Aussagen aus berufenem Munde werden zu ihrer Markierung hilfreich sein.

90 *Diesseits und jenseits physikalischer Realität. Albert Einstein* reicherte seine Vorlesungen über Relativitätstheorie mit Aussagen von propädeutischer Art an. Sie führen in das Verhältnis der Physik zur Zeit ein. Vor allem indem sie Bedingungen angeben, unter denen Zeitliches überhaupt im Gegenstandsbereich der Physik auftauchen kann, unter denen die Zeitlichkeit allein eine, wie es heißt, physikalische Realität haben und die Rede von der Zeit erst physikalische Bedeutung annehmen kann. *Erstens.* Physikalische Realität hat danach nicht der Zeitpunkt und der Raumpunkt, zu dem und an dem etwas geschieht, *sondern nur das Ereignis selbst.*[163] Das heißt,

Physiker, die sich bei ihren Untersuchungen von Zeitlichkeit und Zeitlichem an die physikalische Realität halten, dem Gegenstand ihrer Wissenschaft treu bleiben, statt sich in sogenannten Spekulationen zu ergehen oder auf anderweitige Abwege zu begeben, sind mit dem Ereignis befaßt. Mit der Zeit folglich nur insoweit, wie sie sich am Ereignis darstellt. Was sie zwar unbedingt tut, aber doch ohne darin hinlänglich aufzugehen; es bleibt die untilgbare Differenz von Darstellung und sich Darstellendem, von der sich darstellenden Zeit und ihrer Darstellung am Ereignis. Physikalische Realität hat mit anderen Worten nur das *Zeitigen.* Allein dieses kann bei fachgerechter Thematisierung und Gegenstandsbildung den Physikern begegnen. Einzig das Zeitigen taucht im originär physikalischen Denk- und Wahrnehmungsraster auf. Kein Wunder, daß *Ilja Prigogine* sich auf das Entstehen und Vergehen kapriziert. Entstehen und Vergehen, das ist typisch Zeitigen, das ist etwas, in Gestalt dessen sich die Zeit dem Ereignis geradezu einverleibt, nachgerade eingekörpert haben mag. Das platzt vor physikalischer Realität. Es gibt allerdings noch jenseits dieser tatsächlichen oder vermeintlichen Realität wenigstens ein Etwas – die aufs Zeitigen irreduzible Zeit. Die überragt die physika, übersteigt das Fassungsvermögen der Physik bei weitem. Als eine auf das Zeitigen von Ereignissen irreduzible Zeit taucht sie im Gegenstandsbereich der Physik eigentlich gar nicht auf. Und muß doch bedacht werden. Ohne sie zu denken, läßt sich das Zeitigen von Ereignissen zwar abzählen, messen, berechnen, aber wohl kaum verstehen. *Zweitens.* Um dem Zeitbegriff überhaupt eine *physikalische Bedeutung* zu geben, so konditionieren die Vorlesungen weiter, bedarf es der Benutzung irgendwelcher *Vorgänge, welche Relationen zwischen verschiedenen Orten herstellen können.*[164] Das heißt, der Zeitbegriff hat per se keine physikalische Bedeutung. Wenn er die überhaupt besitzen kann, müßte er sie erst verliehen bekommen, und wenn er eine solche je verliehen bekommen kann, dann nur unter der Bedingung, daß der Gedanke an irgendwelche Vorgänge mit örtlichen Relationen von vornherein impliziert sein darf. Diese Bedingung vermag der Begriff des Zeitigens nahezu unumschränkt zu erfüllen. Das Zeitigen der Ereignisse geschieht zumeist im Raum, nicht unbedingt aber doch zumeist. Im gleichen Maße verschränkt es sich mit dem Räumlichen, mit örtlichen Relationen. Aber die aufs Zeitigen irreduzible Zeit? Da die Verräumlichung selbst ein Ereignis darstellt, selbst in der Zeit geschieht und sogar ein Entstehungsdatum kennt, muß Zeit im Grunde ohne die Unterstellung von Räumlichkeit gedacht werden, oder sie läßt sich überhaupt nicht denken. Pointierter gesagt, wenn der Zeitbegriff eine physikalische Bedeutung nur annehmen kann, indem die Zeit an Vorgänge mit örtlichen Relationen gebunden gesehen wird, dann ist die Bildung eines Begriffs der Zeit von eminent physikalischer Bedeutung ein Ding der Unmöglichkeit. Im physikalischen Theoriegefüge findet sich sodann Platz höchstens für einen Begriff des Zeitigens. *Drittens.* Die schon auf das bloße Zeitigen fixierende raumzeitliche Beschreibung wird von *Einstein* abermals konditioniert. Ihr *wahres Element* sei ein Ereignis, *welches durch vier Zahlen* beschrieben wird, durch drei Zahlenwerte für räumliche Koordinaten und durch eine uhrzeitliche Angabe.[165] Das heißt, das wahre Element der physikalischen Zeitanschauung ist der uhrzeitliche Zahlenwert in Kombination mit räumlichen Zahlenwerten. Diese Kombination und Verrechnung von uhrzeitlichen mit ortsbezogenen Zahlenangaben bildet auch die Herkunftsheimat einer oft pauschal behaupteten Unzertrennlichkeit des Zeitlichen und Räumlichen. Was *Einstein* das Raum-Zeit-Kontinuum nannte und seitdem häufiger noch die Raumzeit genannt wird, ist nichts weiter als die erwiesene Abhängigkeit der Uhrzeit von örtlichen Parametern wie der Entfernung. Daß verschiedene Beobachter noch mit gleichermaßen richtig gehenden Uhren für das gleiche Ereignis notwendigerweise ungleiche uhrzeitliche Werte messen, weil und insofern sie ihre Messungen aus ungleich großer Entfernung vornehmen, daß außerdem die Uhrzeit in der Nähe von massiven Körpern mit intensiver Gravitation eine, wie es heißt, geringere Ganggeschwindigkeit hat als in großer Entfernung von solchen Körpern, diese Abhängigkeiten des uhrzeitlichen Messens von der Entfernung sind das einzige, was die Relativitätstheorie an Verschränkung des Zeitlichem mit dem Räumlichen erwiesen hat. Von dermaßen vordergründigen Maßverhältnissen gleich auf das Verhältnis der Zeit zum Raum überhaupt zu schließen, wirkt ziemlich unbesonnen, in sich folgerichtig kommt das nur unter der Voraussetzung einer fragwürdigen und noch hinter *Newton* zurückfallenden Gleichung: Zeit = Uhrzeit.

91 *Ein Dilemma physikalischer Zeitanschauungen.* So absurd es wäre, zu behaupten, die Physik hätte mit der Zeit nichts zu schaffen, so notwendig ist es, festzuhalten, daß sie das Zeitliche nur als Zeitigen, als Darstellung der Zeit am Ereignis, zu ihrem Gegenstand zu machen vermag. Wenn denn die propädeutischen Aussagen *Einsteins* zutreffen. Dies vorausgesetzt, wird sich ein wahrer, weil auf das Zeitigen irreduzibler Begriff der Zeit mit strikt physikalischer Diktion unmöglich bilden lassen. Sodann muß das Aufstellen eines Zeitbegriffs, der sowohl fachwissenschaftlich operationabel ausfallen als auch die Zeit unverkürzt abdecken soll, zwangsläufig mit Iteration und anderen logischen Fragwürdigkeiten geschlagen sein. Die Physiker geraten dadurch in ein Dilemma. Entweder fällt die aufgestellte Definition physikalisch operationabel aus, und dann wird sie an logischen Defiziten leiden, oder sie bleibt verschont von solchen Mängeln, und dann wird sie sich kaum als operationabel erweisen. Angesichts eines Dilemma entscheidet man sich gerne für das kleinere Übel. Vermutlich haben Wissenschaftler wie *Hawking*, *Prigogine* und *Greene* das kleinere Übel gewählt, als sie jeweils einer logisch fragwürdigen aber dafür fachwissenschaftlich funktionstüchtigen Begriffs- und Modellbildungen den Vorzug gaben. Deshalb die sonderbare Indolenz. Es ist die Gleichgültigkeit gegenüber dem Übel, die sich in dem Bewußtsein einstellt, immerhin das kleinere gewählt zu haben. Im Kern ist die physikalische Zeitanschauung eine Art Kosmologie der Kalender- und Uhrzeit, sei es in makrokosmischer, sei es mikrokosmischer Dimension. De facto bescheidet sich Physik längst mit Chronometrie.[166] Der an der Relativitätstheorie so oft als eine ihrer Leistungen herausgekehrte Übergang von einer absoluten zu einer relativen Zeit verdient eine Richtigstellung. Was sich theoriegeschichtlich tatsächlich vollzog, ist der Übergang von der selbstverständlichen, in der Doxa tief verwurzelten Annahme einer absoluten Uhrzeit hin zu der Einsicht in die Relativität der Uhrzeit. Gegenüber der klassischen Physik kann in dieser Hinsicht die Relativitätstheorie schwerlich etwas fundamental Neues gebracht haben. Um die Relativität der Kalender- und Uhrzeit wußte schon *Newton*; das war doch von ihm ausdrücklich so formuliert worden: Das Messen der Dauer in Stunden, Tagen, Jahren – von der wahren Zeit wohl zu unterscheiden – ist relativ. Genau den Gedanken führt die Relativitätstheorie aus, und nur weil die moderne Physik die tiefe Differenz von Zeit und Zeitmessen vergessen hat, konnte ihr das wohl als Entdeckung einer relativen Zeit schlechthin und überhaupt dünken. Wie dem auch sei, das rückhaltlose Fragen nach der Zeit ist jedenfalls metaphysischen Charakters, der Zeitbegriff als solcher Sache der Philosophie – dort offenbart er auch seine eigentlichen Aporeme.

Daßheit und Washeit – Entscheidung eines augustinischen Aporems

92 An den sogenannten Dimensionen der Zeit – Zukunft, Gegenwart und Vergangenheit – setzt sich die Differenz von Zeit, Zeitigen und Ereignis fort. Eingedenk der Differenz läßt sich eine gewisse Denkschwierigkeit auflösen. Es handelt es sich um ein Aporem, das seit der Antike gern und viel diskutiert wurde, das bereits ein berühmtes genannt werden darf, und dessen Berühmtheit sich vornehmlich der Erörterung durch *Augustinus*[167] verdankt, gleichwohl der Kirchenvater nicht der erste war, der es einer Erörterung unterzog. Wie sollte die Zeit *sein* können, wenn doch die Zukunft noch nicht *ist*, die Vergangenheit nicht mehr *ist* und die Gegenwart der Dauer entbehrt, mithin ebensowenig existieren kann? So läßt sich das in wechselnden Fassungen wieder und wieder diskutierte Aporem zusammenfassen. Unbeschadet der zahlreichen Lösungsversuche, die theoriegeschichtlich bereits vorliegen, verdient das Aporem bis auf den Tag ernsthafte Behandlung. Zwar kann man leicht der Problemstellung gleichsam allen Wind aus den Segeln nehmen wollen, indem man mit *Heidegger* versichert: Zeit *ist* ohnehin nicht, so daß es sich bei einer Problematisierung der Existenz von Zeit nur um ein Pseudoproblem handeln kann und sich die Anstrengung, für die Zeit doch noch eine Seiendheit und Existenz aufzuzeigen und nachzuweisen, bereits vom Ansatz her erübrigt hat; erst recht nachdem im zeitgenössischen Diskurs erneut für die Trennung von Zeit und Existenz plädiert wurde.[168] Jedoch, solche Trennungsabsichten haben die Unterstellung einer Gleichgültigkeit von Zeit und Status zu meiden, und die Versicherung, Zeit *ist* nicht, verlangt nach einer Ergänzung, sie mußte ergänzt werden um die Aussage: *Es gibt* Zeit. An dieser notwendigen Ergänzung aber bricht die alte Denkschwie-

rigkeit erneut auf. Wie sollte es Zeit geben können, wenn es doch die Zukunft noch nicht gibt, die Vergangenheit nicht mehr gibt und die Gegenwart der Dauer entbehrt? In dieser Fassung hat sich die urtümliche Problemstellung im Kern wiederhergestellt. Welcher Status der Zeit auch zukommt, die ihr ebenso zukommenden Dimensionen scheinen ihn unmöglich zu machen. Denn daß der Begriff der Zukunft an dem Noch-nicht, der Begriff der Vergangenheit an dem Nicht-mehr hängt, so unveräußerlich wie der der Gegenwart an der Dauer, läßt sich schwerlich bestreiten. Allein diese Konditionierung der Begriffe der Zukunft und Vergangenheit – auf die will ich mich zunächst konzentrieren – stellt den angenommenen Status der Zeit bereits in Frage. Gibt es Zukunft und Vergangenheit in der Tat noch nicht bzw. nicht mehr, kann es unmöglich die Zeit einfach geben. Allein wegen der Hinfälligkeit der einstigen Suche nach einer Seiendheit oder Existenz der Zeit läßt sich besagte Problemstellung keinesfalls abtun. Dennoch ist es redlich und sinnvoll, weiterhin die Problematisierung selbst dem Zweifel auszusetzen. Erfahrungsgemäß kann die Stellung eines Problems bereits ungleich folgenreichere Fehler enthalten als die zu seiner Lösung unternommenen Versuche. Hat *Augustinus* also, abgesehen von der zu Unrecht gemachten Voraussetzung einer Seiendheit der Zeit, seine Frage richtig gestellt? *Paul Ricœur* scheint sich derlei nicht gefragt zu haben. Mit einer schon rührenden Gewissenhaftigkeit folgt er *Augustinus* auf seinem Lösungsweg, die Problemstellung nimmt er einfach hin.[169] Aber bereits die Stellung des Problems beruht auf einem begrifflichen Defizit, wurzelt in einem Mangel an Differenzierungsleistung, der sich zwar als ein historisch bedingter mühelos nachvollziehen läßt, aber doch besteht. Sie gründet in dem wenig, allzu wenig entwickelten Sinn für die Differenz von Zeit und Ereignis. Ob auf althergebrachte oder neuere Weise formuliert, die Problemstellung setzt voraus: Dasjenige, das es noch nicht gibt (oder wie man urtümlich sagte, was noch nicht ist), heiße mit Fug die Zukunft und dasjenige, das es nicht mehr gibt (oder in überlieferter Rede, was nicht mehr ist) werde zurecht die Vergangenheit genannt. Eben diese gedankliche Voraussetzung fällt falsch aus. Die Begriffe der Zukunft und Vergangenheit, dabei bleibt es, verbinden sich mit dem Noch-nicht und Nicht-mehr, aber doch anders als das die Problemstellung unterstellt, anders nämlich als das die Begriffe der künftigen und vergangenen Ereignisse tun. Indem es etwas noch nicht oder nicht mehr gibt, *zeitigt* es, als ein zeitigendes aber macht es ein *Ereignis* aus. In diesem Sinne kann dasjenige, das es noch nicht gibt, nur das *künftige Ereignis* heißen, wie dasjenige, das es nicht mehr gibt, den Titel *vergangenes Ereignis* verdient. Statt letzteres mit der Vergangenheit und ersteres mit der Zukunft zu verwechseln. Nach dieser Klarstellung springt es ins Auge, daß in der Problemstellung zu Unrecht die Begriffe der Zukunft und der Vergangenheit auftauchen, daß man an ihrer Stelle die Begriffe der künftigen und vergangenen Ereignisse einzusetzen hat. Abermals bedarf die Denkschwierigkeit der Präzisierung; eigentlich muß sie folgendermaßen lauten: Wie kann es Zeit geben, wo es doch die einen Ereignisse noch nicht gibt, die zukünftigen, und die anderen nicht mehr gibt, die vergangenen? Und damit hat sich die theoretische Konstellation vollends gewandelt. So wie eben umformuliert, fällt von der Frage alles Aporetische ab. Wie sollte es schier ausweglose Schwierigkeiten bereiten, die Zeit und zusammen mit ihr Zukunft und Vergangenheit als auf erdenkliche Weise gegeben anzunehmen, nur weil es die mit ihnen differierenden Ereignisse noch nicht und nicht mehr gibt? Wenn man zwischen Zeit und Ereignis, Zukunft und künftigem Ereignis, Vergangenheit und vergangenem Ereignis wohl zu differenzieren weiß – um von der Gegenwart vorerst weiter zu schweigen, darüber später – muß es sich auch denken lassen, wie es Zukunft und Vergangenheit eben auf andere Weise gibt, als das ein noch nicht und nicht mehr gegebenes Ereignis tut. Die Schwierigkeit, in die sich *Augustinus* verwickelt fand, hält nur solange an, wie man Zukunft und Vergangenheit gleich den künftigen und vergangenen Ereignisse für noch nicht gegeben und nicht mehr gegeben hält. Nur solange, wie man der bis heute wirkungsmächtigen Doxa folgt, dasjenige, was es noch nicht und nicht mehr gibt, das sei die Zukunft und die Vergangenheit, während es in Wahrheit lediglich das künftige und vergangene Ereignis bildet. Nur solange also, wie man die sogenannten Dimensionen der Zeit und schließlich sogar die Zeit selbst für Ereignisse nimmt. Nur dann kann man überhaupt auf die Frage verfallen, wie es die Zeit geben sollte, obwohl es die Zukunft und Vergangenheit noch nicht bzw. nicht mehr gebe. Diese so schwierig anmutende Frage entfällt, sie stellt sich gar nicht, sobald wir von der Zeit das Ereignis gebührend abzuheben verstehen, ohne gleichwohl die beiden unterscheiden zu dürfen. Freilich hat sich damit die Schwierigkeit alles andere als in nichts aufgelöst, sie hat sich vielmehr verschoben. Von der Frage nach dem Geben der Zeit hin zu der nun an Gewicht gewinnenden Frage, wie Zukunft und zukünftige Ereignisse, Vergangenheit und vergangene Ereignisse differieren.

93 Unter den mit Selbstverständlichkeit gesättigten Denkformen, läßt sich eine separieren, die unter Umständen zu der Verwechslung von Zukunft und Vergangenheit mit den einschlägigen Ereignissen verleitet. Das ist die der Washeit. Fixiert auf die Washeit, gebannt von der Erwartung, alles zu Denkende will selbstverständlich wie ein Was genommen werden, erscheint einem die Zukunft genauso als ein Was wie das künftige Ereignis, die Vergangenheit genauso wie das vergangene Geschehen. Solange aber die einen wie die anderen gleichermaßen in der Form der Washeit genommen werden, neigt der Gedanke an Zukunft und Vergangenheit von selbst dazu, sich mit dem an die betreffenden Ereignisse gemein zu machen. Unter diesen Umständen muß die in Aussicht gestellte Differenzierung überflüssig, ja willkürlich erscheinen, und im Anschluß an solche Vorannahmen wird sich gerade dem stringenten Weiterdenken die von *Augustinus* berühmt gemachte Fragestellung unabweislich aufdrängen. Dieser Konsequenz entgehen wir erst, wenn wir über die Washeit hinaus eine Daßheit in Betracht ziehen. Wozu einige der bereits über die Zeit angestellten Überlegungen auch verpflichten. Danach haben wir ohnehin die Etwasheit sowohl in dem geläufigen Sinne einer Washeit als auch in dem eher ungeläufigen Sinne einer Daßheit zu veranschlagen. Und wenn wir dies einräumen, scheinen die Dinge sogar überraschend einfach zu liegen. Ereignisse, die zu Recht zukünftige genannt werden, gibt es noch nicht, aber *daß* es Ereignisse noch nicht gibt, gleichwohl sie doch anstehen, diese Daßheit gibt es, und die verdient, die Zukunft genannt zu werden. Ereignisse, die mit Fug die vergangenen heißen, gibt es nicht mehr, obschon sie doch gleichsam nachhallen, aber *daß* es Ereignisse nicht mehr gibt, diese Daßheit gibt es, und die verdient, die Vergangenheit genannt zu werden. Der morgige Tag ist noch nicht angebrochen, aber *daß* er und wer weiß wie viele weitere Tage noch ausstehen, diese Daßheit gibt es. Zusammen mit ihr die

Zukunft. Den Urknall, das römische Reich, meine Kindheit gibt es nicht mehr, aber *daß* es sie wie so viele Ereignisse nicht mehr gibt, diese Daßheit gibt es. Zusammen mit ihr die Vergangenheit. So und nur so vermag ich eine Vergangenheit zu haben. Wäre sie das, wofür man sie leichthin halten möchte, dieses nicht mehr Gegebene, könnte ich unmöglich behaupten, eine Vergangenheit zu haben. Konsequenterweise müßte es dann heißen, ich hätte eine Vergangenheit nicht mehr. Ich hatte einmal eine, hab aber keine mehr, derart krude Reden müßte ich dann führen. Völlig falsch zu meinen, die Vergangenheit sei das Vergangene, Verblichene, Verschwundene, und die Zukunft das Kommende, Nahende, Anstehende. Vielmehr liegen beide gleich auf. Es gibt sie beide gleichzeitig, hätte ich beinahe gesagt, um sie durch die Anordnung in der Zeit schon wieder mit Ereignissen zu verwechseln. Sie bilden gleichermaßen aktuale Dimensionen, muß es richtig heißen, sie liegen unbedingt gleichauf. Eben das zu erfassen, macht ihr Begreifen als eine mit der Washeit differierende Daßheit möglich. Wie aber differiert die Daßheit näher besehen mit der Washeit? *Was* macht sie aus? So muß sie ja befragt werden dürfen, auf ein Was hin, wenn sie mit der Washeit in der Tat differiert, statt sich von ihr lediglich zu unterscheiden. Die Washeit von Zukunft und Vergangenheit besteht in einer Daßheit von Ereignissen. Was also meint die getroffene Feststellung – zwar würde es die künftigen und vergangenen Ereignisse noch nicht bzw. nicht mehr geben, jedoch *daß* es sich so verhält, das gebe es – was bedeutet das näher? Zunächst soviel: In dieser Daßheit figuriert ein Nichten von Gegebenheit seinerseits als ein Gegebenes. Das wiederum heißt: In dieser Daßheit findet sich eine Washeit, die der künftigen und vergangenen Ereignisse, irgendwie vermittelt, irgendwie als mittelbar. Nun kennen wir diverse Weisen, in denen etwas mittelbar zu stehen vermag. Vermittelt sein kann es durch Verursachung, Gründung, Bedingtheit oder durch Reflexion, Selbstunterscheidung und dergleichen. Im Falle von Zukunft und Vergangenheit kommt allerdings keine der genannten oder ihnen ähnlichen Weisen in Betracht. Daß es jene Ereignisse noch nicht und nicht mehr gibt – in solcher Daßheit werden die Ereignisse weder durch Ursachen, Gründe, Bedingungen, Basen noch durch ihre Selbstunterscheidung und reflexive Schichtung vermittelt, durch eine andere Washeit genausowenig wie durch eine an ihnen selbst abhebende.

Auf eine ungleich einfachere Art finden sich darin die Ereignisse mit ihrer Washeit vermittelt. In der Art einer leeren Vermittlung, in der Weise einer Vermittlung, die so leer ausfällt, daß ihr einzig und allein das eigene Geschehen als ein Vermittelndes oder Unmittelbares zu Gebote steht. Dieses noch-nicht-geben und nicht-mehr-geben wird in der Daßheit schlicht und einfach durchs Vermitteln vermittelt. Die Daßheit stellt eine Wendung in die Washeit dar, bei der sich dasjenige, was sich zur Washeit wendet, aufs Wenden reduziert. Ähnlich wie bei einem direkten Schluß, dessen einzige Prämisse das Schließen bildete. Vor allem in dieser Hinsicht ähnelt die Daßheit sehr der Repräsentation und Demonstration, weshalb es auch nahezuliegen scheint, das Wörtchen *daß* für ein bloßes Demonstrativpronomen zu halten.

94 Ereignisse gehen zeitliche Folgebeziehungen ein. Ein Ereignis folgt aufs andere, dieses geschieht früher, jenes trägt sich später zu, das eine ist jüngeren Datums, das andere älteren Datums, dieses kommt vorher, jenes nachher. *Früher* und *später*, *älter* und *jünger*, *vorher* und *nachher* gehören zu den Begriffen des Zeitigens, markieren die an Ereignissen unbedingt ablesbare zeitliche Folgebeziehung. Der mangelhafte Sinn für die Differenz von Zeit und Zeitigen spricht sich selten so drastisch aus wie in der Gewohnheit, die an Ereignissen erfahrene Folgebeziehung auf die Zeit als solche auszudehnen. Vor allem macht sich die Gewohnheit in der Vorstellung geltend, die Dimensionen der Zeit folgten genauso aufeinander wie die Ereignisse; die Gegenwart folge der Vergangenheit und der Vergangenheit folge die Zukunft, die Vergangenheit sei älter als die Gegenwart, die Zukunft trage sich nach der Gegenwart zu und in diesem Sinne später. Eine Beziehung, die unzweifelhaft die Ereignisse ordnet und das Zeitigen strukturiert, soll auch die Zeit als solche erfaßt haben. Niemand könnte eine Vergangenheit haben, niemand eine Zukunft haben, stünden beide tatsächlich in der zeitlichen Folgebeziehung. In alldem triumphiert die fixe Idee der zeitlichen Zeit. Die fixe Idee beiseite geschoben, stellen sich die Dimensionen eigentlich einfacher und dennoch weniger plausibel dar: *Zukunft, Gegenwart und Vergangenheit liegen unbedingt gleichauf.* Die gang und gebe Vorstellung könnte man auf sich beruhen lassen und der Alltagsrede ganz ohne Aufregung zugestehen, wenn

wenigsten die fachphilosophische Literatur sich ihrer enthielte. Tatsächlich feiert sie gerade dort fröhliche Urständ. *Gilles Deleuze* beispielsweise unterscheidet zwischen einer früheren Gegenwart und einer aktuellen Gegenwart[170], und meint doch eigentlich nur gewisse Ereignisse, die zeitgeschichtlichen Ereignisse einerseits und die aktuellen Ereignisse andererseits, deren Nacheinander die Gegenwart auch nur im mindesten berührt. *Hermann Lübbe* spricht von einer Gegenwartsschrumpfung, und meint doch nichts weiter als eine veränderte Ereignisfolge: daß die innovativen Ereignisse in rapid verkürzten Intervallen einander ablösen.[171] Eine Ereignisverdichtung und Beschleunigung der Lebensveränderungen also, die man für eine Schrumpfung der Gegenwart nur zu dem Preis halten kann, daß der Zeit Bewegung und zusammen damit Zeitlichkeit unterstellt werden.

Die implosive Offenheit der Gegenwart – Entscheidung eines zweiten augustinischen Aporems

95 Es bleibt noch die Gegenwart zu betrachten, nachdem Vergangenheit und Zukunft gegen überkommenen Zweifel an ihrer Gegebenheit verwahrt werden konnten. Hinsichtlich der Gegenwart geistert durch die Geschichte des Philosophierens über die Zeit ein effektvolles Gedankenexperiment, das gleichfalls durch des *Augustinus* Erörterungen[172] Berühmtheit erlangt hat. Eine merkwürdige Flüchtigkeit der Gegenwart zeigt es an. Traditionell wird das Experiment in den Termini technici der Kalender- und Uhrzeit durchgeführt und gedeutet, und obwohl ich meinerseits bereits bemüht war, das sogenannte Zeitmessen denkbar entschieden zu relativieren, will ich mich in diesem Falle auf seine Terminologie einlassen, so unbefangen, als hantierte ich mit Begriffen der zeitlichen Länge zum ersten Mal. Das Experiment selbst braucht nur kurz erinnert zu werden. Welche Dauer für die Gegenwart auch angesetzt wird, sie zerfällt fast vollständig in Zukünftiges und Vergangenes. Angenommen, die Dauer wird auf eine Stunde angesetzt, dann muß es von einem Teil der Minuten heißen, daß er noch in der Zukunft liege, von einem anderen, daß er bereits vergangen sei. Allein die gerade laufende Minute bliebe der Gegenwart vorbehalten. Aber diese eine

Minute zerfiele wieder in Sekunden, die schon verstrichen sind, und
Sekunden, die noch der Zukunft gehören, Lediglich die gerade laufende Sekunde würde für die Dauer der Gegenwart übrigbehalten.
Und dies auch nur, um nun ihrerseits in Künftiges und Vergangenes
zu zerfallen, auf abermals kleinerer Skala. Und daß man dort ebensowenig mit einem definitiven Befund rechnen kann wie auf jeder
noch kleineren, versteht sich. So plausibel das Experiment anmutet,
so schwer fällt die angemessene Deutung. Oft wurde aus der erwiesenen Unhandlichkeit der Dauer der Schluß gezogen, es gebe die
Gegenwart gar nicht, sie existiere einfach nicht. So auch in des Kirchenvaters aufwühlender Erörterung. Aber um von jenem Gedankenexperiment auf die Behauptung zu schließen, die Gegenwart
könne es unmöglich geben, muß man an seinem Verlauf, an dem
sogar protokollierbaren Verlauf, einen Punkt übersehen oder wenigstens für unwichtig gehalten haben. Auf keiner Stufe des Versuchs,
bei keiner angesetzten Größe der Dauer, zerfällt die angenommene
Dauer restlos in Vergangenes und Zukünftiges, auf jeder Stufe oder
Skala bleibt ein gegen Zukünftiges und Vergangenes abgehobener
Rest. Auch wenn der Rest für eine wohlbegrenzte, festumrissene
Dauer der Gegenwart so wenig in Frage kommt wie die zuerst angesetzte Größe, weil er in der gleichen Weise zerfällt wie diese, aber
es verbleibt doch auf jeder Skala einer, ein fortschreitend kleinerer,
allein deshalb stellt sich schließlich die Frage nach der Dauer auf
fortschreitend kleinerer Skala neu. Diesen Punkt zu vernachlässigen, hieße, den charakteristischen Verlauf des Spielfalls zu ignorieren. Eben das müßte man tun, um die Behauptung aufrechtzuerhalten, an dem Spielfall erweise sich die Nichtzugehörigkeit der Gegenwart zu allem Seienden oder Gegebenen.

96 Verbreitung gefunden hat noch eine weitere Deutung. Die Dauer
der Gegenwart, so heißt es, falle unendlich klein aus, sei von unendlicher Kleinheit oder Kürze. Mit dem charakteristischen Verlauf des
Spielfalls stimmt diese Deutung genausowenig bruchlos zusammen
wie die zuvor kommentierte. Auf keiner Stufe des Verfahrens wird
eine unendliche Kleinheit festgestellt. Was dagegen tatsächlich den
Begriff des Unendlichen verdient und verträgt, ist die Wiederholung
des Prüfvorgangs, genauer gesagt, seine Wiederholbarkeit. Möglicherweise ist er für die physikalische Berechnung nicht unendlich

wiederholbar, weil die spätestens bei der Planckzeit halt machen müßte, das philosophische Denken aber läßt sich auch von der Planckzeit nicht limitieren. Der an sich schon unermüdliche Vorgang des Ansetzens einer Dauer, des Gewahrens ihrer künftigen und vergangenen Momente und des Neuansetzens auf kleinerer Skala kann per se unendlich oft wiederholt werden, steht der Wiederholung in indefinitum zu Gebote. Das aber doch allein deshalb, weil auch nur eine einzige Wiederholung mit einem endgültigen Ergebnis abschließt, mit dem definiten Befund jener unendlichen Kleinheit ausgeht, den die verbreitete Deutung unterstellt. Weder die Behauptung, die Dauer der Gegenwart falle unendlich klein aus, noch die ältere Annahme, eine Gegenwart gebe es gar nicht, rechtfertigt das Gedankenexperiment.

97 Wie hat man dann das gleichermaßen genießbare und strapaziöse Gedankenspiel zu interpretieren? Es spricht dafür, daß die Dauer der Gegenwart *fraktal* ausfällt, daß sie fraktalen Charakters, als Fraktalität gedacht werden muß. Wie das wiederum zu verstehen ist, mag sich im Vergleich mit einer in der einschlägigen Literatur oft als Beispiel herangezogenen Form von Fraktalität deutlicher abzeichnen. Die Küste einer Insel oder eines ganzen Kontinents, sagt man, trägt fraktalen Charakter. Jede korrekt vorgenommene Messung ihrer Länge kann durch eine weitere Messung übertroffen werden und zur Feststellung einer noch größeren Länge der Küste führen, ohne dabei einen Fehler der zuerst durchgeführten korrigieren zu müssen, nur indem sie noch mehr ins Detail geht, den Einbuchtungen und Vorsprüngen der Küste auf kleinerer Skala nachgeht. So fällt die Küstenlinie immer länger aus als sie ausfällt. Darin besteht ihre fraktale Beschaffenheit – daß sie immer länger ist als sie ist. Durchaus ähnlich liegen die Dinge bei der Dauer der Gegenwart, wenigstens in einem Punkte. Insofern nämlich wie jegliche Dauer unvermeidlich Momente des Künftigen und Vergangenen einschließt, daher wieder und wieder auf kleinerer Skale neuangesetzt werden muß und dieses Neuansetzen unendlich oft wiederholt werden kann, ist die Dauer weder gleich Null noch unendlich klein bemessen, sondern fällt einfach kleiner aus als sie ausfällt. Das darf ihre *Fraktalität* heißen. Die Dauer der Gegenwart fällt notwendig kürzer aus als sie ausfällt. Wenn es sich überhaupt um die Gegenwart handelt, was dauert, so muß es heißen, sie dauert kürzer als sie dauert. Das dürfte die angemessene Interpretation des vieldiskutierten Gedankenspiels hergeben. Und diese Interpretation erlaubt, folgendes Fazit zu ziehen: Es gibt Gegenwart, nur eben als eine fraktale; so wenig das Fraktale im Reich der Chimären siedelt, so sicher gibt es Gegenwart.

98 Unbeschadet dessen hat die bevorzugte Interpretation etwas Falsches an sich. Von Anfang bis Ende operiert sie innerhalb jener Welt der uhrzeitlichen Parameter, der Zeiteinheiten, Zeiteinteilungen und Zeitmessungen, in der sie das überlieferte Experiment und die zu prüfenden Deutungen vorgefunden hat. Wie diese unterstellt sie die Gleichsetzung, ja die Verwechslung der Dauer mit einer zeitlichen Länge. Ihre Kernaussage, die Gegenwart dauere *kürzer* als sie dauert, huldigt unüberlesbar dem Gebilde einer zeitlichen Länge. Bei dieser Verräumlichung der Dauer bleibt sie stehen, und insofern führt sie sogar etwas Grundfalsches mit sich. Sie kann aber auch nicht schlechthin falsch sein, denn die zeitliche Länge, an die sie sich hält, ist kein Gespinst, sondern ein Gebilde, ein von der Praxis des Zeitmessens aufgespanntes Beziehungsnetz, das, einmal gezeugt und in die Welt gesetzt, dem Denken Widerstand leistet wie etwas Objektives, das Delusionen heckt und nicht bloße Illusionen affiziert. Statt also schlicht und einfach falsch zu sein, wird sie irgend etwas abfälschen, etwas, das von dem verräumlichenden Fraktal verstellt wird, zugleich aber mitten durch dieses hindurch scheint. Was nämlich? Die der Gegenwart, der Dauer, der Zeit urtümlich eigene Abwesenheit von Grenzen. Ich erinnere an die einleitend gemachten Ausführungen über Unterschied, Grenze und Negation beim Seienden sowie über Andersheit und Offenheit beim Etwas. Seiendes ist als solches begrenzt und geschlossen, das Etwas fällt per se offen aus. So muß bei der Gegenwart, die das Etwas namens Zeit dimensioniert, eine Struktur, die sich zutreffend als Grenze, Begrenztheit, Geschlossenheit beschreiben läßt, im Grunde vollständig fehlen. Eben das findet seinen uhrzeitlich überformten Niederschlag in der fraktalen Musterung einer zeitlichen Länge, die der Zeitnehmer für die Dauer der Gegenwart nimmt. Die Gegenwart kann weder sich selbst begrenzen, wie das *Alfred North Whitehead* behauptet hat[173], noch kann sie an Vergangenheit und Zukunft regelrecht grenzen, noch auch von ihnen begrenzt werden. Sie steht ihnen *offen*. Sie bildet die offene *Mitte*. Weshalb ihre Offenheit eine eher unerwartet kommende Figur beschreibt. Als würde sie sich gleichsam nach innen wenden. Die Offenheit einer Verjüngung in indefinitum. Eine implosive Offenheit. Daher die ungemeine Flüchtigkeit.

99 Die über Zeit und Bewegung angestellten Überlegungen hinterlassen ein Problem. Zwischen gleichermaßen festgeschriebenen Aspekten der Zeit bricht die Problematik auf, zwischen ihrer Gegebenheit einerseits und ihrer Differenz zur Bewegung anderseits. Auf der einen Seite versteht sich die Zeit anders als Bewegung, mithin auch anders als die Wiederholung, die das Element aller Bewegung. Auf der anderen Seite versteht sie sich als ein Etwas, das es gibt und das wie jedes Gegebene auch in einem Wiederholen bestehen muß. Wiederholung muß der Zeit abgesprochen werden können, soweit sie das gegen Bewegung konturiert, aber um sie überhaupt wie etwas Gegebenes denken zu können, muß ihr Wiederholen ebensogut zugesprochen werden dürfen. Beide Versicherungen treffen zu, die eine bekräftigt durch eine philosophische Tradition, die andere wie eine unausweichliche Annahme. Beide müssen zusammen gedacht werden. Sie können aber nur zusammengedacht werden, wenn sich eine Wiederholung ausmachen läßt, die noch gegen Bewegung abhebt. Darin besteht das Problem, scheinen Wiederholung und Bewegung doch zusammenzufallen. Wie soll die Zeit als ein Wiederholen gedacht werden, ohne dabei an Bewegung zu denken? Das zu klären, gebieten tiefere Gründe als die Gebote der Konsistenz und Genauigkeit, zumal es dahin steht, ob Gebote der Genauigkeit überhaupt einen Platz unter den Tugenden des Philosophierens zu beanspruchen haben; vermutlich gehen sie auf die zünftigen Fertigkeiten des Geometers zurück, bei dem das galileische Weltbild sein Ausgang nahm. Was zu der aufgegebenen Klärung treibt, ist vielmehr eine ebenso elementare wie fundamentale Bedingung des Philosophierens über Zeit. Man kann etwas ausgesprochen Zeitliches begriffen und dennoch die Zeit verfehlt haben. Was in der Zeit geschieht, und von daher zutiefst zeitlich geschieht, kann am allerwenigsten die Zeit sein. Darum ist es durchaus Sache philosophischen Scharfsinns, jenes eigentümliche Wiederholen zu verstehen, ohne das es Zeit nicht gäbe, und das sie zugleich doch unverwechselbar macht mit der unbedingt in der Zeit sich vollziehenden Bewegung.

Unmittelbares Wiederholen – Dissens mit Hegel

100 Es fragt sich also, wie die Zeit als Wiederholung und dennoch anders als Bewegung gedacht werden kann. Allein eine logisch vertretbare Möglichkeit bietet sich an. Im Falle der Zeit muß die Wiederholung ihrer eigenen Abwesenheit oder Absenz gelten. Die Wiederholung der Abwesenheit von Wiederholung. Also weniger als die Wiederholung von nichts. Fast möchte ich sie die Wiederholung des Nichts nennen, wenn der Begriff des Nichts das zuließe. Aber soviel ist an der Erwägung doch richtig: Der Gedanke an eine Wiederholung, die ihrer eigenen Abwesenheit gilt, vermag genauso wie schon der Begriff der Zeit überhaupt unmittelbar an den des Nichts anzuschließen. Es handelt sich auch um eine unmittelbare Wiederholung. Gewiß wird sie wie jedes Wiederholen durch ein Wiederholtes vermittelt, nur daß dafür einzig ihre Abwesenheit zu Gebote steht. Allein vermittelt durch ihre Abwesenheit, macht die Wiederholung eine *unmittelbare* aus. Eben darin hebt sie gegen Bewegung ab. Alle Bewegung wiederholt etwas, das seinerseits schon wiederholt, alle Bewegung ist Selbstwiederholung und insofern eine *mittelbare*. Indem ich die Zeit als unmittelbare Wiederholung denke, was intuitiv mit dem Status des genuinen Individuums zusammenstimmt, darf ich mit Fug und in einem Atemzug sagen: Zeit gibt es, aber anders als Bewegung. Ganz unmittelbar geschieht die Wiederholung, indem sie als solche heraustritt, wobei dieses Heraustreten vollständig mit dem Heraustreten des als Zeit bezeichneten Individuums zusammenfällt, und indem Wiederholung richtiggehend individuiert, *setzt* sie gewissermaßen ihre eigene Abwesenheit als das Wiederholte. Dagegen die Bewegung immer schon etwas zu Wiederholendes *voraussetzt*. Die Zeit macht also das unmittelbare Wiederholen aus. Das heißt, sie besteht in einem Wiederholen, das allein seiner Abwesenheit gilt. Was wiederum bedeutet, sie besteht in der Individuation des Wiederholens, das eigens seine Absenz als das zu Wiederholende setzt. So versteht sich die Zeit als ein Etwas und Gegebenes und bleibt doch vor Verwechslung mit

Bewegung bewahrt. Überhaupt zu wiederholen, macht sie zum Etwas und Gegebenen, unmittelbar zu wiederholen macht sie unverwechselbar mit Bewegung. Die ihr eigentümliche Weise des Wiederholens kann auch das So der Zeit genannt werden, weil und insofern sie ein Da, ein Es-gibt verbürgt. Diese Weise des Wiederholens kann ferner die Beschaffenheit der Zeit genannt werden, weil und insofern sie die Zeit als ein Etwas figurieren läßt. Und sie müßte auch die Individualität der Zeit heißen dürfen, weil und insofern diese ein Individuum. Gerade insofern muß sie sich als Individuation erweisen, denn die Individualität der Zeit soll in der Individuation bestehen. Dazu muß die unmittelbare Wiederholung auf ihre Konsequenzen hin verfolgt werden.

101 Wenn das Wiederholen allein seiner Abwesenheit gilt, dann muß es ihm hinlänglich abgehen, auch nur einmal *sich* zu wiederholen. Vermittelt es sich einzig durch seine Absenz, kann es mitnichten *seinerseits* wiederholen. Mit anderen Worten, so unmittelbar wie es im Falle der Zeit geschieht, sperrt es sich jeglicher Reflexion. Diese Tendenz unterläuft es gründlich: seinerseits zu wiederholen und in der Weise reflexiv zu geraten. Statt in der Art der Reflexion sich zu schichten, muß es, sozusagen, flach geschehen. Damit korrespondiert die geläufige Vorstellung von der Eindimensionalität der Zeit. Dem Raum hat man Dimensionen in wachsender Zahl zugeschrieben oder abgewonnen, mittlerweile wird mit mindestens zehn gerechnet, vor der Zeit jedoch hat die Tendenz zur Vervielfältigung auffälligerweise halt gemacht, nach wie vor bescheidet sich die rechnerische Zeitvorstellung mit einer Dimension. Das darf für symptomatisch gehalten werden, wie ein Symptom zeigt es die Resistenz der Zeit gegen Reflexion an. Allerdings unterstellt die Rede von der Eindimensionalität durch den Vergleich mit der Vielzahl räumlicher Dimensionen schon den Gedanken an Zahlenmäßigkeit, den das philosophische Denken der Zeit besser vertagt. Nur soviel ist gewiß: das eigentümlich zeitliche Wiederholen, das unmittelbare, unterläuft beharrlich die Reflexivität, es geschieht gleichsam rein horizontal.

102 Wenn die Wiederholung – als eine unmittelbare – unmöglich *sich* zu wiederholen vermag, dann kann sie auch unmöglich sich *definit* wiederholen. Das heißt, sowenig sie per se zur Reflexivität

neigt, sowenig zur Negativität. Denn die Negation ist selber ein Wiederholen, das definite, und die Negation des Wiederholens mithin eine von den Reflexionen, die im Falle der Zeit außer Betracht stehen. Das ganze Prinzip der Negativität muß der unmittelbaren Wiederholung unmittelbar fremd bleiben. Darum kann sie weder eine Grenze haben und an dieser ihr Ende finden noch sonstwie aufhören, abbrechen und vergehen. Es bleibt nur eine Möglichkeit: Sie wird dazu tendieren, in indefinitum zu geschehen. Das bedeutet keineswegs, sie sei unendlich, wie das eine vulgäre Anschauung von der Zeit behaupten mag. Es unterstellt noch nicht einmal die Tendenz, ins Unendliche fortzuschreiten, die der eher mathematische Terminus *in infinitum* meint. *In indefinitum*[174] geschieht die unmittelbare Wiederholung, das heißt ohne Grenze und in diesem Sinne mit ungewisser Weite. Diese Aussage enthält sich aller Behauptungen über Endlichkeit und Unendlichkeit, und muß sich dessen auch enthalten, denn zur Endlichkeit fehlt der Zeit die vordergründige Grenze, zur Unendlichkeit die hintergründige Grenze, die noch die Negation von Begrenztheit nachzieht und bekräftigt.

103 Obwohl die zuletzt gezogene Konsequenz direkt an die zuerst gefolgerte anschließt, fällt es schwer, sie gedanklich so auszuführen, daß dabei die erstere wie eine notwendige Bedingung eingehalten wird. Wie soll Wiederholung in indefinitum geschehen, ohne es in der Weise der Reflexion zu tun? Reflexive Wiederholung kann man sich mühelos als eine grenzenlos fortsetzbare denken, man kann sich das sogar anschaulich vorstellen; es hat von vornherein etwas Räumliches an sich. Aber eine endlos mögliche Wiederholung ohne Reflexion, ohne sich selbst als Wiederholtes zu dienen? Die Schwierigkeit entspannt sich von einer Seite her, die der vorstehende Gedankengang noch verschweigen durfte – von Seiten des Differierens, ohne das ein Wiederholen auch nur anheben könnte. Alles Wiederholen schließt notwendig Differieren ein. Also nicht, als müßte an dieser Stelle der Begriff der Differenz ähnlich wie die Lemmata in die mathematische Theoriebildung von außen eingeführt werden. Das *Wieder* als solches differiert. Die unmittelbare Wiederholung tut es zudem auf eine gewissermaßen archaische Weise. Im Falle der reflexiven Wiederholung geronne die Differenz sogleich zur Unterschiedenheit, bei der endlos möglichen Wiederholung der Wieder-

holung stapelten sich unterschiedliche Schichten ein und desselben Startvorganges, der dadurch dem reflexiv wuchernden Gebilde eine simple Identität stiftete. Wieder und wieder geschähe dasselbe – dieses Wieder. Zusammen mit der unmittelbaren Wiederholung hingegen beschreibt die Differenz eine, fast möchte ich sagen, urtümliche Figur, eine, die das Wort *differo* in einer seiner Bedeutungsschichten gespeichert hat: differieren = *aufschieben*, verschieben, hinauszögern. Bekanntlich schloß *Jacques Derrida* mit seiner Begriffs- und Lautbildung der différance gerade an diese Bedeutungsschicht an: différer = aufschieben. Wie sehr er damit den Begriff der Temporisation verknüpfen durfte, wird sich im Weiteren mit einer Grundsätzlichkeit zeigen, die ihm nicht unbedingt vorgeschwebt haben muß. Was jedenfalls in der freigelegten und wie markiert ausgedeuteten semantischen Schicht abgelagert und ähnlich einem Fossil eingeschlossen ist, stellt genau die Figur dar, die das Differieren bei unmittelbarer Wiederholung beschreibt: diese Wiederholung geschieht, indem sie Aufschub erfährt, sich aufschiebt und verschiebt. Darin findet die aufgetauchte Schwierigkeit schließlich ihre Auflösung, die Frage, wie unmittelbare Wiederholung in indefinitum passieren soll, ohne es auf dem Wege der Reflexion zu tun. Wenn solches Wiederholen geschieht, indem es sich aufschiebt, dann kann es offenkundig in indefinitum geschehen und doch aller Reflexion zuvorkommen.

104 Vor allem in puncto Negation kontrastieren die vorstehenden Aussagen mit *Hegels* Auffassung. Während das der Zeit eigentümliche Wiederholen sogar die Möglichkeit von Negation vermissen läßt, will *Hegel* in der Zeit direkt eine Entwicklungsform oder Entfaltungsstufe der Negativität erkannt haben. Die Zeit, sagt er, ist gerade dadurch kontinuierlich, daß sie *die abstrakt sich auf sich beziehende Negativität* bilde, durchaus ein Sein, aber doch ein durch und durch negatives: indem es ist, ist es gerade nicht, und indem es nicht ist, ist es doch.[175] Ein Kontinuum durch reine und wechselweise Antinomik. Man kann es nachvollziehen, was *Hegel* dieserart auf den Begriff zu bringen sucht, was seine Vorstellung beherrscht haben wird. Die der Zeitanschauung so geläufige Flüchtigkeit, dieses schlechthin Momentane, von dem auch ausdrücklich die Rede, diese vollständige Unmöglichkeit, irgendein Moment anders als in Gedanken

festzuhalten, das bietet sich mit einer gewissen Verführungskraft dazu an, wie ein ganz unmittelbares Zusammenfallen der Entität mit ihrer Negation gedeutet zu werden – als ein Sein, das, indem es ist, nicht ist, und indem es nicht ist, ist. Ließe sich die Zeit überhaupt in Kategorien der Negation fassen, müßte es wohl so geschehen. Aber sie sperrt und verweigert sich solcher Kategorialisierung. Der Versuch, ihr derlei trotzdem anzutun, verwickelt sich postwendend in fragwürdige Verknüpfungen. Wie wollte man der Zeit ein *Sein*, das noch seinerseits *ist* und *nicht ist*, zuschreiben, ohne es der Seinsvergessenheit auszuliefern? Wenn dessen ungeachtet innerhalb und im Rahmen von *Hegels* Darstellung die Deutung der Zeit als eine Entwicklungsstufe der Negativität folgerichtig erscheint, so weil sie dort an eine bestimmte Voraussetzung anschließen kann, an die vorausgesetzte logische Vorgängigkeit des Raumes vor der Zeit. In systematischer Hinsicht – also abgesehen von der in der Verquickung der naturwüchsigen Zeitanschauung mit der Alltagsrede lauernden Verführung dazu – konnte die Deutung der Zeit als Negativität nur folgerichtig erscheinen, weil der Begriff der Negativität schon vorab unter dem des Raumes entwickelt wurde, und zudem derart entwickelt wurde, daß er nur darauf zu warten schien, in Gestalt des Zeitbegriffs eine Weiterentwicklung zu erfahren und zur neuen Entfaltungsstufe zu gelangen. Die Negativität, als welche *Hegel* die Zeit bestimmen zu können meint, hat in seiner Darstellung gleichsam eine logische Vorgeschichte, eine im Zeichen des Raumes stehende Vorgeschichte, als entwickele sie sich vom Punkt über die Linie zur Fläche, um schließlich als das für sich gesetzte Resultat die Zeit zu ergeben. Tatsächlich kann an den Raum der Gedanke einer Entwicklung und Stufenfolge der Negativität geknüpft gesehen werden, jedenfalls an den von *Hegel* ausdrücklich beschriebenen Raum, denn das ist der dreidimensionale Raum, der Raum des Seienden und Nichtseienden, des Identifizierbaren und Unterschiedenen, und dort ist die Negativität heimisch. Die Negation selbst hat etwas Räumliches an sich. Das Räumliche an ihr gründet in jenem Zusammenfallen der Endlichkeit mit der Begrenztheit, ohne das es sie gar nicht gäbe, und es eklatiert in der Neigung zur Negation der Negation, in der Tendenz, sich auf sich selbst zurückzubeugen, auf sich selbst zurückzukommen und zurückzugehen. Aller Rückgang ist zutiefst räumlich und der Zeit au fond fremd. Die der Zeit von

Hegel zugemutete Figur einer sich direkt auf sich zurückbeugenden Negativität ist ganz und gar räumlich empfunden. Daß sich also der Begriff des (dreidimensionalen) Raumes zu einer Metamorphose der Negativität verlängert, ist offenkundig und gewiß – und nur soweit er diese Metamorphose verheißen soll, kann der mit einer Entfaltungsstufe von Negativität verwechselte Zeitbegriff als folgerichtig eingeführt erscheinen – ebenso gewiß muß *Hegel* nun im gedanklichen Verfolg der Metamorphose auf etwas stoßen, das er zwar die Zeit nennt, das aber doch offenkundig nur zeitlichen Charakters ist und keineswegs die Zeit selbst ausmacht. Dieses etwas, das die Negativität des dreidimensionalen Raumes exekutiert und von *Hegel* unter dem Titel der Zeit geführt wird, obschon es doch ebenso offenkundig etwas anderes als die Zeit selbst ausmacht wie es gleichwohl zeitlichen Charakters, das ist das *angeschaute Werden*, das Entstehen und Vergehen, das damit gleichzusetzende anschauliche Werden. Nach der eröffneten Differenz von Zeit und Ereignis versteht sich das anschauliche Werden zweifellos als Ereignis. Und das Werden überhaupt gibt sogar das Ereignis par excellence her: das Werden als das Ereignis, das Ereignis werden läßt. Im Grunde hat *Hegel* die Zeit gar nicht gedacht. Ihre Fehldeutung als eine Negativität folgt am zwingendsten aus der Annahme einer logischen Vorgängigkeit des Raumes vor der Zeit, denn für den als unmittelbar anzusetzenden Raum empfiehlt sich sinnfällig der unmittelbar anschauliche Raum, der dreidimensionale, eben dieser Raum des Seienden und Nichtseienden beheimatet die Negativität und läßt sich zur alles überwuchernden Metamorphose von Negativität extrapolieren. Nicht nur, daß dieser Raum höchstens einen Raumstumpf bildet, amputiert um diverse Dimensionen, das ganze Verfahren, aus dem Raum die Zeit herauswachsen sehen zu wollen, verfehlt diese mit Sicherheit. Es ist ebenso untauglich wie das umgekehrte Vorgehen, aus der Zeit den Raum ableiten zu wollen, ein Verfahren, für das sich bereits zu *Hegels* Zeiten prominente Fürsprecher wie *Novalis*[176] fanden, und dessen Scheitern *Heidegger* definitiv eingestanden[177] haben sollte. Das genuine Individuum heißt Zeit. Das Begreifen der Zeit liefert nicht die Prämissen für einen Schluß aufs Räumliche, und dieses Begreifen muß vollständig ohne die Kategorien des Räumlichen anheben – das tut es mit dem Gedanken an unmittelbares Wiederholen, an die Wiederholung ihrer eigenen Absenz.

105 Ein Wiederholen, das allein seine Abwesenheit repitieren läßt, kann sich schwerlich in vollen Malen vollziehen, in gehaltvollen und inhaltsvollen Malen, wie sie unter anderem die theoriegeschichtlich geläufige Rede von den Jetztpunkten nahelegt. Erst recht enttäuschen muß es die Erwartung von Malen mit Korpuskelcharakter, wie sie die Flußmetaphorik hegt, und simpler noch die grobe Bewegungsmetaphorik an den Anfängen des Philosophierens über die Zeit gehegt hat. Darin setzt sich abermals die Unteilbarkeit des Individuums namens Zeit durch, alles Korpuskulare muß ihm im Grunde fremd bleiben. Nicht genug also, daß sich die Zeit hartnäckig jedem vom Prinzip der Negativität diktierten gedanklichen Zugriff entzieht, gleichermaßen verweigert sie sich einem Denken, das vordergründig an korpuskularer Positivität orientiert ist, in der einen oder anderen Weise die korpuskulare Positivität zum Muster hat oder auch nur gewisse Implikationen und entlegene Konsequenzen derselben an der Zeit bestätigt finden will.

106 Ganz im Banne korpuskularer Positivität steht noch der Versuch, die Zeit innerhalb der Korrelation von Fließendem und Festem gleichsam dingfest zu machen. *Edmund Husserl* unternahm den Versuch in seinen Vorlesungen zur *Phänomenologie des inneren Zeitbewußtseins*. Interessanterweise gerade in der Absicht, das Denken der Zeit aus der seinerzeit wohl anziehend wirkenden Flußmetaphorik herauszuführen. Über die naive Verwechslung der Zeit mit fließender Bewegung ist *Husserl* natürlich erhaben. Wie einen Fluß und Strom denkt er sich vorzugsweise das Bewußtsein, die Zeit will er im Gegenteil als eine, letztendlich jedenfalls, *nicht fließende, absolut feste* Zeit[178] begreifen. Hörer und Leser der Vorlesungen hat es imponiert, wie ihnen die Flüchtigkeit und Flüssigkeit der Zeitphänomene in Erinnerung und auf den Begriff gebracht wird, der Vorlesende selbst sucht durch all das hindurch unverdrossen nach einer nicht fließenden, einer absolut festen Zeit. Allerdings, auf ein Festes gerichtet, bleibt das Vorhaben, die Zeit gegen des Zeitbewußtseins Flüssigkeit abgesetzt zu denken, doch nachhaltig vorgeprägt durch die Erfahrung eben dieser Flüssigkeit, durch die aus übermächtiger Erfahrung herauswachsende Erwartung irgendeiner korpuskularen

Positivität, die nur unter anderem sie erfüllt. Dafür sorgt die Idee des *zeitkonstituierenden Bewußtseinsflusses*[179], die These von der Konstitution der Zeit im Bewußtsein. *Husserl* sucht zu denken, wie die Zeit, obschon im Bewußtseinsfluß konstituiert, dennoch eine nicht fließende sein könne, aber so logisch anspruchsvoll es ist, ausgerechnet für etwas nicht Fließendes eine Konstitution in fließender Bewegung anzunehmen, gerade dadurch erlangt der Gedanke an die korpuskulare Positivität mit all seinen Konnotationen eine präformierende, gleichsam einsteuernde Macht. Nicht als müßte schon deshalb die Zeit genauso wie die konstituierende Bewegung gedacht werden, selbstredend läßt sie sich, nach dem ihr eine Konstituante fließenden Charakters unterstellt wurde, immer noch in einer davon radikal unterschiedenen Weise bestimmen. Und das tut *Husserl*. Aber er kann danach die Zeit auch nur unterschieden vom Fließen, nur noch alternativ zu dem Gedanken ans Flüssige, höchstens also im Gegensatz dazu, denken wollen. In diesen Grenzen mußte sich seine Aufgabenstellung halten, und sie hielt sich innerhalb derselben, indem sie eben eine feste, eine sogar absolut feste Zeit auszumachen als das hauptsächliche Problem auszeichnete. Was heißt das schließlich, nach etwas Festem zu suchen, was unterstellt der Begriff der Festigkeit? Er unterstellt etwas Spezifischeres als Invarianz und Unbewegtheit schlechthin. Das Feste, das immerhin als nicht fließend, als diese Negation, avisiert wurde, bildet einen richtiggehenden Gegensatz zur fließenden Bewegung, das heißt etwas, das zwar von ihr verschieden ist, aber doch verschieden in einer Identität. Das Fließen wie eine Negativform an sich habend, gleicht es ihm in der Korpuskularität. Festigkeit ist die *korpuskulare Invarianz*, der dem Teilchenhaften spezifische Grad und Modus der Unbewegtheit. Sich etwas als ein Festes zu denken, unterstellt dieses freilich nur bedingt mit einer tatsächlich korpuskularen Beschaffenheit, die Festigkeit oder Fixität mag einfach das Paradigma sein, in dem noch andere als die korpuskularen Gegebenheiten betrachtet werden. In dem Falle darf von einem fixierenden Denken gesprochen werden, und das fixierende Denken kann alles Erdenkliche heimsuchen, bis hin zum Sphärischen. Man muß nicht die Zeit aus Elementen bestehen sehen, wie *Henri Bergson* das unter dem Titel der reinen Dauer oder Sukzession tut[180], um ihr Festigkeit zuschreiben zu wollen. Aber wenn ihr die zugeschrieben wird, dann in der Entgegensetzung zur fließenden Bewegung und also keineswegs wie eine beliebige Identität. In diesem Sinne darf es heißen, die erklärte Suche *Husserls* nach der absolut festen Zeit empfing weitgehende Vorprägung durch die Annahme einer Konstitution derselben in dem als Fluß vorgestellten Bewußtsein. Und solche Prägung erweist sich als Engführung: Sie schränkt die gedanklich zugängliche Zeitlichkeit ein, fixiert auf Einseitigkeiten. Das Feste kommt vorzugsweise in der Vergangenheitsform, mit Einschränkungen in der Gegenwartsform vor; dem Zukünftigen fehlt jegliche Festigkeit. Dem entspricht es, wenn *Husserl* bereits das Zeitigen von Ereignissen – die Töne, die Melodien, die er phänomenal bevorzugt – einseitig nach der Seite der Vergänglichkeit in Betracht zieht. Was der Phänomenologie des inneren Zeitbewußtseins oft genug nachgesagt worden ist, ihre Phänomene vornehmlich und über weite Strecken sogar ausschließlich unter dem Vergangenen und Gegenwärtigen zu finden, gründet in der Suche nach einer Zeit von korpuskularer Invarianz, und in diese Suchrichtung hat sich ein Denken gelenkt, das die Zeit zwar anders als ein Fließen begreifen, zugleich aber doch im Bewußtseinsfluß konstituiert sehen will. Was schließlich noch den solche Einsteuerung besorgenden Grundgedanken selbst betrifft, so bedeutet er nichts geringeres als eine Verkehrung im Verhältnis zwischen Zeit und Ereignis. Eine Ereigniskontinuität wie der Bewußtseinsstrom soll Zeit konstituieren, Ereignen konstituiere Zeit. Gleichviel, wie unterschiedliche Philosophien über die Konstitutionsleistung von Subjektivität urteilen, noch bevor sich die Frage stellt, wie weit deren Macht reicht, gilt es zu bedenken, daß schon das Erwägen eines zeitkonstituierenden Bewußtseinsflusses das Verhältnis der Zeit zum Ereignis verkehrt oder, mit dem Fremdwort, pervertiert. Aus gutem Grunde weigert sich *Husserl*, den philosophischen Zeitbegriff in jener Flußmetaphorik untergehen zu lassen, die einem die Zeitanschauung und die intellektuelle Mode schier übermächtig aufdrängen. Nur muß man es sich zu diesem Behufe gleichermaßen versagen, die Zeit auf Seiten des Gegensatzes zum Flüssigen zu wähnen; die ganze Korrelation des Flüssigen und Festen – ob sie nun buchstäblich, cum grano salis oder in der Art eines Musters gemeint wird – hat das Philosophieren über die Zeit zu überschreiten.

107 Indem das philosophische Denken den gebotenen Schritt geht und die trügerische Hoffnung auf irgendeine korpuskulare Positivität begräbt, überschreitet es allerdings nicht zugleich jegliche Sinnlichkeit. Um bei der Zeit selbst anlangen und verweilen zu können, darf es sogar kaum etwas weniger versuchen, als alle Sinnlichkeit überschreiten zu wollen. Zeit ist sinnlich, wenn sie denn überhaupt etwas ist. Das Individuum namens Zeit strotzt förmlich vor Sinnlichkeit, wenngleich es dies in einer Weise tut, die sich ungleich schwerer verstehen läßt als die Beschaffenheit der Körper und Leiber, an die man unter dem Begriff der Sinnlichkeit als nächstes denken mag. Denn anders als das die durchweg anschaulichen Modelle der physikalischen Zeitanschauung und die Meßinstrumente der Uhrzeit nahelegen, läßt sich die Zeit, in der die Ereignisse geschehen, weder sehen und hören noch betasten, riechen und schmecken. Den Sinnesorganen entzieht sie sich vollständig und nachhaltig. Und doch fällt sie durch und durch sinnlich aus. Symptomatisch zeigt das die Gewißheit an, die zeitliche Dauer fühlen zu können, obschon sie per Sinnesorgan sowenig wahrgenommen werden kann wie die Zeit überhaupt. Man mag blind und taub sein und seine sonstigen Sinnesorgane durch geeignete Vorrichtungen hinlänglich blockiert haben, eine zeitliche Dauer zu fühlen vermag man dennoch. So gibt sich die Zeit – die mit dem Zeitigen von Ereignissen differierende – ungemein sinnlich weil fühlbar, obgleich sie sich doch der sinnlichen Wahrnehmung oder Rezeption vollends verschließt. Eine Konstellation, auf die *Hegels* Ausdruck des unsinnlichen Sinnlichen[181] zu passen scheint. Den Sinnesorganen entzogen und doch sinnlich, wie kann das angehen? Sinnlichkeit reduziert sich offenbar nicht auf die Wahrnehmbarkeit per Sinnesorgan. Sinnlichkeit umfaßt mehr als die Rezeptivität, auf die *Kant* sie im ersten Paragraphen seiner Kritik der reinen Vernunft[182] beschränken wollte. Ja, eigentlich will sie erheblich anders als diese begriffen werden. Der Begriff der Rezeptivität verweist einen lediglich an die Rezeptoren oder Sinnesorgane zurück, während es gerade darauf ankäme, deren Sinnlichkeit zu begreifen – das Sinnliche an den Rezeptoren, das was sie eben zu *Sinnes*organen macht. Überdies findet sich die Rezeptivität in sämtlichen evolutionär vertrauten Leistungen an eine räumliche, raumgestützte Sinnlichkeit gebunden – gesehen werden kann allein das räumlich plazierte und ausge-

dehnte, gehört nur die im Raum sich ausbreitende Welle, betastet nur die Oberfläche, die als solche eine räumliche Tiefe unterstellt – während die zeitliche Dauer sich fühlen läßt, auch ohne sich dazu räumlich darbieten zu müssen. Wie aber versteht sich die fühlbare Sinnlichkeit der Zeit, wenn sie denn anders als eine raumgestützte Wahrnehmbarkeit per Sinnesorgan verstanden werden will? Was macht überhaupt das Sinnliche au fond aus, das an der Zeit bzw. zusammen mit ihr urtümlich auftaucht? Genauer formuliert, worin besteht die Sinnlichkeit einer Zeit, die noch gegen das Zeitigen abhebt und in Gestalt derer das Sinnliche überhaupt anhebt? Sie besteht in einem bereits beschriebenen Wiederholen, besteht in der differenten Wiederholung. Darin also, daß im Falle unmittelbaren Wiederholens schon das Wieder als solches differiert, daß gerade das Wieder sich aufschiebt, sich verschiebt, statt reflexiv sich zu schichten. Dieses sich aufschiebende Wieder kennt die Fülle, eine prävoluminöse Fülle, die das Wort *sinnlich* assoziiert, wie es auch die Gerichtetheit kennt, die das verwandte Wort *sinnen* herausstreicht. Allerdings handelt es sich dabei um eine leere Sinnlichkeit, die allein das Ereignis zu füllen vermag. Unbeschadet dessen vermag sich die leere Sinnlichkeit fühlbar zu machen. Zugleich bleibt die leere Sinnlichkeit unsichtbar, unhörbar, unantastbar. Um den Sinnesorganen zugänglich zu sein, müßte sie zu einer besonderen Identität konsolidieren. Die in sich unterschiedene Identität mit einem in sich unterschiedenen Identischen, darin liegt jenes Abbilden, Widerspiegeln und Repräsentieren bzw. Konstruieren, Imaginieren und Fingieren, das man in der Geschichte der Philosophie an den Leistungen der Sinnesorgane mit wechselnden Akzentsetzungen herausgekehrt hat. Davon aber kann bei der Zeit im Grunde noch nicht die Rede sein. So muß sie unberührbar, unhörbar, unsichtbar bleiben, noch während sie sich schon fühlbar macht.

Kreative Gegebenheit – Dissens mit Bergson

108 Auch wenn das Wiederholen allein seiner Abwesenheit gilt, einzig seine Absenz erfaßt, muß es noch alldem gelten und all das erfassen, was seine Absenz ihrerseits impliziert. Was aber impliziert sie? Sie unterstellt die Ekstase des Repitierens. Dieser Ekstase muß

jenes Wiederholen auch gelten. Die Unmittelbarkeit des in Rede
stehenden Geschehens liegt ja ganz darin, daß das Wiederholen
heraustritt und sein Heraustreten gleichsam hinterrücks die Abwesenheit seiner als das zu Wiederholende setzt. Zusammen mit dieser
Absenz muß daher auch jene Individuation als das zu Wiederholende auftauchen. Daß die Wiederholung *sich* erfaßt und reflexiv
gerät, steht hier außer Betracht, aber daß sie ihr Heraustreten erfaßt,
kommt in Betracht. Keinesfalls das Wiederholen selbst, aber ihre
Ekstase muß repitieren, und sie kann das, ohne dabei reflexiv kurzzuschließen; dazu muß sie nur genügend abheben gegen das Wiederholen selbst, was sie so gewiß tut, wie bei der fraglichen Konstellation mit Sicherheit jegliches differiert und nichts bloß unterschieden und dasselbe sein kann. Es ist kein Zweifel, das der Zeit
eigentümliche Wiederholen muß von vornherein seine eigene Ekstase erfassen, muß gleichsam Grund holen und ausholen zur *wiederholten Individuation von Wiederholung*. Gerade das muß das
Wiederholen zu einem unmittelbaren machen, daß es seine eigene
Individuation hineinzieht. Indes, so folgerichtig die Einsicht in eine
wiederholte Individuation von Wiederholung an das zuvor Befundene anschließt, so aporematisch erscheint sie auch. Vor allem fragt
sich, wie eine unverwechselbare Individuation wiederholt geschehen
können soll? Wie soll sich eine individuelle Ekstase überhaupt als
wiederholbar denken lassen? Das Problem gewinnt noch an Schärfe,
nachdem gewisse Konsequenzen der fraglichen Figur gezogen und
wie Bedingungen des Problems vergewissert werden. Um nur die
wichtigsten Konsequenzen zur Geltung zu bringen. Wenn Individuation wiederholt, so offenkundig mit einem analogen Ausgang
wie die wiederholte. Das heißt, nachdem schon die gewissermaßen
einfache Individuation des Wiederholens in einem Geben und Gegebenen aufgeht – in einem Gegebenen namens Zeit – muß ihre
Wiederholung gleichfalls in der Gestalt eines Gebens und Gegebenen aufgehen. Es muß sich unumwunden von der wiederholten
Ekstase eines Gegebenen, sprechen lassen. Und um welches Gegebene, um was für ein Etwas handelt es sich dabei? Um die Zeit, der
sodann eine Art Duplikation widerführe? Oder um etwas anderes
als die Zeit? Um ein Anderes, das zugleich aber doch inmitten der
Figur der Zeit auftauchte? Soviel steht bereits fest, bei dem, was da
Wiederholung erfährt, handelt es sich um individuelle Ekstase. Und

wie bereits die einfache Ekstase ein Individuum entläßt – die in ihrer Einzigartigkeit und Merkwürdigkeit über allen Zweifel erhabene Wiederholung der eigenen Abwesenheit – so muß auch die wiederholende Ekstase ein einzigartiges Etwas heraustreten lassen. Das erstgenannte Individuum heißt Zeit, das letztgenannte kann unmöglich so heißen; wie sollte es ebenfalls die Zeit ausmachen und zugleich den Anspruch der Einzigartigkeit erfüllen können? Womöglich läßt sich Einzigartiges klonen, aber doch höchstens zu dem Preis, die Einzigartigkeit zu verwirken. Es bleibt nur die Annahme: die in Rede stehende wiederholende Ekstase wird in einem anderen Individuum aufgehen, wird ein anderes einzigartiges Etwas mit anderer Gegebenheitsweise hinterlassen. Eine anderes als die Zeit, obschon sie doch nur eine Konsequenz der Figur der Zeit darstellt, ja, von der Figur der Zeit impliziert wird, in das unmittelbare Repitieren sich eingeschlossen findet. Es kann sich allein um das Heraustreten zu einem anderen Individuum handeln – wenn denn ein Wiederholen von Individuation überhaupt geschehen können soll. Eben das erscheint eingedenk gezogener Konsequenzen noch fraglicher als zuvor. Eine Individuation soll eine andere wiederholen und doch in einem einzigartigen Wesen aufgehen. Wie verträgt sich das? Keine echte Denkschwierigkeit bereitet es, zu begreifen, wie schon bloßes Wiederholen zu etwas Anderem führt, so inniglich wie Repitieren und Differieren zusammenfallen, liegt kaum etwas näher als dies. Daß indes die Wiederholung einer Individuation nicht nur schlechthin in etwas Anderes mündet, sondern direkt in etwas Einzigartigem, daß mit anderen Worten das Wiederholen einer Individuation nicht nur in einem Duplikat endet, sondern abermals in einem buchstäblich Einzigartigem aufgehe, erscheint als ein Ding der Unmöglichkeit. Denn was meint noch *das Einzigartige*? Dasjenige, was sogar der Art nach einzig dasteht, was eine ganze Art, die seinige, allein ausfüllt, was eine Art als eine unteilbare ausmacht, so daß auch allein es diese Art ausmachen muß, statt seiner Art lediglich eine Vereinzelung zu verschaffen, eine unter vielen, wie dies das Einzelne, das Singuläre tut. Ebendarum wird das Einzigartige – das Einzigartige als solches und in ganz unbedingter Weise – sich und nur sich wiederholen; undenkbar, daß es gewissermaßen als Effekt, gleichsam am Ausgang einer Wiederholung, und sei es der einer Individuation, auftaucht. Es assoziiert Anderes, assoziiert mit Anderem und steht dazu in mancherlei Beziehung noch, aber dieses zu wiederholen steht ihm fern. An dieser Stelle macht sich übrigens bemerkbar, wie wenig sich die Begriffe das Individuellen in denen der Differenz oder Andersheit erschöpfen. Während sie sich in puncto Ungeteiltheit ineinander verschränken, gehen sie in puncto Einzigartigkeit auseinander, und das auch ohne Verwechslung der Wiederholung und Differenz mit Selbigkeit, Unterschied und bloßer Veränderung. Der Versuch, das Einzigartige auf erdenkliche Weise als ein Wiederholen und Differieren begreifen zu wollen, bleibt in defizitären Ergebnissen stecken. Um so dringlicher fragt sich, wie überhaupt geschehen kann, was doch an der Figur der Zeit zweifellos geschehen muß: *Wie kann eine Individuation wiederholen und unbeschadet dessen in einem Einzigartigem aufgehen?* Ermöglichen kann das höchstens eine noch unbenannte und verwickeltere Gestalt von Individuation – sie soll Kreation genannt werden.

109 *Die Kreation* macht eine Gestalt der Individuation aus, eine verwandelte Form davon, besser noch, einen Abkömmling. Per se geschieht Individuation, wie gesagt, grund- und bodenlos; allein das Nichts kann dabei sinnvoller Weise mitgedacht werden, und selbst dieses nur unsinnigerweise wie ein Dahinterstehendes, wie ein Grund, eine Quelle oder dergleichen. In der Grundlosigkeit liegt beschlossen, wie sehr das Individuelle verstanden, wie wenig es erklärt werden will. Gerade hinsichtlich ihrer Grundlosigkeit bietet sich die Individuation nun in der verwandelten Form der Kreation als eine überlagerte, durch verwickeltere Beziehungen verdeckte dar – eben verwandelt. In dieser Gestalt hebt sie nämlich unbedingt bei Etwas oder in Etwas an – zunächst an der Zeit, an deren eigentümlicher Figur – und mithin auch unbedingt in einem Wiederholen, ja, als ein Wiederholen. Dies allerdings nur, um zugleich gegen ihr Anheben abzuheben und als Ekstase eines Einzigartigen hereinzubrechen. Um den neuralgischen Punkt der markierten Beziehung nachvollziehbar darzustellen. Soweit die Individuation als ein Wiederholen anhebt, mündet sie in eine Daßheit ein, mündet sie darein, daß es etwas Anderes gibt, daß es das andere Individuum gibt; soweit sie bloß wiederholt, mündet sie auch bloß in die Daßheit ein. Allein diese ergibt sich gleichsam wie ein Wiederholungseffekt, nur daß es das andere Individuum gibt, ergibt sich wie ein (natürlich von

Haus aus differierender) Wiederholungsfall. Dagegen die Washeit des anderen Individuums als eine Ekstase des Einzigartigen hereinbricht. Denn in der Daßheit verläuft sich das Wiederholen; weder endet es darin noch geschieht es endlos, es verliert sich in der Daßheit. Und indem sich das Wiederholen in der Form der Daßheit verläuft, kann die Washeit heraustreten, ohne irgend etwas in irgendeiner Hinsicht zu repetieren, kann die Washeit als eine einzigartige grund- und bodenlos heraustreten. Möglich macht dies der Charakter der Daßheit selbst. Daßheit meint das Eröffnen, das Ins-Offene-Stellen. Die Daßheit wäre aber nicht das Eröffnen, würde sie zur Washeit nicht nachgerade *gleichgültig* stehen, bliebe es ihr nicht gleichgültig, was die Eröffnung ausfüllt und beschließt; ansonsten handelte es sich um ein Verhältnis ganz anderer Art, um das von Potenz und Akt beispielsweise. Die Daßheit als solche fällt um so entschiedener aus, macht um so mehr eine Eröffnung aus, je gleichgültiger ihr die Washeit bleibt. Zumindest in den philosophischen Gefilden, die den laufenden Gedankengang beheimaten, bedeutet es eine Feinheit von Gewicht, zu versichern: In der Daßheit liegt auch nur ansatzweise eine Notwendigkeit der Washeit. Als eine ausdrücklich formulierte mag sich die Daßheit auf ein noch so prall und bestimmt anmutendes Was beziehen, dieses folgt auch nur im mindesten aus jener. Wegen der Gleichgültigkeit gegeneinander kann sich das Wiederholen von Individuation in der Daßheit verlaufen und dennoch die Washeit einzigartig, von Wiederholung ungetrübt, heraustreten. Wie eine Gewaltenteilung zwischen Notwendigkeit und Zufall genommen, bliebe diese Beziehung allerdings mißverstanden. Vielmehr berühren sich darin Notwendigkeiten differenter Art. Einerseits die Nowendigkeit, die sich im Wiederholen vollstreckt und deren Derivate die Wissenschaften bevorzugen – vor allem in Gestalt einer mit der Allgemeinheit verquickten Notwendigkeit, andererseits eine in modernen Weltbildern eher vernachlässigte Notwendigkeit, die Notwendigkeit des Einzigartigen, die in der Unaustauschbarkeit liegt, das So-und-nur-so der Individualität. Das Zusammenspiel beiderlei Notwendigkeit prägt die Kreation, das Schisma der Notwendigkeit. *Kreation* meint also die Individuation mit der schismatisch tiefen Diskontinuität der Washeit und der Daßheit, als diese wiederholt sie, als jene geschieht sie ekstatisch. Damit hat die Frage, wie eine Individuation die andere wiederholen

und unbeschadet dessen doch in etwas Einzigartigem aufgehen
könne, ihre Beantwortung gefunden: der Daßheit nach wiederholt
sie, der Washeit nach geht sie im Einzigartigen auf.

110 Das Bemühen um ein möglichst getreues Verstehen der Kreation kollidiert mit dem naturwüchsigen Richtungssinn des Denkens.
Von dem war schon einmal die Rede. Was meint das noch: *der naturwüchsige Richtungssinn des Denkens?* Einen rein logischen, einen
in die logischen Formen eingelassenen und daher zunächst bewußt-
los mitvollzogenen Sinn. Es gilt folgerichtig zu denken, folgerichtige
Gedanken auszubilden – die Folgerichtigkeit unterstellt die *Folgerichtung*; der folgerichtige Gedanke situiert das Gedachte in einer
Folgebeziehung. Er folgt woraus oder worauf, und dieses wird, wenn
schon nicht als Grund, so doch wenigstens als ein Vorgängiges statuiert. So ungefähr läßt sich der logische Richtungssinn umschreiben: *Von einem (logisch) Vorgängigen aus.* Diese Richtung beschreibt
jegliche Prädikation, in dieser Richtung erstreckt sich alles logische
Schließen. Das elementare Problem einer jeder philosophischen
Denkweise, wie von einem zum anderen Gedanken übergegangen,
fortgeschritten, übergeleitet werden kann, stellt sich so allein für
den markierten Richtungssinn. Und indem Gedanken, die eine gegenläufige Richtung einzuschlagen scheinen, als Rückkehr, Verkehrung und Regression bezeichnet werden, erfährt jener Richtungssinn eine besondere Bekräftigung. Gelegentlich hat man in ihm
bereits eine Zeitlichkeit, gar einen Zeitpfeil manifestiert gesehen, in
dem Glauben, die Zeit erstrecke sich von der Vergangenheit über die
Gegenwart zur Zukunft, oder umgekehrt. Was die Zeit in Wahrheit
weder in der einen noch in der anderen Richtung tut; schon deshalb
ist es falsch, die Folgerichtung des Denkens gleich als Zeitpfeil zu
deuten. Der Gedanke an Wiederholung fügt sich schier reibungslos
in die Folgerichtung ein. Wiederholen hat diese Richtung in Rein-
form. Auch die Aufgabe, Individuation zu begreifen, verträgt sich
noch problemlos mit dem Richtungssinn, solange eine Wiederholung von Individuation gedacht wird. Da läßt sich aus der wiederholten die wiederholende deduzieren, explizieren oder auf andere
Weise ableiten und schließlich diese auf jene zurückführen. Schon
weniger verträglich mit dem logischen Richtungssinn nimmt sich
der Gedanke aus, die Wiederholung verlaufe sich in einer Daßheit.

Und der Versuch, die Ekstase einer einzigartigen Washeit zu denken, kollidiert endgültig mit ihm. Der Geschmähte wirkt zunächst störrisch weiter, indem er das diffuse Meinen nachschiebt, die Ekstase folge doch irgendwie auf die sich verlierende Wiederholung. Aber das Meinen ist falsch. Die Ekstase folgt in keinerlei Hinsicht und folgt auf keinerlei. Weder kennt die Ekstase ein für sie Vorgängiges noch gibt sie für das Einzigartige ein Vorgängiges ab. Die Ekstase geht im Einzigartigen restlos auf. Sie geschieht, aber ohne ein Vorgang zu sein. Statt daß die Ekstase von einem Vorgängigen ausgeht, besteht sie darin, allererst auf sich zuzukommen. Unmöglich, aus der Ekstase das Einzigartige zu explizieren, zu deduzieren oder sonstwie herzuleiten und es auf sie zurückzuführen. Die Daßheit des anderen Individuums läßt all das noch zu, die Washeit sperrt sich dem vollständig. Kommensurable Daßheit und inkommensurable Washeit kennzeichnen die Kreation. Weil sich an ihr eine kommensurable Seite findet, wirft sie eo ipso den Schein aus, hinlänglich erklärt werden zu können. Die Kreation stellt die Individuation mit der delusorischen Erklärbarkeit dar. Auch wenn es dem laufenden Gedankengang erst undeutlich abzulesen ist, wie er mit vertrauten Phänomenen der Zeit zusammenstimmt, tiefere Einsichten in die Zeit verlangen viel Opposition wider den naturwüchsigen Richtungssinn. Schon die Schwierigkeiten, die das Denken des Nichts fühlbar bereitet, verdanken sich zum gut Teil solcher Opposition.

111 In der Zeit liegt also lediglich – mit einer zur Explikation berechtigenden Notwendigkeit jedenfalls – *daß* es ein anderes Individuum gibt. Bis dahin war der laufende Gedankengang schon einmal gelangt. Nunmehr stellt sich diese Daßheit verständlicher dar, sie braucht nur ausformuliert zu werden, um über die Gegebenheitsweise des anderen Individuums wenigstens soviel sagen zu können: Wenn sich in dem der Zeit eigentümlichen Wiederholen notwendig impliziert nur findet, daß es anderes Individuum gibt, wenn darin allein diese Daßheit notwendig liegt, so heißt das bereits, daß es das andere Individuum in Kreation gibt, per creationem gewissermaßen. Die Zeit besteht mithin darin, *daß es etwas anderes als die Zeit nur geben kann, indem es das in Kreation gibt.* Im weiteren wird sich diese Aussage mit Sicherheit als eine noch unzulängliche erweisen, mit ihrer Hilfe beginnt sich allerdings schon eine Gegebenheitsweise

des anderen Individuums abzuzeichnen. Zusammen damit zeichnet sich auch eine Merkwürdigkeit der Zeit deutlicher ab. Wir finden die Zeit auf gewisse Weise gegeben, und wir finden, daß sie eine gewisse Gegebenheitsweise ausmacht. Sie hat sozusagen eine Gegebenheitsweise und sie macht eine Gegebenheitsweise aus. Und nicht genug, daß die Gegebenheitsweise, die sie zur Beschaffenheit hat, einem anderen Individuum gehört, es handelt sich dabei auch um eine andere als die ihrige. Die Gegebenheitsweise, die die Zeit ausmacht, fällt anders aus als die Weise, in der es sie selbst gibt. Und obschon die Zeit eine Gegebenheitsweise ausmacht, die anders ausfällt als ihre eigene, gründen doch beide, die eine genauso wie die andere, in der gleichen Figur, in der des unmittelbaren Wiederholens. Das Wiederholen geschieht hier direkt als eine Wendung, als die Wendung der einen Gegebenheitsweise in die andere. Die letztere, die Gegebenheit-in-Kreation, darf die eigentlich *zeitliche Gegebenheitsweise* heißen. Für ihre Qualifizierung ist es übrigens gleichgültig, buchstäblich gleichgültig, ob die Kreation wie der Akt eines Subjektes zu denken sei oder besser wie ein objektiver Umstand, ob man in einem antiken Kosmos, im Kosmos der Wohlgeordnetheit lebt und dort die Zeit unter den puren Voraussetzungen, als eine jeglichem menschlichen Tun schlechthin vorausgesetzte Zeit vorfindet, so daß sich einer sinnvollen Unterscheidung zwischen Objektivität und Subjektivität kaum Gelegenheit bietet, oder ob man in einem modernen, total verweltlichten Universum lebt, im sogenannten Weltall, wo sich alles und jedes auch in Hinblick auf Objektivität und Subjektivität unterscheidet, oder ob man gar in einen abermals anderen Kulturkomplex mit wieder anderen Differenzen hineingeboren ward. Das ist bestenfalls von zweitrangiger Bedeutung und von erstrangiger allein die Frage, wie sich die Kreation versteht. Das Philosophieren über die Zeit hat den kreativen Charakter der zeitlichen Gegebenheitsweise zumeist verkannt und unbegriffen vorausgesetzt. Danach boten sich ihm diverse Möglichkeiten, das Mißverständnis weiterzutreiben und durch seine Konsequenzen zu hetzen, die nächstliegende scheint aber folgende zu sein. Wo das In-der-Zeit-sein, wie man die nämliche Gegebenheitsweise häufig zu bezeichnen bevorzugt, nicht im mindesten im Sinne der Kreation behandelt und alle Kollision mit dem naturwüchsigen Richtungssinn vermieden wird, versucht man es – diesem Richtungssinn einfach folgend – wie einen Vorgang zu beschreiben. Dazu muß irgendeiner seiner Aspekte, eine seiner Dimensionen zum Beispiel, als das Vorgängige unterstellt werden, von dem aus sich die andere Aspekte und Dimensionen zum Vorgang zu fügen scheinen. Möglich, daß es die Zukunft ist, die man wie ein Vorgängiges nimmt, um sie dann die Gegenwart berücken und zur Vergangenheit verdrängen zu sehen. Möglich auch, die Vergangenheit als das Vorgängige vorzustellen, von dem aus sich Gegenwart und Zukunft zur Sukzession reihen. Der letztgenannten Möglichkeit bediente sich *Henri Bergson*. Ausgerechnet unter einem Titel, der gewisse Einsichten in die schöpferische Entwicklung zu vermitteln verspricht, präsentiert er die Dauer als das Fortschreiten der Vergangenheit, als ein Anschwellen und Wachsen, das die Gegenwart verzehre und an der Zukunft nage, bis daß sich Vergangenheit auf Vergangenheit türme.[183] Wie sehr die Dramaturgie ihr Ziel verfehlt, ist leicht zu ersehen – die von ihr bemühten Begriffe des Fortschreitens und Wachsens setzen schon die Zeitlichkeit voraus, die verständlicher zu machen sie vorgeben. Weniger leicht fällt es, zu erkennen, daß mit derlei Ungereimtheiten grundsätzlich erst die Einsicht in den kreativen Charakter der zeitlichen Gegebenheitsweise ein Ende machen kann. Es greift noch zu kurz, die Kreation lediglich in Form von schöpferischer Entwicklung in der Zeit geschehen zu sehen, die Zeit selbst will im Sinne der Kreation verstanden werden.

Zeitliche Nihilität – Dissens mit Heidegger

112 *Eine eigentümlich zeitliche Gegebenheitsweise* hat sich wie gesagt abzuzeichnen begonnen: Daß es etwas anderes als die Zeit nur geben kann, indem es das per creationem gibt. Diese Gegebenheitsweise gehört zur Beschaffenheit der Zeit, gehört zu ihrer Individualität, die Zeit macht diese Gegebenheitsweise aus, sie besteht darin. Und zwar ohne daß es die Zeit ihrerseits in dieser Weise gäbe. Vielmehr statuiert diese Gegebenheitsweise das andere Individuum, statuiert es als etwas in der Zeit Geschehendes, als etwas, das sich ereignet und als Ereignis bezeichnet werden darf. Wie es die Zeit ihrerseits gibt, war unter dem Begriff des unmittelbaren Wiederholens dargetan worden. Die Vertracktheit des unmittelbaren Wie-

derholens sorgt dafür, daß es sich wendet, in eine andere Gegebenheitsweise als die der Zeit sich wendet. Und gerade die macht die
Zeit vornehmlich aus. Es ist vor allem die Einsicht in diese merkwürdige Wendung – die Wendung der Beschaffenheit der Zeit zu
einer Gegebenheitsweise, die anders ausfällt als die der Zeit selbst
– was einen vor jener haltlosen Iteration schützt, in die das Denken
der Zeit nur allzu oft sich verfangen und verwickelt hat. Die Einsicht
erlaubt es, an der Zeit eine genuin zeitliche Gegebenheitsweise zu
erkennen, ohne unterderhand auch noch die Zeit selbst als etwas in
der Zeit Geschehendes annehmen und unterstellen zu müssen. So
kann man in ihr deutlich das Es-gibt von Ereignissen erkennen und
doch sicher vermeiden, sie ihrerseits noch wie ein Ereignis geschehen sehen zu wollen. Von der zeitlichen Gegebenheitsweise darf es
übrigens zu Recht heißen, daß es sie gibt. Es gibt diese Gegebenheitsweise genau so wie es die Zeit gibt, es gibt sie zusammen mit
der Zeit, denn vornehmlich sie macht ja deren Beschaffenheit aus.
In diesem Falle entfällt der Vorwurf von wegen Iteration. Man darf
korrekterweise formulieren: Es gibt das originär zeitliche Es-gibt.

113 Allerdings hat die zeitliche Gegebenheitsweise in den vorstehenden Aussagen auch erst sich abzuzeichnen begonnen. Weiterführende Überlegungen stehen an, zunächst im folgenden Fragepunkt. Wenn es über die Zeit hinaus etwas nur geben kann, indem
es das per creationem gibt, dann muß es das doch irgendwie im
Sinne der Einzigartigkeit geben, und es fragt sich, in welchem näheren Sinne bei einer Gegebenheitsweise überhaupt von Einzigartigkeit die Rede sein kann. Hat da jedes Ereignis seine einzigartige
Gegebenheitsweise? Oder erschöpft sich die fragliche Einzigartigkeit in der offenkundigen Eigentümlichkeit der zeitlichen Gegebenheitsweise? Worin kann im angenommenen Zusammenhang Einzigartigkeit liegen? Soviel scheint gewiß: In Kreation gibt es das
andere Individuum, das schon als Ereignis bezeichnet werden darf.
Was also den Begriff der Einzigartigkeit im vollen Sinne erfüllen
müßte, ist der Gedanke an das Ereignis. Um welches Ereignis es sich
dabei genau handelt, braucht an dieser Stelle nur markiert zu werden. An passender Stelle werde ich das Werden als das, sozusagen,
Urereignis benennen. Ein Werden, das Ereignisse werden läßt. Vorerst genügt es, vom Ereignis *inbegrifflich* zu sprechen. Also von *dem*

Ereignis, das inbegrifflich für eine erschließbare Mannigfaltigkeit der Ereignisse steht. Und von ihm darf es zu Recht heißen, daß es einzigartig ausfalle. Das bedeutet keineswegs, jegliches Geschehen, das man für gewöhnlich Ereignis nennen mag, sei im strikten Sinne des Wortes einzigartig. Vieles von dem, was man noch nach eingehender Prüfung ein Ereignis nennen würde, wird jeweils für sich betrachtet höchstens als ein singuläres Geschehen abschneiden. Jeder Sonnenaufgang ist für sich genommen nur ein singuläres Geschehen, weil und insofern die bloße Vereinmaligung von Sonnenuntergang. Unbeschadet dessen kann und muß doch folgendes behauptet werden: Jede Ereignisbewegung fällt einzigartig aus, oder aber sie bildet eine Passage, ein Moment, eine Phase davon. Mit anderen Worten, *das* Ereignis macht *im Grunde* etwas Einzigartiges aus, und das in dem vermerkten strengen Sinne, daß es sodann irgendwelche gemeinsamen, mit anderen geteilten Merkmale, irgend etwas Allgemeines zwar kennt, aber doch höchstens mit dem Gewicht des Akzidentellen. Nach dieser Vergewisserung hat sich allerdings die gestellte Frage immer noch nicht erledigt. Fraglich muß danach ja weniger erscheinen, ob das Ereignis von einzigartiger Beschaffenheit ist, als vielmehr, inwiefern es davon gerade in seiner Gegebenheit durchdrungen wird. Inwiefern eben die zeitliche Gegebenheitsweise zugleich eine Weise der Einzigartigkeit ausmacht. So wie ich im vorliegenden Text das Da und das So zusammengedacht habe, muß die Einzigartigkeit des Ereignisses bis auf seinen Status durchschlagen, muß das einzigartige So im Da sich sedimentieren. Aber wie tut es das? In Frage steht damit nicht die Einzigartigkeit *von* einer Gegebenheitsweise, sondern die Einzigartigkeit *als* Gegebenheitsweise. In Frage steht, wie ausgerechnet sie sich in Begriffen der Gegebenheit verstehen mag. Die Antwort darauf gibt ein durchaus vertrauter Begriff. Einzigartigkeit *als* ein Es-gibt, dafür steht der Begriff der Unwiederbringlichkeit.

114 *Unwiederbringlich gegeben.* Was einzigartig ausfällt, das gibt es unwiederbringlich und kann es nur so geben. Der Begriff der Unwiederbringlichkeit meint die Einzigartigkeit als Weise von Gegebenheit. Ich habe also bei der zeitlichen Gegebenheitsweise mit der Einzigartigkeit vor allem in dem Sinne zu rechnen, daß sie unveräußerlich dieses Unwiederbringlich-gegeben impliziert. Tatsächlich

hat man an der Zeit oft schon eine wie immer näher ausgelegte und bezeichnete Unwiederbringlichkeit herausgekehrt. In der einen oder anderen Weise und unter wechselnden Namen hat man sie nicht selten sogar zur differentia specifica der Zeit im Vergleich mit dem Raum erklärt. Im Raum, so wird gern argumentiert, könne jeder Punkt wiederholt passiert werden, und noch die Wiederholung der Passage steht zur Wiederholung bereit, während jeder der sogenannten Zeitpunkte höchstens einmal durchlaufen und auf keinen Fall wiederholt durchmessen werden kann. Zu jedem beliebigen Ort im Raum könne man zwecks wiederholter Passage zurückkehren, was auch die Rückkehr verhindern mag, der Raum als solcher hindere niemals daran, dagegen es die Zeit völlig unmöglich macht, zu einem durchlaufenen Zeitpunkt zurückzukehren. Die Passage eines Zeitpunktes sei gewissermaßen unwiederbringlich. So ungefähr wurde das echte Phänomen beschrieben. Auch hat man die Beschreibung auf Begriffe gebracht, auf den der Gerichtetheit der Zeit zum Beispiel, oder unter anschaulichen Wortverbindungen wie *Zeitpfeil* zusammengefaßt. Ohne damit allerdings das Phänomen verständlicher zu machen. Verständlicher gerät es, indem es von jener individuellen Ekstase und Kreation her begriffen wird, die wohl am tiefsten die Zeit charakterisieren. Von daher rührt schließlich auch die in diversen Beschreibungsarten so geläufige Unwiederbringlichkeit. Es scheint selbstverständlich, daß ein Ereignis wie meine Geburt unwiederbringlich ist, in Wahrheit versteht sich das alles andere als von selbst. Weil *Zeit* Gegebenheit in Kreation bedeutet, nur darum kann es irgend etwas Unwiederbringliches geben.

115 Die Rede von der Unwiederbringlichkeit sagt wiederum auch nur die halbe Wahrheit. Ihr fehlt ein Gedanke, der sie erst hinlänglich zu einer Deutung der zeitlichen Gegebenheitsweise macht. Was genau ihr fehlt, darauf wird man durch vertraute Phänomene mit der Nase gestoßen, sogar durch Phänomene der Kalender- und Uhrzeit. Auch wenn die Kalender- und Uhrzeit mehr zu Unrecht als zu Recht den Namen der Zeit führt, auch wenn sie ganz dem Zeitigen verpflichtet bleibt, ihre Phänomene oft genug täuschen und in jedem Falle mit Vorsicht zu genießen sind, dem approximativen Erkennen, dem Andenken der Zeit liefert sie bisweilen anregenden Stoff. An ihr die Unwiederbringlichkeit wiederzuerkennen, fällt

leicht. Eine beliebige Minute, jeder bestimmte Tag, jedes Jahr ist
unwiederbringlich. Das muß nicht weiter bedacht werden. Zu denken gibt ein Phänomen, das davon unzertrennlich scheint. Unbeschadet der Unwiederbringlichkeit eines jeden bestimmten Mo-
ments, jedes sogenannten Zeitpunktes, stellt sich doch unentwegt
ein weiteres Moment, ein weiterer Zeitpunkt ein. Was es an einem
Tag eines Jahres gibt und an diesem Tage unwiederbringlich gegeben hat, kann es weiter geben, an weiteren Tagen, für weitere Jahre
oder gar Jahrhunderte. Diese phänomenal kaum zu übersehende
Verschränkung der Unwiederbringlichkeit mit einer, sagen wir,
Weiterung gibt in der Tat zu denken.

116 *Unwiederbringlich und doch weiter gegeben*, auf diese Formel
möchte ich spontan das Phänomen bringen. Es scheint sich so zu
verhalten: Die Zeit besteht darin, daß es über sie hinaus etwas nur
geben kann, indem es das per creationem gibt, und das heißt, indem
es das ebenso unwiederbringlich wie zugleich doch weiter oder
weiterhin gibt. So bietet sich die zeitliche Gegebenheitsweise näher
besehen dar. Ich kann dabei auch kaum einer Täuschung aufgeses-
sen sein, einer von den Delusionen, die die Kalender- und Uhrzeit
ansonsten reichlich auswirft. Denn die gemeinte Weiterung schließt
an die Figur einer Gegebenheit in Kreation genauso folgerichtig an,
wie das schon der Begriff der Unwiederbringlichkeit tut. Um den
Zusammenhang bei möglichst vollständigem Rückgriff auf vorstehende Gedanken und darum etwas umständlich nachzuzeichnen.
Wenn es die Zeit als ein unmittelbares Wiederholen gibt und eben
dieses unmittelbare Wiederholen zu einer Gegebenheitsweise von
Ereignissen sich wendet, so daß die Zeit diese Gegebenheitsweise
zur Beschaffenheit hat, ohne daß es sie ihrerseits in dieser Weise
geben kann und muß, wenn ferner das unmittelbare Wiederholen
sich aufschiebt und eben darum in indefinitum geschieht, ohne
Grenze, dann muß schließlich auch jene Wendung zur zeitlichen
Gegebenheitsweise sich aufschieben, ja, die zu ihr gehörige Kreation
muß sich verschieben, sich aufschieben. Von daher versteht sich die
fragliche Weiterung. Die Gegebenheit in Kreation impliziert zugleich Unwiederbringlichkeit *und* Weiterung, indem die Kreation
sich aufschiebt. Von daher zeigen sie sich auch völlig ineinander
verschränkt, um nicht zu sagen, unauflöslich verquickt. Was es un-

wiederbringlich gibt, daß muß es schon damit auch weiter geben, und gerade insofern, wie es das unwiederbringlich gibt, genau insofern auch weiter. Falsch wäre es, an zweierlei Gegebenheit zu denken, an eine, die sich mit dem Begriff der Unwiederbringlichkeit verbände, und eine zweite, mit welcher sich der Begriff der Weiterung verbinden würde. Sogar der Gedanke an eine Gegebenheit und noch eine andere Gegebenheit ginge fehl. Schon gar nicht sollte an zwei Phasen von ein und derselben Gegebenheit gedacht werden. Wie es auch falsch wäre, die mit der Weiterung verquickte Unwiederbringlichkeit für einen besonderen Ausdruck von Vergangenheit zu halten. Zwar bietet es sich beim Vergangenen, etwa mit Blick auf ein verflossenes Jugendalter besonders an, zu sagen, daß es unwiederbringlich vorbei sei. Grundsätzlich läßt sich jedoch von Unwiederbringlichkeit in jeder Dimension der Zeit sprechen. Wenn für morgen der letzte Tag der laufenden Woche ansteht, so steht er unwiederbringlich an; daß er der letzte sein *wird*, ist ebenso unwiederbringlich, und einmal angebrochen, ist er das unwiederbringlich nicht mehr. Die zeitliche Gegebenheitsweise, so läßt sich zusammenfassen, wird in jeder Hinsicht von der Verquickung der Unwiederbringlichkeit mit der Weiterung geprägt. In der Zeitlichkeit bedeutet Gegebenheit unbedingt und mithin auch in jeglicher Hinsicht, daß es etwas nur zugleich unwiederbringlich und weiter geben kann. Um so auffälliger und wichtiger der aporematische Charakter dieser Verquickung.

117 In der Konsequenz ergeben sich Aussagen, die unverträglich scheinen. *Einerseits* muß ich konsequenterweise folgendes annehmen: Die Weiterung kann unmöglich ein unwiederbringliches Geben wiederbringen und in diesem Sinne wiederholen. Auch wenn die Uhrzeit das Gegenteil nahelegt. Die Regeln der Uhrzeit erlauben es, von einer weiteren Stunde fruchtlosen Wartens zu sagen, daß schon wieder eine verstrichen ist. Halte ich mich aber an die festgeschriebene Begrifflichkeit, gelange ich zu einer anderen Konsequenz. Was es unwiederbringlich gibt, muß es zwar weiter geben, aber doch ohne daß die Weiterung das unwiederbringliche Geben wiederholen könnte. *Anderseits* läßt sich schwerlich übersehen, daß die Weiterung genauso dem Geben, dem Es-gibt, diesem Da, gilt wie schon die Unwiederbringlichkeit. Es liegt verführerisch nahe, zu

sagen, sie würde derselben Gegebenheit gelten. Aber selbst wenn ich diesen Fall von Verwechselung der Zeit mit etwas Seiendem vermeide, muß ich immer noch festhalten: Die in Rede stehende Weiterung gilt der Gegebenheit so gut wie schon die Unwiederbringlichkeit. Und so fragt sich denn, wie es etwas richtiggehend weiter geben kann, obwohl doch gerade sein Geben für unwiederbringlich und in diesem Sinne für unwiederholbar gehalten werden muß?

118 *Die Dauer.* Zugleich unwiederbringlich *und* weiter geben kann es etwas, weil und insofern die Gegebenheit, die seinige, gleichsam sich hinzieht, statt sich zu wiederholen. Was nicht besagen soll, sie würde sich buchstäblich erstrecken, sie zieht sich hin. Es kann etwas unwiederbringlich geben und unbeschadet dessen doch weiter geben, indem die Gegebenheit sich quasi dehnt, anstatt zu wiederholen. Was wieder nicht besagen soll, die Gegebenheit würde sich ausdehnen, wie in einem Raum sich ausbreiten. Die postwendend fälligen Dementis möglicher Mißverständnisse zeigen es deutlich an, wie sehr die beiden benutzten Ausdrücke – sich hinziehen, sich dehnen – nur zum näherungsweisen Ansprechen dessen, was gemeint sein muß, taugen. Der treffende Ausdruck lautet anders: *dauern, die Dauer, das Dauern.* Die Gegebenheit in der Weise des Dauerns, darin lassen sich die beiden unverträglich anmutenden Aspekte zusammendenken. Daß es etwas ebenso unwiederbringlich wie weiter gibt, das heißt: es dauert, hat Dauer. Statt sich zu wiederholen, besteht die Gegebenheit im Dauern. Man muß es sich versagen, bei der Dauer sogleich an die Gestalten und Formen zu denken, die sie im Zeitigen und zumal in der Uhrzeit annimmt. Vor allem muß man es sich verkneifen, sogleich an Sukzession zu denken. Verstellt von den vordergründigen Strukturen der Uhrzeit, erscheint die Dauer als eine hörbare und sichtbare Sukzession, hörbar etwa durch geräuschvolle Pendelbewegungen, sichtbar z. B. an den nach und nach vorrückenden Uhrzeigern. Alle Sukzession unterstellt eine spezifische Teilbarkeit, schon deshalb muß sie der Dauer, der zeitlichen Gegebenheitsweise, der Zeit im Grunde fremd bleiben. Ja, das Elende an der Dauer liegt gerade darin, daß sie noch die simpelste Gliederung der monotonsten Sukzession vermissen läßt. Eben dadurch kann sie so entsetzlich langweilen. Je mehr ein Geschehen quasi wie ein ereignisloses erlebt wird, desto reiner bietet sich die

Dauer dar, und dies ist es, was im gleichen Maße als Langeweile gefühlt wird. Die Dauer will zwar noch näher bedacht werden, vor allem in ihrer Differenz zur typisch räumlichen Ausdehnung, soviel jedoch sei schon festgehalten: Die Zeit besteht darin, daß es über sie hinaus etwas nur geben kann, indem es das per creationem gibt, mithin ebenso unwiederbringlich wie weiter, und das heißt, indem es dauert.

119 Um die Eigentümlichkeit der Dauer möglichst treffend zu fassen, will ich ihren Begriff gegen eine besonders naheliegende Verwechslung sicherstellen, gegen die mit der von Haus aus räumlichen Ausdehnung. Ich tue das, auch ohne im vorliegenden Text schon systematisch von Räumen und Verräumlichung zu sprechen. Da die Verräumlichung ein Ereignis darstellt, das wie jedes Ereignis bereits Zeit unterstellt, muß die Zeit ihrerseits unter Verzicht auf jegliches Voraussetzen von Räumlichkeit gedacht werden, oder sie läßt sich überhaupt nicht denken. Der unter Physikern üblichen Beschwörung einer Unzertrennlichkeit des Zeitlichen und des Räumlichen steht das noch nicht einmal entgegen. Wie gesagt, was *Albert Einstein* das Raum-Zeit-Kontinuum nennt, und die nachgeborenen Meister des Faches die Raumzeit, ist streng genommen nichts weiter als die Abhängigkeit der Uhrzeit von räumlichen Parametern wie der Entfernung. Daß beispielsweise verschiedene Beobachter noch mit gleichermaßen richtig gehenden Uhren für das gleiche Ereignis zwangsläufig ungleiche uhrzeitliche Werte messen, weil und insofern sie ihre Messungen aus ungleich großer oder kleiner Entfernung vornehmen, solche Abhängigkeiten des uhrzeitlichen Messens von der Entfernung sind das einzige, was die Relativitätstheorie an Verschränkung des Zeitlichen mit dem Räumlichen nachgewiesen hat. An dermaßen vordergründigen Bezügen liegt metaphysisch ohnehin wenig. Von solchen allein dem Meßvorgang abgelesenen Beziehungen gleich auf das Verhältnis der Zeit zum Raum zu schließen, erscheint über die Maßen arglos. Durchaus sinnvoll ist es dagegen, den Begriff der Dauer auf eine quasi vorgreifende Weise im Vergleich mit der Ausdehnung zu profilieren. Was also macht die Dauer aus, im Vergleich mit der Ausdehnung? Zur Beantwortung dieser Frage fragt sich zuvor noch: Was macht die Ausdehnung aus? Die *Ausdehnung oder Verräumlichung* besteht in der additiven Wie-

derholung. Genauer gesagt, additives Wiederholen bildet das Element der Ausdehnung. Additives Wiederholen läßt den Punkt zur Linie sich verlängern, die Linie zur Fläche sich verbreitern, die Fläche zum Volumen sich vertiefen. *Additive Wiederholung*, das meint das *belassende* oder hinzufügende Wiederholen. Das Wiederholen beläßt das Wiederholte, oder was damit zusammenfällt, dem Wiederholten fügt sich sein Wiederholen hinzu. Und zwar so, daß dabei das Wiederholte *statusgleich* belassen wird. Davon erfaßt werden kann nahezu alles, was auch so schon dem Wiederholen zu Gebote steht. Möglich, daß Differenz auf additive Weise wiederholt – so eröffnet sich eine *Weite*. Möglich, daß das Wiederholen selbst in der nämlichen Weise wiederholt – so ergibt sich eine voluminöse *Fülle*. Möglich ferner, daß es die Grenze ist, was sich dieserart wiederholt – so bildet sich ein *Abstand*. Der Grad des additiven Wiederholens scheidet lang und kurz, breit und schmal, tief und flach. Die Addition für sich genommen, als Summieren, garantiert noch nicht dieses statusgleiche Belassen des Wiederholten in seinem Wiederholen, das die elementare Figur der Ausdehnung hergibt; in der Summe gehen die addierten Größen auf, statt belassen zu werden. Weder bloße Addition noch bloßes Wiederholen garantieren das Eigentümliche der Ausdehnung. Das tut erst die additive Wiederholung. Genau die aber macht den Wendepunkt, um den herum Dauer und Ausdehnung, Zeit und Raum differieren.

120 Lediglich bei gewissen Darstellungsformen der Kalender- und Uhrzeit erscheint die Dauer wie ein additives Wiederholen. Beispielsweise bei Kalenderblättern, auf denen das Eintragsfeld für einen Tag vom Eintragsfeld für den nächsten Tag sowohl ergänzt als auch belassen wird. Aber schon beim traditionellen Abreißkalender bleibt einem die Illusion des Additiven weitgehend erspart. Das Blatt eines jeden Tages präsentiert sich von selbst erst, nachdem die Blätter der vorausgegangenen Tage samt und sonders abgerissen und so gerade nicht belassen wurden. Auch auf dem Ziffernblatt eines herkömmlichen Chronometers addieren sich die Ziffern und Zeichen zum geschlossenen Kreis, Oval oder dergleichen. Dagegen eine moderne Digitalanzeige, die fortlaufend eine uhrzeitliche Angabe durch die nächste ersetzt, zu der Illusion des Additiven weit weniger Anlaß gibt. Dennoch liegt kaum etwas näher, als die Dauer im Paradigma

der Ausdehnung sich vorzustellen; die Ausdehnung hat schließlich die rezeptive Sinnlichkeit, die Anschaulichkeit und Wahrnehmbarkeit überhaupt auf der Seite. Am weitesten verfehlt wird die Figur der Dauer von einer Vorstellung, die sich unwillkürlich auch meiner Überlegungen zu bemächtigen sucht. Momentan stelle ich mir die Gegebenheit als Unwiederbringlichkeit einerseits und Weiterung andererseits vor, dabei alles andere als etwas Getrenntes vor Augen habend, durchaus eine Art von Einheit, ja eine Verknüpfung, wie wenn die Weiterung das Unwiederbringliche ergänzen und dazu statusgleich belassen würde, um auf diese Weise die Gegebenheit regelrecht auszudehnen, ihr buchstäblich Raum zu eröffnen. So in etwa die an der Ausdehnung wie an einem kraft rezeptiver Sinnlichkeit übermächtigen Muster orientierte Vorstellung von Dauer. In anschaulicher Abstraktion verdünnt sie sich obendrein zum Bild von einer immer länger werdenden Linie. In Wahrheit liegen die Dinge folgendermaßen. Den Charakter der Dauer weist die Gegebenheit auf, indem sie als eine unwiederbringliche *weicht* und als eine Weiterung *eintritt*. Das fügt sich zu einer kaum auf Anhieb artikulierbaren Figur. Als eine unwiederbringliche *weicht* die Gegebenheit, weicht sie der nämlichen Gegebenheit als Weiterung, auf daß *diese* eintritt, statt zu *jener* hinzuzukommen und sie additiv zu wiederholen. Mit anderen Worten, das Es-gibt beschreibt oder vollführt die Figur der Dauer, indem es als Unwiederbringlich-gegeben zugunsten seiner als des Weiter-gegeben weicht, womit *dieses* eintreten kann, anstatt *jenes* statusgleich zu belassen und zu ergänzen. Anstelle des für die Ausdehnung elementaren Wiederholens von additiver Art findet sich an der Dauer ein, sozusagen, Spiel von Weichen / Eintreten. Der Ausdruck *Eintreten* – vom Eintreten eines Ereignisses her bereits umgangssprachlich vertraut – soll hier das manifeste Heraustreten bedeuten, also die Manifestation jenes Heraustretens, das schon die Individuation mit charakterisiert und in der zeitlichen Gegebenheitsweise als Kreation auftaucht. Eintreten als manifestes Heraustreten, an irgendwelche Bewegungen wie zum Beispiel das Eintreten in einen Raum ist dabei auch nur ansatzweise zu denken. Ebensowenig kann das Wort *Weichen* Bewegungen wie das Platzmachen beispielsweise bedeuten, wenn es denn etwas meint, das zugunsten jenes Eintretens geht. Es steht mir schlicht und einfach für das *Andere des Bleibens*. Das Spiel von Weichen / Eintreten macht ungeteilt die für die zeitliche Gegebenheitsweise grundlegende Kreation manifest. Von dieser Kreation her versteht sich sowohl die Unwiederbringlichkeit als auch die Weiterung. Die Kreation – wohlgemerkt eine sich aufschiebende statt sich wiederholende Kreation – erlaubt es, daß es das inbegriffliche Ereignis ebenso unwiederbringlich wie weiter gibt, indem es als dieses eintritt, und auch eintreten kann, weil es als jenes weicht. Anstatt verlängert, verbreitert, vertieft, kurz: ausgedehnt zu werden. So dauert es, eben so kommt die Dauer der Ausdehnung zuvor. Mehr noch, die Dauer hebt sich nicht nur gegen das der Ausdehnung eigentümliche additive Wiederholen ab, das Frappierendste an ihr besteht wohl darin, daß sie dem Wiederholen von Gegebenheit auch in jeder erdenklich anderen Form zuvorkommt. Das Spiel von Weichen / Eintreten macht solches Wiederholen im Ansatz unmöglich und überflüssig. Indem Gegebenheit weicht, kann sie schwerlich Wiederholung erfahren, indem sie weicht, fehlt ja das Vorgängige, das für jedes Wiederholen ausbedungen. Ihre Weiterung kann darum, wenn überhaupt, nur eintreten in dem angegebenen ekstatischen Sinne. Und indem ihre Weiterung diesen Sinnes eintritt, verträgt sich das mit ihrer Unwiederbringlichkeit. In all diesen Bezügen manifestiert sich durchgängig die für das zeitliche Geben fundamentale Kreation. Die schiebt sich auf, statt sich wiederholen zu können. Dies manifestiert das Weichen / Eintreten. Seine Beschreibung erfüllt die oben in Form eines Aporems gestellte Bedingung. Ganz so wie es auszubedingen war, kann danach die Weiterung gedacht werden, ohne klammheimlich die ungereimte Unterstellung einer Wiederholung des Unwiederbringlichen mitzuführen.

121 Mit der Erfahrung allerdings stimmt der vorgetragene Begriff der Dauer gerade in dem zuletzt herausgekehrten Punkte nicht ohne weiteres zusammen. Die Erfahrung ist vordergründig an der Kalender- und Uhrzeit geschult, und an dieser sogenannten Zeit scheint sich nahezu alles unentwegt zu wiederholen. Zumal die Unwiederbringlichkeit. Jeder der sogenannten Zeitpunkte ist unwiederbringlich – dieser, der nächste, der übernächste; wieder und wieder geschieht Unwiederbringliches. Sicherlich, es wiederholt sich dabei lediglich die Unwiederbringlichkeit und nicht das jeweils Unwiederbringliche, aber selbst dies eingeschränkte Wiederholen hat die

vorgetragene Auffassung von der Dauer außer acht gelassen. Mit
Bedacht tat sie das und zu Recht. Denn das beeindruckende Phänomen rastlosen Wiederholens rührt weniger von der Dauer als
vielmehr von den Ereignisbewegungen her, die ihre Dauer haben.
Wenn es gestattet ist, eine Modellvorstellung anzubieten, eine von
den Vorstellungen, die noch bei sorgfältigster Handhabung für Miß-
verständlichkeit anfällig bleiben: Die zeitliche Gegebenheitsweise
dürfen wir uns quasi wie eine Matrix vorstellen; sämtliche Ereignisbewegungen füllen die Matrix aus, passieren sie, absolvieren sie,
damit es Ereignisse überhaupt geben kann. Was sich nun unentwegt
wiederholt, in einer veränderten oder gar zutiefst differenten Weise
wiederholt, ist nicht die Matrix, sondern das Passieren der Matrix
durch allenthalben eintretende Ereignisse. An ihnen stellt sich die
Dauer als ein nicht enden wollendes Nacheinander von Unwiederbringlichkeit und Weiterung dar bzw. als das ausgedehnte Neben-
einander gleichauf liegender oder gegeneinander versetzter Ge-
schehnisse von ungleicher Dauer. Da kann eine Ereignisbewegung
einen Tag dauern und dann noch einen Tag, schließlich noch einen
weiteren Tag, als würde sich die Weiterung wiederholen. Solche
Phänomene mit der Zeit zu verwechseln, daran hindert schon ihre
Abzählbarkeit. Alles Abzählen vollzieht sich schließlich im Raum.
Eine Einsicht, die wir *Henri Bergson* verdanken, er erkannte auf eine
Solidarität der Begriffe von Zahl und Raum.[184] Das Philosophieren
über die Zeit wird gebraucht, um jene Matrix zu verstehen, die ori-
ginäre Dauer mit der für sie fundamentalen Kreation, die sich aufschiebt, statt sich zu wiederholen. Das einzige, was an dem zeitlichen Geben etwas wiederholt, ist meine Beschreibung, das betreffende Wort repetiert sie bis zum Überdruß. Am Ende muß eine
unter Umständen gehegte Erwartung leer ausgehen, die Erwartung
nämlich, Dauer und Ausdehnung könnten sich als zwei Arten des
reflexiven Wiederholens erweisen, als das additive die eine, als das
sukzessive vielleicht die andere, als zwei Arten einer Gattung jedenfalls, die eine übergreifende Identität stiftete. Weit gefehlt. Die Zeit
will eben individuell genommen werden. Ihre Individualität treffen
und gar ausschöpfen zu wollen, könnte zwar zur unendlichen Aufgabe ausufern, wenigstens einen Schritt in die Richtung habe ich
jedoch noch zu gehen.

122 *Noch nicht und nicht mehr gegeben.* Die Begriffe des Eintretens und Weichens vertragen noch einen schärferen Zuschnitt, und zwar wie gehabt als Begriffe der Gegebenheit. Sie meinen nicht ein Eintreten und Weichen von Gegebenheit, sondern als Gegebenheit. Sie besagen, wie es etwas, das sodann ein Ereignis genannt werden darf, geben kann. Wie gesagt, das Ereignis, das inbegriffliche, vermag es allein derart zu geben, daß es das gleichermaßen unwiederbringlich und weiter gibt, was es auch tut, indem es als unwiederbringlich gegebenes weicht, um als weiter gegebenes einzutreten. Und das Spiel von Eintreten und Weichen, hieß es, manifestiert die Gegebenheit in Kreation. Gerade unter diesem Gesichtspunkt bietet es sich aber noch konkreter als vorgetragen dar. *Zum einen.* Um ernstlich die Gegebenheit in Kreation zu manifestieren, um eine sich aufschiebende statt wiederholende Kreation manifest zu machen – da liegt der springende Punkt, die heilige Scheu der Zeit vor reflexiver Wiederholung – muß das Eintreten / Weichen von Seiten des erstgenannten her unbedingt ausstehen, wenngleich doch anstehen. Ein noch ausstehendes aber schon anstehendes Eintreten. Das Eintreten also weder wie ein fertig vollzogenes noch wie ein in einer gegenständlich vorgestellten und räumlich zurechtgemachten Zukunft lauerndes, sondern als ein zugleich ausstehendes und anstehendes. Die Gegebenheit mithin so, wie sie unbedingt noch ihr selbst bevorsteht. Und wie sie allein dieserart in der Tat Gegebenheit ausmachen kann. Es kann in der Zeit etwas nur geben, indem es sich selbst bevorsteht; oder aber es liegt im Weichen. Ganz ähnlich, wie ein Wesen nur lebt, solange es noch Leben vor sich hat, andernfalls das Leben aus seinen Adern gewichen ist. Sogar das Ende des Gebens von Ereignissen kann einzig und allein anstehen, kann nur, wenn man so will, bevorstehen, oder aber es liegt im Weichen. Eine Endlichkeit durchaus, aber doch eine ohne Grenze; die Grenze vermag höchstens im Weichen sich abzuzeichnen. Die Gegebenheit folglich, darauf läuft es hinaus, als unbedingte Erwartbarkeit, als eine Erwartbarkeit, die das Warten und Erwarten eines antizipierenden Geistes erst möglich macht, statt in dessen Erwartungshaltungen aufzugehen. Das zum einen, *zum anderen.* Von Seiten des Weichens betrachtet, bietet sich das Spiel gleichfalls konkreter dar. das Weichen erweist sich als ein bleibendes Weichen. Ein höchst seltsames Bleiben das. Phänomenal halbwegs vertraut ist es von Biographien,

Anamnesen, Historien und dergleichen her. Die setzen bleibendes Weichen bereits voraus. Sie sind nur möglich, weil etwas bleibt, und zwar derart, daß nicht die Ereignisse bleiben, die eine Historie erzählt, ein Lebenslauf getreulich auffädelt und eine Anamnese auflistet, sondern ihr Weichen. Dieses Bleiben läßt sich nur irrtümlicherweise darauf reduzieren, daß etwas in Erinnerung bleibt, läßt sich nicht auf ein Erinnerungsvermögen, auf die Speicherkapazität eines memorierenden Geistes reduzieren. Offenkundig vermag sich niemand an etwas zu erinnern, das es gar nicht gibt. Mithin setzt jedes Erinnerungsvermögen immer schon eine Erinnerbarkeit voraus, die ihrerseits in der zeitlichen Gegebenheitsweise liegen wird. Sie liegt in dem bleibenden Weichen. Wohlgemerkt, das Bleiben gilt dabei einzig und allein dem Weichen. Das Weichen war ja als das Andere des Bleibens präsentiert worden, so daß die gedankliche Verknüpfung beider auf den ersten Blick wie ein hölzernes Eisen anmuten mag. Näher besehen, kann es aber unmöglich falsch sein, zu behaupten, daß dieses Weichen als solches doch seinerseits sein Bleiben haben kann. Das Weichen als ein bleibendes, dies erst macht verständlich, wie es – ganz im Sinne des mehrfach beschworenen Spiels – zugunsten des Eintretens gehen kann. Ansonsten würde nämlich das Eintreten de facto wie ein Ersetzen des unwiederbringlich Gegebenen gedeutet, und unter solch einem Ersetzen könnte man sich mit einer gewissen Großzügigkeit höchstens die Gegebenheitsweise eines Punktes denken. Bleibendes Weichen / anstehendes Eintreten, daran nun vermag ein Ausdruck für die zeitliche Gegebenheitsweise anzuschließen, der sich mit ganz geläufigen sprachlichen Wendungen bilden läßt: Noch nicht und nicht mehr gegeben. Bleibendes Weichen, dies vor allem meine die Wendung *nicht mehr gegeben*; ausstehendes aber doch anstehendes Eintreten, das vornehmlich bedeute *noch nicht gegeben*.

123 Eine bereits mehrmals neu formulierte, fast schon ritualisierte Beschreibung der Zeit gilt es abermals zu ergänzen. Die Zeit besteht darin, daß es etwas über sie hinaus nur geben kann, indem es das per creationem gibt, also ebenso unwiederbringlich wie weiter, mithin in der Weise der Dauer, und das heißt schließlich: nur indem es das noch nicht und nicht mehr gibt. So wie sie am Ende pointiert wurde, bedeutet die Formel nun keinesfalls, es gäbe sowohl Ereig-

nisse, die noch nicht geschehen, als auch solche, die nicht mehr geschehen. Gemeint ist vielmehr, daß es – von der Zeit selbst abgesehen – etwas nur gibt, indem es das ebensogut noch nicht wie nicht mehr gibt. Noch deutlicher gesagt, indem es das noch nicht *und* nicht mehr gibt, gibt es das in der Tat. Gerade so. Sein Geben liegt gleichsam in einer Spanne, in einer Gespanntheit vom Noch-nicht zum Nicht-mehr. Es hat etwas Gespreiztes an sich, wenn die verräumlichende Metapher erlaubt ist, etwas von einem Spagat. Aber gerade in dieser Gespreiztheit oder Gespanntheit liegt jenes Hinziehen, das der Ausdruck der Dauer spontan assoziiert. Dieses Hingezogene, Gedehnte, das man sich unter der Dauer vorstellen kann und sie so leicht verwechselbar mit der Ausdehnung macht, das versteht sich korrekterweise und geprüftermaßen genau so: Indem es etwas noch nicht *und* nicht mehr gibt, gibt es das in der Tat. Von daher rührt eines der Aporeme, die durch des *Augustinus* Erörterung Berühmtheit erlangten, das oben an zweiter Stelle behandelte. Weil in der Weise der Dauer das Es-gibt so merkwürdig gespreizt und gespannt ausfällt, muß sich die Dauer der Gegenwart beim Zeitmessen als fraktal erweisen, deshalb wird sie bei jeder der auf immer kleineren Skala durchgeführten Messungen unausweichlich zerfallen in die noch nicht durchlaufenen und die nicht mehr zu Gebote stehenden uhrzeitlichen Einheiten, darum muß sie unbedingt kürzer ausfallen als sie ausfällt. Sobald ich meine Konzentration auf das inbegriffliche Ereignis aufgebe, sehe ich natürlich auch die Ereignisse, die es einfach bloß nicht mehr gibt, und nur so, die sich also jener Konjunktion entziehen, an die sich die Beschreibung des zeitlich Gegebenen unbedingt zu halten hat. Offenkundig handelt es sich bei ihnen um die Ereignisse, die gemeinhin als vergangene bezeichnet werden. Gleichfalls nicht zu übersehen, die Ereignisse, die es lediglich noch nicht gibt, und die für gewöhnlich die künftigen genannt werden. Allerdings, von Ereignissen, die es entweder nicht mehr oder noch nicht gibt, obendrein zu sagen, es würde sie geben, richtiggehend geben, wäre falsch. Genauso falsch wie, von ihnen zu sagen, es würde sie nicht geben. Beides scheidet aus. Wie hat man sie dann zu statuieren? In der längst benannten Weise: es gibt sie halt nicht mehr *bzw.* noch nicht. Das reicht. Richtiggehend geben kann es – von der Zeit selbst wieder abgesehen – nur, was es gerade in der Spanne vom Noch-nicht zum Nicht-mehr gibt. Fürwahr ein Da-in-Differenz. Ließe sich die Figur abzählen, müßte man sie wohl eine trinitarische nennen. Daß sie der Dichotomie entkommen, kann man aber auch so sehen.

124 Die sprachlichen Wendungen *noch nicht* und *nicht mehr*, mit denen die Beschreibung ausdrücklich operiert, enthalten beide das Wort *nicht*, und das steht mit Sicherheit für ein Nichten. Aber für welches? Gleich für eine Negation kann es an dieser Stelle schwerlich stehen. Denn interpretierte ich es als Verneinung, müßte die ausformulierte Figur bedeuten, es wäre etwas gerade dadurch gegeben, daß es das nicht gibt, seine Gegebenheit würde allen Ernstes in der Negation von Gegebenheit gründen, womit sich ein Widerspruch eingestellt hätte, den ich gar nicht erst darauf zu prüfen brauchte, ob es sich bei ihm um einen antinomischen oder um einen kontingenten handelt, weil Widersprüche in dem einführend angegebenen Sinne bei einem Etwas wie der Zeit ohnehin nur irrtümlicherweise oder logisch inkonsequenterweise angenommen werden können. Die Deutung als Negation ließe sich nur um den Preis eines Widerspruchs behaupten, der wiederum nur um den Preis einer grundsätzlichen Verkennung der Zeit angenommen werden könnte. Gegen die Deutung als Negation spricht überdies der regelmäßige Sprachgebrauch der Ausdrücke *noch nicht* und *nicht mehr*. Wenn ich bei der Beschreibung von einschlägigen Fällen mit Hilfe dieser Ausdrücke sinnvolle und zutreffende Aussagen formuliere, und die dann probeweise in Satzformen übertrage, die eindeutig Verneinungen darstellen, bleiben am Ende Aussagen übrig, die plötzlich unzutreffend ausfallen, der urtümlichen Intention zuwiderlaufen, gelegentlich sogar absurd anmuten. Beispielsweise darf ich sagen, daß es die von der Physik unter dem bekannten Stichwort der Rotverschiebung in Aussicht gestellte Implosion des Alls noch nicht gibt, daß sie noch nicht stattfindet. Die Überführung dieser Feststellung in eine eindeutige Verneinung, in die verneinende Behauptung, jene Implosion gäbe es gar nicht, schlägt der Intention direkt ins Gesicht. Eine ähnliche Unübertragbarkeit stellt sich in der Umkehrung heraus. Wovon ich überzeugt bin, daß es das mit Sicherheit nicht gibt – zum Beispiel die leibhaftige Auferstehung der Toten – davon werde ich freiwillig niemals sagen, es würde das noch nicht geben, bloß noch nicht. Analog beim Gebrauch des korrelativen Idioms.

Die Aussage, den Urknall gibt es nicht mehr, in die richtiggehende
Verneinung, den Urknall gibt es gar nicht, überführen zu wollen,
hieße die Aussage dementieren zu müssen. Bekanntlich ist Gott tot.
Er ist gestorben oder sogar ermordet worden, wenn man *Zarathustra* glauben darf. Auf alle Fälle gibt es ihn nicht mehr. Aber deshalb
zu sagen, es gebe keinen Gott? Es gibt durchaus einen, nur daß er
tot ist. Weder dem Atheismus noch der Theologie führt jene Todes-
anzeige das Wort. Die ausgewählten semantischen Spielfälle sollen
lediglich plausibler machen, wie strikt es sich verbietet, die Figur
Noch-nicht-und-nicht-mehr-gegeben als Negation von Gegebenheit zu deuten. Von der Sache her verbietet sich das erst recht. Wie
sollte man das dabei näher gemeinte bleibende Weichen und anstehende Eintreten als Negation von Gegebenheit auslegen dürfen?
Dieses Eintreten manifestiert schließlich eine Gegebenheit von eigentümlicher Art, und jenes Weichen kann gerade als ein bleibendes
nur gewaltsam mit dem definiten Wiederholen verwechselt werden,
das für Negationen spezifisch ist. Kurzum, die fragliche Figur für
eine Negation zu halten, steht außer Betracht. Und doch handelt es
sich unverkennbar um ein Nichten. Es handelt sich eben um ein
Nichten jenseits von Negativität. Um was für eines?

125 *Nihilität, die der Negativität zuvorkommt.* Die unüberlesbar
nichtigen und doch alles andere als negativen Ausdrücke tauchen in
einer Gedankenreihe auf, die beim Denken des Nichts anschloß, mit
dem Begriff der Individuation anhob und sich über den der Kreation bzw. den des Eintretens / Weichens fortsetzte, bis hin zu dem
Gedanken, daß es in der Zeit etwas gerade insofern gibt, wie es das
noch nicht und nicht mehr gibt. Von daher, aus diesem Kontext
heraus muß sich das fragliche Nichten verstehen. Die Individuation
als individuelle Ekstase, die Kreation mit der ekstatischen Washeit,
das Eintreten / Weichen, das eben dies manifest macht – gewissermaßen eine Metamorphose des Heraustretens. In genau der Richtung liegt jenes Nichten, auch wenn das der zwischendurch gehäufte
Gebrauch von Begriffen wie dem der Dauer nicht unbedingt nahelegt, in der Richtung des Heraustretens. Und ein Nichten, das in der
Richtung des Heraustretens liegt, bei dem handelt es sich wahrlich
um ein ganz absonderliches. Es handelt sich um das Nichten-*zur*-
Gegebenheit, statt um Negation von Gegebenheit.

126 Die Negation, das war einführend benannt worden, ist das Nichten-*von*-etwas. Die Nihilität hingegen – und zwar so wie sie der Negativität zuvorkommt und gegen sie abhebt, wie sie eben anders als Negation ausfällt und allein diesen Sinnes hier zur Sprache kommen soll – versteht sich als Nichten-*zu*-etwas. Die Negation exekutiert die Grenze von etwas, schließt es gegen das ab, was es damit eben nicht ist. Sie schließt etwas ab. Die Nihilität dagegen eröffnet etwas. Die Negation gilt einem Vorgängigen, einem Vorkommenden, sie wiederholt es schließlich auf ihre Weise. Die Nihilität hingegen verläuft sich in etwas, das überhaupt erst zum Vorgängigen taugt und in dem sie restlos aufgeht. Negation setzt etwas voraus, Nihilität setzt es. Handle es sich dabei auch nur um etwas schlicht Gegebenes, bloß um dessen Gegebenheit, wie bei dem gerade avisierten Nichten-zur-Gegebenheit. Verhält es sich so, muß der laufende Gedankengang eigentlich schon seit längerem mit Nihilität befaßt sein, sogar unter Begriffen, denen das Nichtige keineswegs so deutlich auf der Stirn geschrieben steht, wie das bei den zuletzt mobilisierten Wendungen *noch nicht* und *nicht mehr* der Fall ist. Tatsächlich war er damit längst befaßt, sobald er vom Ekstatischen handelte. Das Nichten-zu-etwas bildet nämlich die minimale Figur der Ekstase. Deren Begriff war ja mit dem Wort *Heraustreten* mehr übersetzt als gedacht worden. Das Heraustreten muß eine Figur, eine minimal qualifizierende Figur kennen, und die besteht in der gerade skizzierten. *Nihilität*, so lautet also das Kürzel für Nichten-zu-etwas bzw. der begriffliche Name für die prononciert figürliche Beschaffenheit des Heraustretens. Dieserart durchzieht Nihilität bereits die Individuation als individuelle Ekstase, die Gegebenheit in Kreation mit ihrer ekstatischen Washeit und das Eintreten / Weichen, das diese Kreation manifest macht. Deren Geheimnis, wie denn etwas herauszutreten vermag, ohne es vor einem Hintergrund und aus ihm heraus zu tun, – ob in jeder Hinsicht, wie bei der individuellen Ekstase, oder nur in gewisser Hinsicht, wie etwa im Falle der Kreation – findet darin seinen prägnantesten Ausdruck. Mit anderen Worten, jene Gedankenreihe, die beim Denken des Nichts anschloß, mit dem Begriff der Individuation anhob, sich über den der Kreation und des Eintretens / Weichens fortsetzte, bis hin zu dem figürlichen Ausdruck Noch-nicht-und-nicht-mehr-gegeben, ohne damit schon einen Abschluß gefunden haben zu müssen, sie trägt von vornherein den nihilischen Charakter, den erst ihr vorläufig letztes Glied nach Lautung und Schriftbild halbwegs sinnfällig macht. Kein Wunder, wenn der Begriff der Nihilität die gleichen Denkschwierigkeiten bereitet wie schon der des Heraustretens. Während die Negation sich widerstandslos der naturwüchsigen Folgerichtung des Denkens bequemt, denn sie vollzieht sich geradewegs in derselben, gewinnt das Nichten-zu-etwas an Denkbarkeit nur im Maße einer gedanklichen Auflehnung wider den naturwüchsigen Richtungssinn. Das erschwert es natürlich, plausibel zu machen, mit welchem Recht dabei von einem Nichten die Rede sein darf. Das Tilgen von Abwesenheit, so wollte ich auf Anhieb sagen, rechtfertige und verdiene solchen Ausdruck, um unversehens eine Formulierung gewählt zu haben, die das Gemeinte schon grammatisch zum Vorgang abfälscht; Tilgen *von* Abwesenheit, recht unverhohlen folgt der Formulierungsversuch einem selbstverständlich gewordenen Vorverständnis des Nichtens, das gewohnheitsmäßig an der Praxis der Verneinung geschult ist. Man versagt es sich besser, diese Selbstverständlichkeit in der Erläuterung des eingeführten Begriffs bestätigt finden zu wollen. Ebenso muß man es sich versagen, nach einer einfachen, abstrakten Bedeutung des Wortes *Nichten* zu suchen, die den Begriffen der Nihilität und der Negativität gemeinsam wäre und eine allgemeine Gattungsbestimmung hergeben könnte. Statt sich auf solch einen Irrweg zu begeben, wird eine weiterführende Untersuchung die Negation unter den Wendungen der Nihilität suchen und als eine entlegene verwandelte Form von ihr auffinden. Was rechtfertigt dann die Verwendung des Wortes *Nichten* in dem avisierten Kontext? Vor allem der Tatbestand, daß der Begriff der Nihilität zusammen mit der nun schon mehrfach kommentierten Gedankenreihe beim Denken des Nichts anschließt. Direkt angeschlossen haben dort die Überlegungen zur individuellen Ekstase. Deren Beschreibung als grund- und bodenlos, diese eigentlich nur näherungsweise Beschreibung, gibt Gelegenheit, den fraglichen Wortgebrauch einleuchtender zu machen. Die Rede vom grund- und bodenlosen Heraustreten bleibt ja noch zweideutig. Unter Umständen läßt sie sich auch so deuten, als hätte die Ekstase *keinen* Grund, als würde sie also, vorsätzlich ungereimt gesprochen, in keinem Grund gründen, als bildete sie die Folge eines Negats mit der umständlichen Bezeichnung Kein-Grund. In Wahrheit kann das Heraustreten weder einen Grund noch keinen Grund haben, es muß vielmehr neutral beschrieben werden. Und eben das Nichten (zu etwas) steht neutral zum Grund *und* seiner Negation, zum Folgen aus einem Grund wie zur Verneinung der Folgebeziehung. Diese Neutralität mag den fraglichen Wortgebrauch intuitiv einleuchten lassen. Vor allem durch ihre Nihilität hebt sich die Zeit von der Bewegung ab. Das war vorweggenommen worden, als in einem der vorstehenden Kapitel die Behauptung aufgestellt wurde, die Zeit verstehe sich weder als eine Bewegung noch als keine Bewegung, sondern nihilisch. Von der Zeit her steckt das All voller Nihilität. Daß diese Feststellung nichts weniger im Sinn führt, als dem ideengeschichtlich überkommenen Begriff des Nihilismus, dieser fühlbar pejorativen Ismus-Bildung, ein quasi universales Referenzfeld zu eröffnen, sei zu allem Überfluß doch versichert.

127 Wo *Martin Heidegger* das Noch-nicht und Nicht-mehr ausdrücklich und vordergründig verhandelt, steht es ihm inbegrifflich für vulgäres Zeitverständnis. Vor allem in der Erweiterung zum Noch-nicht-jetzt und Nicht-mehr-jetzt oder zum Noch-nicht-vorhanden und Nicht-mehr-vorhanden stehe es dafür.[185] Daß so etwas wie ein vulgäres Zeitverständnis umgeht und noch in den Wissenschaften sein Wesen oder Unwesen treibt, liegt auf der Hand. Meinen Überlegungen begegnete es vor allem als durchdringende Neigung zur Verwechslung der Zeit mit der Bewegung und dem Zeitigen von Ereignissen. Dazu passen die Symptome, die *Heidegger* an ihm diagnostiziert hat: Die Deutung der Zeit als Jetzt-Folge, als unendliche Abfolge und als Nacheinander[186], zumal als Nacheinander von Vergangenheit, Gegenwart und Zukunft. Daß ferner das vulgäre Verständnis der Zeit auch vor ihrer Nihilität nicht halt macht, kommt erwartungsgemäß. Die gewöhnliche Vorstellung von der Zeit als einer Jetzt-Folge verlängert sich dazu, das Noch-nicht und Nicht-mehr um das Jetzt zentriert zu wähnen, wie *Heidegger* das als vulgär ausgemacht hat. Daß er jedoch an der fraglichen Figur ausschließlich die Vulgarisierung zur Kenntnis nimmt, sie aufs Vulgäre nachgerade reduziert sieht, darf fragwürdig erscheinen. Zumal mit dieser Reduktion noch eine weitere Hand in Hand geht, die im Falle *Heideggers* durchaus wundernimmt – die Reduktion auf Negation. Sämtliche Demonstrationen der vulgären Form an der Figur des Noch-nicht-und-nicht-mehr unterstellen diese als blanke Nega-

tion. Und das bei einem Denker, der noch zeigen wird, wie die Verneinung weder die einzige noch die wichtigste Form des Nichtens darstellt, wie wenig folgerichtig es mithin kommt, bei jedem ausdrücklichen Nichten sogleich an Negation zu denken. Sie muß einen besonderen Grund haben, diese Herabsetzung des Noch-nicht und Nicht-mehr zur bloßen Negation und Vulgarität, einen Grund im emphatischen Sinne des Wortes, im Sinne einer fundamentalen Denkvoraussetzung, und der annoncierte Dissens mit *Heidegger* betrifft vielmehr diesen Grund als die für ihn symptomatische Fehldeutung einer zeitlichen Nihilität. Im Denken *Heideggers* ist kein Platz für einen Gedanke an jene Individuation, von der aus sich die Nihilität der Zeit erschließt. Es fehlt dort nicht das betreffende Wort, auch nicht ein Begriff der Individuation, Anmerkungen zum tradierten principium individuationis bleiben schon gar nicht aus, wohl aber fehlt ihm selbst das leiseste Interesse daran, die Zeit und andere Grundgegebenheiten im Geiste einer genuinen, weil aller Singularität und Singularisierung zuvorkommenden Individuation und Individualität zu denken. Derlei liegt schlicht jenseits seines Horizonts. Vor allem in dieser Hinsicht geht mein Gedankengang Wege, die sich von den legendären Wegmarken und von gewissen Holzwegen gleichermaßen entfernen. *Heideggers* Gedankenwelt gruppiert sich um bestimmte Kollektivsingulare – insbesondere ums Dasein – bzw. um Begriffe, die wie Kollektivsingulare hantiert werden. Das Individuelle thematisiert er erst auf einer Ebene, wo das auch die Bio- und Sozialwissenschaften tun, dort also, wo sie eher mit Singularität und Singularisierung als mit Individualität und Individuation zu schaffen haben. Als Mangel, als folgenreiches Defizit macht sich das nirgendwo so bemerkbar, wie an der Art und Weise, in der *Heidegger* den Terminus *Ekstase* handhabt. Der spielt ja in seinem Philosophieren über Zeit und Sein eine Hauptrolle; die gegen das vulgäre Zeitverständnis geltend gemachte eigentliche Zeit heißt direkt die ekstatisch-horizontale. Indes, der Begriff der Ekstase kommt dabei mit einer inhaltlichen Enge zum Einsatz, die dem fundamentalontologischen Gegenstand völlig unangemessen ist. Um den neuralgischen Punkt prägnanter zu markieren. Auch für das Wort *Ekstase* zeichnet *Heidegger* eine eigentliche Bedeutung im Vergleich mit einer vulgären aus. Für vulgär befindet er die Deutung als *Aus-sich-heraustreten*, ihr entgegen stehe die Deutung als *Außer-sich* oder Entrückung.[187]

Aber beide Deutungen haben eine gemeinsame Grenze. Die für
vulgär befundene wie die ihr gegenüber bevorzugte, sie halten sich
beide in den Grenzen der *psychologischen* Erfahrung. Ob man unter
der Ekstase das Aus-sich-heraustreten oder das Außer-sich der Entrückung versteht, so oder so ist es die verzückte Seele, was das Muster liefert, das singuläre Wesen, das in einen außerordentlichen
Zustand versetzt wird oder sich versetzt, innerhalb dessen es irgendwie außerhalb seiner gerät, sei es, daß es dazu buchstäblich heraustritt, sei es, daß es sich auf unerfindliche, schier unvermittelte Weise
außer sich findet. Dergestalt hat die psychologische Erfahrung das
außerordentliche Phänomen fixiert. Einen psychologisch geprägten
Begriff der Ekstase bis ins Denken der Zeit hinein zu extrapolieren,
ist nun an sich schon waghalsig, unweigerlich muß die Extrapolation
seine Grenze zur Begrenztheit des Philosophierens über Zeit ausdehnen. Seine Grenze markiert der Sich-Bezug, den die gegeneinander gestellten Ausdrücke gleichermaßen aufweisen: aus *sich* heraustreten, außer *sich* entrückt sein. Der Bezug unterstellt ein Vorgängiges, das unmittelbar in sich oder bei sich ist, um schließlich außer
sich zu geraten. Analog bei der Extrapolation auf die Zeit. Die Zeitlichkeit sei als Zukunft, Gegenwart und Gewesenheit sich entrückt,
sei in den sogenannten Dimensionen außer sich. Auch wenn sie dies
keineswegs nachträglich, sondern von vornherein tun soll, logisch
bleibt sie das Vorgängige. Aber als ein Vorgang bzw. als der Zustand
eines Vorgängigen genommen, muß die Ekstase, oder was man dafür
hält, die fundamentale Kreation vermissen lassen, muß sie jene
Kreation vermissen lassen, die eine eigentümlich zeitliche Gegebenheitsweise charakterisiert. Es mutet verheißungsvoll an, *Heidegger*
erklären zu sehen, weshalb die Gegenwart, statt mit der Zukunft
schwanger zu gehen, vielmehr der Zukunft entspringe.[188] Zu solchen
Thesen sich durchringend, hebt das Philosophieren über die Zeit an,
die Zukunft anders als in dem gemeinhin beschworenen Gefolge der
Gegenwart und Vergangenheit zu denken, um schließlich der naturwüchsigen Folgerichtung des Denkens den unumschränkten Gehor-
sam aufkündigen zu können. Nur, wenn die Zukunft (wie auch die
Gegenwart und Vergangenheit) zwar als Ekstase gedacht, die Ekstase
ihrerseits jedoch als Entrückung und Außer-sich-sein der Zeitlichkeit genommen werden soll, dann bleibt es unverständlich, wie die
Zukunft der Gefolgschaft von Gegenwart und Vergangenheit ent-

schlagen sein soll; als ein Außer-sich der Zeitlichkeit genommen,
wird ihr günstigstenfalls eine Jenseitigkeit von Grenze zugeschrieben, eine Offenheit, mit der Heidegger aber theoretisch nichts weiter
anzufangen weiß. Darum schlägt der verheißungsvolle Vordersatz,
die Gegenwart gehe nicht mit der Zukunft schwanger, in den enttäuschenden Nachsatz um, sie entspringe der Zukunft. Der Nachsatz
kehrt die naturwüchsige Folgerichtung lediglich um, den Charakter
der Folgerichtung läßt er unangetastet. Halbheiten wie diese sind
direkt der psychologischen Engführung des eingesetzten Ekstasebegriffs geschuldet, nicht zuletzt auch der dazugehörigen Orientierung
am Einzelwesen. Aber freilich drängt sich solche Engführung und
Orientierung auf, der psychologisch justierte Blick auf das Ekstatische erscheint sogar als der einzig und allein sich eröffnende, weil
und insofern die Zeit nicht in der Begrifflichkeit einer genuinen,
aller Singularität zuvorkommenden Individuation angegangen wird.
Unter dieser Voraussetzung findet sich kaum Gelegenheit, mit der
von *Heidegger* selbst eröffneten Scheidung eines Nichtens vom Verneinen im Denken der Zeit ernst zu machen; leicht kann einem da
das Noch-nicht und Nicht-mehr mit bloßer Negativität und Vulgarität vollständig verschwimmen. An dieser Stelle angelangt, macht
es Sinn, zugunsten eines von Engführung befreiten Ekstasebegriffs
sich nochmals des historischen Ausgangswortes zu vergewissern:
εκστασιζ – an Lautung und Schriftbild findet sich nichts, rein gar
nichts, was einen rückbindenden Sich-Bezug zu bezeichnen vermochte; der psychologisch intendierte Begriff der Ekstase, der ohne
solchen Bezug schwerlich auskommt, muß sekundärer Natur, muß
von abgeleiteter Art sein. Ursprünglich meint das Wort schlicht und
einfach *Heraustreten*. Ganz so, wie es im vorliegenden Text gebraucht wird. Reineweg Heraustreten, ohne Einschränkung und
Spezifizierung, ohne ein Vorgängiges im Hintergrund. Dies meinend, kann es das grund- und bodenlose Heraustreten zum Individuum meinen, die genuine Individuation. An deren Begriff schließen wie dargetan die Begriffe der Kreation und des Eintretens /
Weichens sowie die Figur Noch-nicht-und-nicht-mehr-gegeben an,
womit sich eine Begriffsfamilie namens zeitliche Nihilität zusammengefunden hat. *Heidegger* bleibt der ganze Gedankenkreis der
genuinen Individuation mit ihrer grund- und bodenlosen Ekstase
auf immer fremd; als er erneut Anlauf nimmt, die Zeit zu begreifen,

wird er tiefere Wahrheit abermals bei einem Vorgängigen suchen, diesmal bei einem, das noch der Zeit und dem Raum zugrunde liege, und das er den Zeitraum[189] nennt.

128 *Heute schreiben wir den 11. März 2005 – ein einmaliges Datum.* Gleichheit des Kalenders vorausgesetzt, kann kein anderer Tag der 11. März 2005 sein, keiner zuvor und keiner hernach. Ein unvollständiges Datum wie der 11. März kehrt Jahr für Jahr wieder, jedes vollständige Datum ist dagegen ein strikt singuläres. Und weil das für jedes gilt, ist es alles andere als ungewöhnlich, sondern ganz vertraut, um nicht zu sagen selbstverständlich. Eigentlich aber doch erstaunlich. Denn es fragt sich, wie es überhaupt ein singuläres Datum geben kann, wo doch die Kalenderzeit genauso wie die Uhrzeit die zyklische Bewegung privilegiert. Gerade das vollständige und singuläre Datum kehrt niemals wieder; es hat etwas Azyklisches an sich, etwas, das gegen die kreisförmige Bewegung geht, und das obwohl es sich an Bewegungen von genau dieser Art bemißt, an den Umläufen von Sonnenaufgang zu Sonnenaufgang, von Winter zu Winter. Wie kann ausgerechnet am Maßstab zyklischer Bewegungen ein azyklisches Datum zustande kommen? Daß und auf welche Weise das rechnerisch funktioniert, liegt auf der Hand und macht nicht das Problem. Das Datieren folgt einer Öffnung der zyklischen Bewegung zur spiralförmigen, und auf der spiralförmigen Bahn fällt die Zyklizität eines Ereignisses mit der Singularität seines vollständigen Datums zusammen, so daß die spiralförmige Bahn schließlich sogar als eine gerade Reihe von jeweils singulären Daten vorgestellt werden kann, in der Art einer Zeitleiste gewissermaßen. Wie die Berechnung funktioniert, liegt wirklich auf der Hand. Es beseitigt aber nicht das eigentliche Problem. Das Problem besteht ja gerade darin, was solch ein Berechnen, solch ein Öffnen der zyklischen zur spiralförmigen Bewegung möglich macht. Schlichter gesagt, wieso dürfen wir nach einem Umlauf von Sonnenaufgang zu Sonnenuntergang zu Sonnenaufgang konstatieren, dieser Sonnenaufgang sei ein anderer als jener, mit ihm habe ein neuer Tag begonnen, statt daß einerlei Tag stattfände. Wieso dürfen wir angesichts eines Umlaufs von Winter zu Winter konstatieren, dieser Winter sei ein anderer als jener, mit ihm zusammen vollzöge sich ein Jahreswechsel, wir gingen in ein neues Jahr? Wie ist ein neuer Tag, ein neues Jahr

möglich? Was macht diese Neuheit oder Erneutheit, ohne die ein
singuläres Datum einfach undenkbar wäre, möglich? Da hilft es
nicht, die Natur zyklischer Bewegungen zu beschwören und darauf
zu pochen, daß naturgemäß ein Jegliches gar nicht anders wiederkehren kann, als in seiner Wiederkehr neu, erneut, neuerlich vorzukommen, ein zweites, drittes oder sonstwie weiteres Mal aufzutre-
ten, daß naturgemäß jedes Wieder, jedes Nochmals auch soviel bedeutet wie erneut, neuerlich, ein weiteres Mal, anders. Alles Dinge,
die von der naturwissenschaftlichen Zeitanschauung als selbstverständlich vorausgesetzt werden und von ihr auch vorausgesetzt
werden dürfen. Nicht so von der Philosophie. Gewiß schließt das
Wiederkehren naturgemäß ein, daß das Wiederkehrende als solches
erneut vorkommt, ein zweites, drittes oder das wievielte Mal immer
auftritt, als ein anderes auftaucht. Und entsprechend auch diejeni-
gen Zyklen, die der Kalender- und Uhrzeit als maßgebende Standardbewegungen dienen. Gewiß also öffnen sich diese Zyklen naturgemäß zu spiralförmigen Bewegungen, so daß die Wiederkehr
des Sonnenaufgangs einen neuen Tag, die Wiederkehr des Winters
ein neues Jahr verheißen und die Zyklizität eines Ereignisses mit der
Singularität seines Datums sich vertragen kann. Es bleibt aber die
Frage nach der Möglichkeit all dieser Natürlichkeiten. Warum trägt
es sich naturgemäß gerade so wie eingeräumt und nicht anders zu,
wieso vollziehen sich zyklische Bewegungen naturgemäß nicht
buchstäblich kreisförmig? Das Fragen hält sich um so hartnäckiger,
je fundamentaler die Selbstverständlichkeiten rangieren, die es unter Verdacht stellt. Antwort gibt das gewonnene Verständnis für die
Individualität der Zeit. In den ebenso naturgemäßen wie fragwürdigen Bestimmungen zyklischer Bewegungen hat sich eine Eigentümlichkeit der Zeit durchgesetzt. Die Gegebenheit in Kreation setzt
sich darin durch, daß jedes vollständige Datum unbedingt ein singuläres und mithin ein azyklisches ist, obwohl es sich an zyklischen
Bewegungen bemißt. Wenn es über die Zeit hinaus etwas nur geben
kann, indem es das per creationem gibt, dann muß schon sein Geben eine gewisse Einzigartigkeit aufweisen, und eben die findet in
der Singularität des vollständigen Datums einen getrübten Ausdruck – getrübt nur durch die dem kalendarischen Abzählen allein
zugängliche Form der Unterschiedenheit oder Entität von Ereignisbewegungen, an der sich auch die tiefste Einzigartigkeit höchstens

als abgeflachte Singularität darzustellen vermag. Letztendlich ist es die gleichsam abgrundtiefe Abneigung der Zeit gegen reflexives Wiederholen und die ihr ähnlich tiefinnerlich eigene Verquickung von Gegebenheit mit Individuation und Kreation, mit Nihilität im angegebenen Sinne, was das in der Zeit Geschehende davor bewahrt oder daran hindert, zum puren Kreislauf sich kurzzuschließen. Dies setzt sich noch in den direkt an *kyklos* = *Kreis* erinnernden Standardbewegungen einer vermeintlich echten Zeit durch, und zwar so, daß die kreisförmige Bahn zur spiralförmigen sich öffnet. Deshalb impliziert das Wieder notwendigerweise: erneut, ein weiteres Mal, anders als zuvor. Darum kann beim Umlauf von Sonnenaufgang zu Sonnenaufgang dieser ein anderer als jener sein. Deshalb und nur deshalb gibt es so etwas wie einen neuen Tag und ein neues Jahr.

Das Ereignis par excellence – das Werden und sein Luxurieren

129 Jene Individuation, die der Zeit Individualität bildet und von deren Metamorphose die letzten Kapitel handelten, sie war bislang vorsichtig als das Heraustreten eines anderen, eines irgendwie anderen Individuums angesprochen worden. Aber natürlich geht sie nicht in einem irgendwie anderen, sondern in einem gewissen Individuum auf. Sein begrifflicher Name lautet: *das Werden*. Die Individuation also als das Heraustreten des Werdens und das Werden als das andere Individuum, von dem von vornherein zu erwarten stand, sein Heraustreten komme dem Eintreten eines Ereignisses gleich. Das Werden darf sogar das Ereignis par excellence heißen. Es macht das Ereignis aus, das Ereignisse macht. Das Werden als das Ereignis, das Ereignisse werden läßt. Anders als bislang steht mit dem Werden das *Zeitigen* in Rede. Also durchaus die Zeit, aber doch so, wie sie am Ereignis erscheint, an dessen Beschaffenheit sich zeigt, ja, wie sie *als* Beschaffenheit des Ereignisses sich *darstellt*, als dessen Anatomie, Verfassung und Eigensinn. Für den weiteren Gedankengang scheidet damit von vornherein ein Verfahren aus, bei dessen Ausführung das Werden zunächst zeitlos definiert und erst im Nachherein darauf befragt würde, wie es in der Zeit geschehe. Gerade an dem, was das Werden zum Werden macht, an seinen Qualitäten, seinen Figuren muß sich das Zeitigen ablesen lassen. Und das so notwendig, daß es schon hinreichen muß, seinen Begriff analytisch ernst zu nehmen, um auf das Ereignishafte an ihm, aufs Zeitigen zu stoßen. Strikt analytisch gehaltene Aussagen über das Werden, solche, die nur aussprechen, was schon in seinem Begriff liegt, müssen enthüllen bzw. direkt erschließbar machen, wie es zeitigt.

130 *Werden als Anderswerden denn Werden.* Ich verfahre nun in der angegebenen Weise und enthalte mich dazu all dessen, was man dem Werden in synthetischen Aussagen zugeschrieben hat oder zuschreiben mag, beispielsweise der Behauptung, aus der Synthese von Nichts und Sein hervorzugehen, und indem ich überdies das analytisch Denkbare so bescheiden als möglich ansetze, es darauf minimiere, was noch eine Tautologie unterstellen müßte und wovon sich nur zu dem Preis absehen ließe, daß eben nicht mehr das Werden in Rede stünde, habe ich doch immer noch zu denken, daß das Werden alles ausmachen muß, was ganz offenkundig Werden heißen darf. Mit Sicherheit gehören dazu die nachstehend aufgeführten Figuren. Zum einen das *Anderswerden als Werden.* Handelt es sich in der Tat ums Werden, das reicht als Voraussetzung hin, muß es jegliches Ander*swerden* umfassen, und umfaßt es jegliches Anderswerden, so auch das Anderswerden als Werden. Auf diese Weise gehört noch die minimal angesetzte Implikation expliziert: *Werden als Anderswerden denn Werden.* In der Konsequenz muß das sogar meinen dürfen: Das Werden als Anderswerden denn Werden schlechthin und überhaupt. Oder abkürzend formuliert: Das Werden als das Andere des Werdens. Der doxa muß derlei sicherlich abwegig vorkommen. Das Werden soll sich sogar auf sein Anderes erstrecken, und dieses soll unbeschadet seiner Andersheit doch Werden bleiben. Wie barer Unsinn schneidet das aber nur vor dem Vorurteil ab, das Werden hätte über eine Identität zu verfügen, hätte sich als etwas Identisches, wohl Unterscheidbares, und Begrenztes zu erweisen, während es in Wahrheit über etwas ungleich Tieferes und Fülligeres verfügt, als das Identitäten je herzugeben vermögen, über eine Individualität. Individualität überragt jede ihr zugemutete Identifikation. Mit Individualität verträgt es sich sehr wohl, daß das Werden in der bezeichneten Figur eine paradoxe Wendung nimmt. Wo mündet die Wendung ein, worin besteht das Andere des Werdens überhaupt? Das fragt sich, gleichwohl die Frage den Rahmen des rein analytisch Denkbaren bereits überschreitet. Es tut einer wohl profilierten Traditionslinie der Begriffsgeschichte Genüge, dieses Andere im Sein zu erkennen, das Sein für dasjenige zu halten, wohinein sich das Werden wendet, um sodann mit seinem Begriff die fragliche Wendung fortzuschreiben: *Werden als Anderswerden denn Werden überhaupt, mithin als Sein.* Nun hat sich allerdings vom Sein längst gezeigt, ich brauche daran lediglich zu erinnern, daß es selbst schon eine Wendung ausmacht. Statt mit prädikativer Geschlossenheit geschlagen zu sein, offenbart es offene Beschaffenheit, eine, die sich von Haus aus zu wenden pflegt. Ins Seiende wendet sie sich. Darin kommt die fortgesetzte Wendung buchstäblich zur Ruhe, zur Ruhe bloßer Veränderung. Offenkundig bietet es sich bei der ausgerollten Gedankenkette an, sie im Sinne von Transitivität zusammenzufassen. Und transitiv genommen, gilt es sie schließlich in dieser Fassung festzuhalten: Das *Werden als Anderswerden denn Werden überhaupt, mithin als Seiendes.* Soviel zu der einen der avisierten Figuren. Darüber hinaus zeichnet sich folgende Figur ab.

131 *Werden, wie es seinerseits wird.* Handelt es sich in der Tat ums Werden, dies reicht wieder als Voraussetzung hin, muß es mit umfassen, wie es seinerseits *wird.* Das Werden wie es selbst zu werden hat, ein *werdendes Werden,* eines, das *sich* werden läßt. An diesen Punkt gelange ich selbst dann, wenn ich, jenseits des analytisch Aussagbaren, den Begriff der Individuation in Anschlag bringe, denn der verlangt ein grund- und bodenloses Heraustreten in Rechnung zu stellen, was sich gedanklich konsequent nur ausführen läßt, indem ich das Werden gerade so zu denken suche, wie es sich wird. Dabei auch noch den unpassenden Gedanken an eine Selbstverursachung vermeidend. Gewiß nimmt sich die Figur aporematisch aus, vor allem weil sie eine schwer nachvollziehbare Differenz unterstellt. Damit nämlich ein Werden wird, muß schon geschehen, was doch erst werden soll. Wie aber kann das Werden schon geschehen und ebensogut erst werden? Ungeachtet ihres aporematischen Charakters habe ich die Figur ernsthaft in Betracht zu ziehen. Bei anderen Phänomen mag deren eigenes Werden dem rein analytischem Urteilen gleichgültig bleiben; im Begriff des Seienden beispielsweise liegt nichts, was von sich aus dazu verpflichtete, es von vornherein wie ein Gewordenes zu nehmen. Aber wie dürfte analy-

tisches Denken ausgerechnet das Werden davon entlasten, zu einem solchen werden zu müssen.

132 *Das in sich im Werden begriffene Werden.* Analytisch gedacht, bietet sich das Werden *als solches* dar. Das heißt, *als* Werden. *Werden als Werden* eben. Eine trivial und kaum bedenkenswert anmutende Figur. Sie liegt so nahe, daß sie durch ihre Nähe schon wieder etwas verbirgt. Sie verbirgt, alles andere als einfältig, vielmehr mannigfaltig auszufallen, und zwar so, daß darin auf erdenkliche Weise das Werden zum Werden steht. Auf Anhieb möchte ich das näher so artikulieren, als wäre das Werden von sich ergriffen, von sich selbst erfaßt und betroffen. Aber diese Ausdrücke fallen unangemessen äußerlich aus, sie assoziieren zwei Stränge, die reflexiv kurzschließen. In Wahrheit handelt es sich um etwas viel Innerlicheres, um das *in sich im Werden begriffene Werden.* Als ein in sich im Werden begriffenes aber erfährt es eine Auslegung, es legt sich zu den bereits nachgezeichneten Figuren aus. Es findet sich in sich im Werden begriffen, indem überhaupt Werden wird, und indem dieses anders wird als Werden überhaupt.

133 *Das Werden als ein zeitigendes.* In Gestalt der ausgezeichneten Figuren stellt sich die Zeit am Werden dar. Diese Figuren beschreibend, zeitigt das Werden, auch ohne bereits der Kalender- und Uhrzeit mit ihrer kunstvollen Zeiteinteilung zu unterstehen. Um den Darstellungszusammenhang direkt herzustellen *Zunächst.* Darin, wie das Werden seinerseits wird, stellt sich die Zeit akzentuiert als Noch-nicht-Geben dar. Eingebettet in diesen Darstellungsbezug nimmt sich das vermerkte Aporem gleichsam wie entspannt aus. Es erhob sich die Frage, wie das Werden schon geschehen und doch erst ein solches werden kann. Die Antwort lautet: Indem es sehr wohl geschieht, aber doch als ein noch nicht gegebenes. So wird Werden. *Ferner.* In der Figur, als ein in sich im Werden begriffenes Werden zu geschehen, stellt sich die Zeit akzentuiert als das Geben von Ereignis dar, das heißt, als Gegenwärtigen. So wie es in sich im Werden begriffen, gibt es Werden; es gegenwärtigt so. Aber freilich findet sich das Es-gibt innerhalb der zeitlichen Gegebenheitsweise von vornherein ebenso ausgelegt wie aufgelöst in einer doppelseitigen Konditionierung. Zeitlich gibt es etwas nur, indem es das noch

nicht und nicht mehr gibt. Auch diese Konstellation findet am Werden ihre Darstellung. Sie stellt sich darin dar, daß das Werden gerade als in sich im Werden begriffenes in doppelseitiger Auslegung geschieht: indem überhaupt Werden wird, und indem dieses anders wird als Werden überhaupt. Erstgenannter Aspekt hat sich bereits erledigt, bleibt der letztgenannte. *Schließlich* also: Darin, wie das Werden anders als Werden überhaupt wird, nämlich wie Seiendes, stellt sich die Zeit akzentuiert als Nicht-mehr-Geben dar. Werden als gewordenes Seiendes, so gibt es Werden nicht mehr. Dies bedeutet allerdings, im Seienden allen Ernstes und ganz grundsätzlich eine Vergangenheitsform des Werdens erkennen zu wollen. Genau das ist gemeint. Alles Seiende ist Werden, wie es das nicht mehr gibt. (Daß dies nur irrtümlicherweise damit gleichgesetzt werden kann, Seiendes würde es gar nicht geben, versteht sich mittlerweile.) Mehr noch, die Entität gibt sogar die Vergangenheitsform par excellence ab. Das merkwürdige Bleiben, worin sich das Nicht-mehr-Geben von der Nichtgegebenheit abhebt, findet seine nächste Darstellung in dem Bleiben, das die Entität mit charakterisiert, in jenem Bleiben durch Unterschiedenheit und Selbigkeit also, das es gestattet, von etwas schlicht und einfach zu sagen, es *ist*. Ob allerdings die sogenannten Dinge, Körper, Wesen, Phänomene usw., die tatsächlich als Seiendes figurieren, per se und von Natur aus den Status des Seienden einnehmen, ob sie also per se und naturgemäß die Vergangenheitsform tragen, steht dahin. Aber wenn sie als Seiendes figurieren, dann in der Vergangenheitsform. Kulturen, die sich um das Seiende zentrieren, oder besser gesagt, die sich um die Dinge, Körper, Wesen usw. derart gruppieren, daß diese vordergründig als Seiendes auftauchen, solche Kulturen stehen im Banne der Vergangenheit. All das, was wir mit unfehlbar identifizierenden und unterscheidenden Sinnen wahrnehmen, gibt es nicht mehr. Die Sonne, die wir sehen und sehenden Auges als solche identifizieren, es gibt sie nicht mehr. Sie ist, ausgedrückt in den Termini technici der Uhrzeit, gut elf Minuten alt. Das Wahrnehmen bedingungslos mit der Gegenwart korreliert zu wähnen, wie das von *Augustinus* bis *Husserl* wieder und wieder unterlief, gehört zu den traditionsreichsten Fehlern des Philosophierens über Zeit. Mindestens ebensosehr hat das Wahrnehmen Vergangenes zum Gegenstand; und das Erinnern ist, statt das einzige oder eigentliche Bewußtsein des Vergangenen, nur eine

besondere Form davon, die Form der Repräsentation von Wahrneh-
mungen und deren Derivaten. In der Konsequenz muß der ganze
Status des Es-ist als eine Vergangenheitsform des Es-gibt erkannt
werden. Dagegen scheint zwar die grammatische Tatsache zu sprechen, daß sich das Es-ist ins Präteritum und Futur überführen läßt,
aber der gewöhnliche Sprachgebrauch hat sich ohnehin nicht als der
loyalste Verbündete philosophischen Denkens bewährt. Am nächsten kommt er der Wahrheit in den vollendeten Zeitformen: Es ist
gewesen, es wird gewesen sein, es war gewesen.

134 *Luxurieren.* Eine Darstellungsweise gilt es noch herauszukehren. So wie das Werden sich wendet, folgt es einer bemerkenswerten
Tendenz. In seiner Wendung tendiert es dazu, über sich hinaus zu
gehen – hinaus über sich wie über seine Vorläufigkeit. Am sinnfälligsten tut es das als Anderswerden denn Werden. Was aber noch
schwerer wiegt, es folgt dieser Tendenz ohne alle Vermittlung durch
Negativität, ganz ohne die Dazwischenkunft von Negation. Einzig
deshalb, weil das Werden ein solches ausmacht, tendiert es über sich
hinaus, allein kraft positiver, hätte ich beinahe gesagt, kraft neutraler
Beschaffenheit. Und das heißt: Werden luxuriert. Das *Luxurieren*
besteht darin, einzig und allein vermöge neutraler Beschaffenheit
über sich hinaus zu weisen. Die luxurierende Beschaffenheit wiederum darf *Kraft* heißen, Kraft schlechthin und überhaupt. Jede
Kraft hat etwas Überschießendes an sich – nur deshalb avanciert sie
in der Folge zur Ursache von Wirkungen – erst recht wird sie das als
Lebenskraft und Macht an sich haben. Das Werden luxuriert, des
Werdens Beschaffenheit verbürgt Kraft schlechthin und überhaupt,
um diesen Punkt rankt sich seine Individualität. In der Individualität des Werdens findet die Zeit eine aparte, eine quasi genealogische
Darstellung. Wie in einem Abkömmling ihrer Nihilität, um nicht zu
sagen, wie in einem Kind ihrer Nihilität stellt sich die Zeit an des
Werdens Luxurieren dar. Begriffe, mit denen sich Zeit und zeitliche
Gegebenheitsweise eigentümlich charakterisieren ließen – der Begriff der Individuation, der Kreation und des Eintretens – stehen zu
dem des Luxurierens im Verhältnis naher Verwandtschaft.

135 *Eine urtümliche Dialektik* eröffnet das luxurierende Werden,
eine, die der theoriegeschichtlich wirklich vertrauten und nament-

lich durch *Hegel* zur Darstellung gebrachten Dialektik der Negativität zuvorkommt. Sie bietet sich anders als diese dar, anders auch als die topische und die hermeneutische Dialektik, und verdient doch den Namen der Dialektik. Zu dieser Konsequenz gelange ich jedenfalls ausgehend von einer gedanklichen Voraussetzung, deren Begründung einem anderen Text vorbehalten bleiben mag. Es gibt eine archaische Figur des Dialektischen. Das Dialektische, und zwar das des Gedachten wie des Gedankens, liegt urtümlich im Über-sich-hinaus. Daß etwas von sich aus über sich hinaus treibt, dies gibt die archaische Figur des Dialektischen her. Diese Figur beschreibt auch die Dialektik der Negativität. Aber sie beschreibt sie mit einer einschränkenden Besonderheit. Mit der Einschränkung nämlich, daß etwas nur deshalb über sich hinaus weist, weil es das Negative an sich hat, weil es auch nicht ist, was es doch ist. Ganz wie das Absolute, auf das *Hegel* bei seinen Erläuterungen zur Methode am Ende der *Wissenschaft der Logik* eingeht[190], und zwar das Absolute, das nicht nur scheinbar, sondern *an sich* ein solches ausmacht. Was schon an sich absolut ist, sei auch *erst* an sich absolut, erst der Anlage nach, und als ein bloß der Anlage nach Absolutes müsse es ebensogut *nicht* absolut sein. Es widerspricht sich, und sich widersprechend, treibt es von sich aus in eine andere Bestimmung. Die Selbstnegation als notwendige Vermittlung der elementaren dialektischen Figur charakterisiert im Kern die Dialektik der Negativität. Sie hat durchaus ihr einheimisches Reich, eine Sphäre, in der sie anzutreffen ist und ihr Bewußtsein Anspruch auf Gültigkeit hat. Es ist schlicht und einfach das Seiende. Unter dem Seienden vermittelt sich das Über-sich-hinaus notwendigerweise durch Negation. Dort hat die ganze Kategorienreihe, die *Hegel* unter dem Titel der Reflexionsbestimmungen in der großen Logik entwickelt – von der wesentlichen Identität und Unterschiedenheit über die Verschiedenheit und den Gegensatz bis zum Widerspruch – ihren spezifischen Gegenstand. Aber das ist eine wohl begrenzte Sphäre, jenseits derer es das Etwas gibt, das der Dialektik der Negativität zuvorkommt. Ihr zuvorkommt das Logos eines Werdens, das in Gestalt des Seienden bereits vergeht. Dieses Logos beschreibt ebenfalls die dialektische Figur des Über-sich-hinaus, jedoch in der Weise des Luxurierens. Statt unbedingt durch Selbstnegation vermittelt zu sein, geschieht es zuvor vielmehr derart, daß die Kraft gleichsam die Zügel schießt

– als die eigentümliche Kurve der per se überschüssigen Kraft. Gewisse Phänomene, Gestalten und Aspekte davon hat man in der Geschichte der Philosophie längst zu Ehren gebracht. Beispielsweise das Über-sich-hinaus-Schaffen der vollen Lebenskraft, das *Friedrich Nietzsche* seinen Zarathustra lehren läßt. Das Leben selbst hat es ihm als sein innerstes Geheimnis offenbart: Ich bin das, was sich immer selber überwinden muß.[191] Über sich hinaus zu schaffen ist des Leibes letzter Wille.[192] Die Dialektik der Negativität exekutiert den Mangel, in dem die für das Seiende typische Begrenztheit akut gerät. *Hegel* ist Protestant genug, um es noch mit einem pathetischen Unterton zu beteuern, wie wenig die per Selbstnegation über sich hinaus treibende Bewegung als eine Art von Überfluß verstanden werden will.[193] Sie gehorcht der Not, sie ist buchstäblich notwendig. Die Dialektik des Luxurierens hingegen vollstreckt die Kraft, und zusammen mit der Kraft vollstreckt sie anstelle der Armut einen Reichtum, anstelle des Mangels eine Fülle, ja die Überfülle, für die der von *Georges Bataille* systematisch gebrauchte und sinnfällige Ausdruck *Plethora*[194] zu stehen vermag. Diese und jene Dialektik bleiben sich alles andere als gleichgültig. Wie das Werden sich ins Seiende wendet, so neigt sich die Dialektik des Luxurierens zur Dialektik der Negativität. Die letztere findet sich dabei wesentlich als eine des Vergangenen positioniert. Ihr philosophisches Bewußtsein steht im Paradigma der Vergangenheit, auch und gerade dann, wenn es Zukunft, Werden, Evolution verhandelt. Seine Befangenheit im Vergangenen verrät nicht zuletzt die Arglosigkeit, mit der es die erklärtermaßen dogmatische Lehre von der Krone der Schöpfung hinnahm; die Schöpfung des Menschengeschlechts, dieses vergangene Werden, gilt seiner Entwicklungstheorie bis auf den Tag als Höchstes. Die Dialektik der Negativität begreift sich vorzugsweise in indirekten Schlüssen, in der Syllogistik. Der Gedanke, was etwas *ist*, ergänzt sich unausweichlich um eine Verneinung, mit der er sich wie mit einer zweiten Prämisse zum Syllogismus verschlingt. Das Begreifen der Dialektik des Luxurierens hebt dagegen mit direkten Schlüssen aus betont analytischen Gedanken an. Insoweit erscheint es weniger diffizil, und in gewissem Sinne hat es in der Tat etwas Archaisches an sich – archaisch wie eine unaufhaltsam aufsteigende Intuition, wie eine mit bedrückender Schubkraft zur begrifflich Artikulation drängende Eingebung.

[1] Diese Verwechslung gründet in der These, das Nichts sei die Negation als Sein. (Jean Paul Sartre, Das Sein und das Nichts, Reinbek, 1987, S. 70).

[2] Georg Wilhelm Friedrich Hegel, Wissenschaft der Logik. Erster Band, Gesammelte Werke, Bd. 11, Hamburg 1978, S. 45.

[3] Friedrich Wilhelm Joseph Schelling, Die Weltalter, Schellings sämtliche Werke, Bd. I/8, Stuttgart und Augsburg, 1861, S. 225.

[4] Martin Heidegger, Was ist Metaphysik?, Gesamtausgabe, Bd. 9, S. 108, 116/117.

[5] Ludger Lütkehaus, Nichts. Abschied vom Sein. Ende der Angst, Zürich 1999, S. 727 ff.

[6] »Die Differenz und die Wiederholung sind an die Stelle des Identischen und des Negativen, der Identität und des Widerspruchs getreten. Denn nur in dem Maße wie man die Differenz weiterhin dem Identischen unterordnet, impliziert sie das Negative und läßt sich bis zum Widerspruch treiben« (Gilles Deleuze, Differenz und Wiederholung, München 1992, S. 11).

[7] Martin Heidegger, ebd., S. 11.

[8] Georg Wilhelm Friedrich Hegel, Enzyklopädie der philosophischen Wissenschaften im Grundrisse (1830), Gesammelte Werke, Bd. 20, Hamburg 1992, S. 248.

[9] Alwin Diemer gebührt das Verdienst, die noch im späten 20. Jahrhundert sichtbare Mannigfaltigkeit der Dialektikkonzeptionen zu Ehren gebracht zu haben (Elementarkurs Philosophie. Dialektik, Düsseldorf – Wien 1976).

[10] Rüdiger Bubner, Dialektik als Topik, Frankfurt/M. 1990.

[11] Aristoteles, Topik 100 a 18–101 b 6.

[12] Hans-Georg Gadamer, Hermeneutik I. Wahrheit und Methode, Gesammelte Werke, Bd. 1, S. 169, 172.

[13] Ilja Prigogine, Vom Sein zum Werden, München – Zürich 1988, S. 257.

[14] Immanuel Kant, Prolegomena zu einer jeden künftigen Metaphysik, die als Wissenschaft wird auftreten können, Kants gesammelte Schriften, Bd. IV, Berlin 1911, S. 339–341.

[15] Edmund Husserl, Cartesianische Meditationen, Husserliana, Bd. 1, Haag 1963, S. 58.

[16] Ludwig Wittgenstein, Philosophische Untersuchungen, Werkausgabe, Bd. 1, Frankfurt/M. 1989, S. 295.

[17] Martin Heidegger, Die Grundbegriffe der Metaphysik, Gesamtausgabe, Bd. 29/30, S. 57–59.

[18] Hans Blumenberg hat die Formel »Überführung von Selbstverständlichkeiten in Verständlichkeiten« zur Definition der Phänomenologie erklärt (Zu den Sachen und zurück, Frankfurt/M. 2002, S. 304; Lebenszeit und Weltzeit, a.a.O. 1986, S. 41). Gegen die sympathische Formel sei eines vorsorglich versichert: Das Unselbstverständliche und Unselbstverständlichmachen ist nicht bloß eine verschwindende Vermittlung zwischen Selbstverständlichkeit und Verständlichkeit. Positiv gesprochen, angesichts des Selbstverständlichen ist Verständlichkeit nur als eine unselbstverständliche zu haben, als eine, die vom Standpunkt des Selbstverständlichen krud, abwegig, verrückt anmutet.

[19] Georg Wilhelm Friedrich Hegel, Wissenschaft der Logik. Erster Band, a. a. O., S. 265–283.

[20] Martin Heidegger, Die Negativität, Gesamtausgabe, Bd. 68, S. 43 f.

[21] Diese terminologische Argumentation hat Heidegger, wenn ich richtig sehe, niemals selbst publiziert, dafür aber in nachgelassenen Texten wiederholt durchgespielt bzw. anklingen lassen. So auch in: Die Überwindung der Metaphysik (Gesamtausgabe, Bd. 67, S. 73–80).

[22] Gilles Deleuze, Differenz und Wiederholung, München 1992, S. 12, 49–58.

[23] Jacques Derrida, Die différance, in: Randgänge der Philosophie, Wien 1999, S. 31–56.

[24] Ebd., S. 34.

[25] SV 28B 6, 1.

[26] Siehe dazu die Deutung des klassischen Satzes, die Peter Ruben gegeben hat (Das Dialektikproblem zwischen Vernunft und Natur, in: Hartwig Schmidt (Hg.), Figuren der Dialektik, Berlin 2004, S. 9–12).

[27] Augustinus, Der Gottesstaat, XI 26. Vgl. dazu: Kurt Flasch, Augustinus. Einführung in sein Denken, Stuttgart 1994, S. 59 ff.

[28] »Das Sein (esse) solcher Dinge ist Perzipiertwerden (percipi)« (George Berkeley, Eine Untersuchung der Prinzipien der menschlichen Erkenntnis, § 3).

[29] Gottlob Frege, Funktion – Begriff – Bedeutung, Göttingen 1994, S. 67–78.

[30] Bertrand Russell, Die Philosophie des logischen Atomismus, München 1976, S. 78–92.

[31] Ludwig Wittgenstein, Philosophische Grammatik, Werkausgabe, Bd. 4, S. 53.

[32] In jüngerer Zeit hat man dieses Ausdifferenzieren mit Elan weitergetrieben. Rafael Hüntelmann fand drei Formen, die der Prädikation, der Identität und der Existenz (Existenz und Modalität, Frankfurt/M. – München – Miami – New York 2002, S. 28–33). Jan Szaif macht darüber hinaus allein an der existentiellen Form drei Unterformen aus (Der Sinn von ›sein‹, Freiburg und München 2003, S. 32–36). Angesichts der ausgewiesenen Befunde drängt sich allerdings die Frage auf, ob das Auflisten von Gebrauchsformen in wachsender Zahl die Entität als solche wirklich begreiflicher macht.

[33] Willard Van Orman Quine, Theorien und Dinge, Frankfurt/M. 1985, S. 130.

[34] Zum Beispiel Martin Heidegger mit der These: »Zu jedem Seienden gehört die Identität« (Identität und Differenz, Stuttgart 1996, S. 1).

[35] Donald Davidson, Handlung und Ereignis, Frankfurt/M. 1985, S. 234.

[36] Ludwig Wittgenstein, ebd.

[37] Christoph Sigwart, Logik. Erster Band, Freiburg i. B. 1889, S. 152.

[38] John R. Searle, Sprechakte, Frankfurt/M. 1990, S. 220–224.

[39] Gottlob Frege, Die Verneinung, in: Logische Untersuchungen, Göttingen 1993, S. 68.

[40] John Dewey, Logik, Frankfurt/M. 2002, S. 222.

[41] Ludwig Wittgenstein, ebd., S. 58.

[42] Ebd., S. 71.

[43] Theodor W. Adorno, Negative Dialektik, Frankfurt/M. 1988, S. 9.

[44] Platon, Soph. 257 b, c.

[45] Edmund Husserl, Logische Untersuchungen. Zweiter Band, erster Teil, Husserliana, Bd. XIX/1, S. 343.

[46] Vgl. z. B.: Willard Van Orman

Quine, Grundzüge der Logik, Frank-
furt/M. 1998, S. 25.

[47] Während Autoren wie Quine das
Negieren generell an Wahrheitsbewertung binden, sehen Kritiker wie Johannes Dölling der Wahrheitsbewertung
unterworfen nur eine besondere Form
der Negation, die propositionale, von
der sich eine andere Form der Negation, die positionale, gerade in dieser
Hinsicht unterscheide (Natürlich-
sprachliche Negation und logische
Negationsoperatoren, in: Linguistische
Studien, Reihe A, Nr. 182, Berlin 1988,
S. 3, 91).

[48] In der umfänglichen sprachwis-
senschaftlichen Studie zur Negation im
Deutschen von Wilfried Kürschner
beispielsweise wird die Vorsilbe *un-*
generell als »morphosyntaktisches
Negationszeichen« eingestuft (Studien
zur Negation im Deutschen, Tübingen
1983, S. 8).

[49] Max Stirner, Der einzige und sein
Eigentum, Stuttgart 1981, S. 194.

[50] Immanuel Kant, Kritik der reinen
Vernunft, Kants gesammelte Schriften,
Bd. III, Berlin 1911, S. 282.

[51] Ludwig Wittgenstein und der
Wiener Kreis. Aufgezeichnet von
Friedrich Waismann, Werkausgabe, Bd.
3, Frankfurt/M. 1989, S. 127.

[52] Vgl. z. B.: Paul Hoyningen-Huene,
Formale Logik, Stuttgart 1998, S. 144.

[53] Ludwig Wittgenstein, Tractatus
logico-philosophicus, Werkausgabe,
Bd. 1, Frankfurt/M. 1989, S. 47.

[54] Immanuel Kant, ebd., S. 308f,
362–368.

[55] G.W.F. Hegel, Phänomenologie
des Geistes, Gesammelte Werke, Bd. 9,
Hamburg 1980, S. 340.

[56] Karl Marx, Das Kapital, Erster
Band, MEW, Bd. 23, S. 180.

[57] Aristoteles, Met. Γ 6, 1011 b 13 f.

[58] Immanuel Kant, ebd., S. 141.

[59] Christoph Sigwart, ebd., S. 187.

[60] Alfred Tarski, Einführung in die
mathematische Logik, Göttingen 1977,
S. 144.

[61] Jan Lukasiewicz, Über den Satz
vom Widerspruch bei Aristoteles,
Hildesheim-Zürich-New York 1993,
S. 186.

[62] Damit wird der Satz vom Wider-
spruch womöglich zurückgeführt auf
eine urtümliche Intention, die Theodor
W. Adorno folgendermaßen beschreibt:
»Der Satz vom Widerspruch ist eine
Art Tabu, verhängt übers Diffuse« (Zur
Metakritik der Erkenntnistheorie,
Frankfurt/M. 1972, S. 86).

[63] Karl R. Popper, Was ist Dialektik?,
in: Ernst Topitsch (Hg.), Logik der
Sozialwissenschaften, Köln – Berlin
1965, S. 267.

[64] Ludwig Wittgenstein und der
Wiener Kreis. Gespräche, aufgezeich-
net von Friedrich Waismann, a. a. O.,
S. 139.

[65] Georg Wilhelm Friedrich Hegel,
Dissertatio philosophica de orbitis
planetarium, übers., eingl. u. komm. v.
W. Neuser, Weinheim 1986, S. 75.

[66] Seneca, Epist. 58, 15.

[67] Vgl.: Karlheinz Hülser (Hg.): Die
Fragmente zur Dialektik der Stoiker,
Bd. 2, Stuttgart – Bad Cannstatt 1987,
S. 846 ff.

[68] Martin Heidegger, Zeit und Sein,
Zur Sache des Denkens, Tübingen 1988,
S. 3–5. Es versteht sich, daß in Heideggers Texten auch gegenteilige Aussagen
vorkommen (vgl. u. a.: Die Überwindung der Metaphysik, Gesamtausgabe,
Bd. 67, S. 76).

[69] Ebd.

[70] Wolfgang Fritz Haug, Bestimmte
Negation, Frankfurt/M. 1973, S. 72 f.

[71] Georg Wilhelm Friedrich Hegel,

Wissenschaft der Logik. Erster Band, a. a. O., S. 49.

72 Theodor W. Adorno, Negative Dialektik, Ffm 1988, S. 20.

73 Alfred North Whitehead, Bertrand Russell, Principia Mathematica. Einleitung, Kapt. II Abschnitt I.

74 Heinrich Rickert, Das Eine, die Einheit und die Eins, Tübingen 1924, S. 20 f; Grundprobleme der Philosophie, Tübingen 1934, S. 46.

75 Georg Wilhelm Friedrich Hegel, ebd., S.61).

76 Gilles Deleuze, Differenz und Wiederholung, München 1992, S. 12.

77 Martin Heidegger, Die Negativität, Gesamtausgabe, Bd. 68, S. 13.

78 Sigmund Freud, Neue Folge der Vorlesungen zur Einführung in die Psychoanalyse, Gesammelte Werke, Bd. 15, S. 80.

79 Ders., Das Unbewußte, Gesammelte Werke, Bd 10, S. 285.

80 Werner Flach, Negation und Andersheit, München – Basel 1959, S. 38.

81 Willard Van Orman Quine, Was es gibt, in: Von einem logischen Standpunkt, Frankfurt/M. – Berlin – Wien 1979.

82 Ernst Tugendhat, Ursula Wolf, Logisch-semantische Propädeutik, Stuttgart 1993, S. 195.

83 Gianni Vattimo, Dialektik, Differenz, schwaches Denken, in: Hans-Martin Schönherr-Mann (Hg.), Ethik des Denkens, München 2000, S. 86.

84 Emmanuel Lévinas: Vom Sein zum Seienden, Freiburg – München 1997, S. 69. Auf das dort ausgeführte Verständnis für das Es-gibt verweist Levinas noch in: Jenseits des Seins oder anders als Sein geschieht (Freiburg-München 1992, S. 24).

85 Martin Heidegger, Zeit und Sein, Zur Sache des Denkens, Tübingen 1988, S. 10.

86 Ders., Zur Seinsfrage, Gesamtausgabe, Bd. 9, S. 419.

87 SV 28B 6, 1-2.

88 Syncategoremata Magistri Guilelmi de Shyreswode, hg. v. J. Reginald O'Donnel, Mediaeval Studies III (1941), S. 58.

89 William of Sherwood‹s Treatise on Syncategorematic Words, hg. v. Norman Kretzmann, Minneapolis 1968, VIII 2.

90 Nikolaus von Kues, Das Nicht-Andere, Philosophisch-theologische Schriften, Bd. 2, Wien 1966, S. 471.

91 Augustinus, De civ. Dei 11, 9.

92 Boethius, Consolatio philosophiae IV 3. p. 67–70.

93 Eckhart, In Gen. II, 92.

94 Einen ähnlichen Zusammenhang hat Ernst Tugendhat einmal hergestellt (Das Sein und das Nichts, in: Philosophische Aufsätze, Frankfurt/M. 1992, S. 49).

95 Immanuel Kant, Kritik der reinen Vernunft, a. a. O., S. 233.

96 Georg Wilhelm Friedrich Hegel, Wissenschaft der Logik. Erster Band, a. a. O., S. 44.

97 Von einem »Schein des Etwas« spricht Rudolph Berlinger beim Nichts sicherlich zu Recht (Das Nichts und der Tod, Dettelbach 1996, S. 56). Und das ungute Gefühl, einem Schein aufzusitzen, spricht aus der mit einer Apostrophierung operierenden Ankündigung, zeigen zu wollen, »wie es Nichts ›gibt‹« (Ute Guzzoni, Nichts. Bilder und Beispiele, Düsseldorf 1999).

98 Martin Heidegger, Was ist Metaphysik, a. a. O., S. 108.

99 Ders., Die Negativität, a. a. O., S. 24.

100 Jacques Derrida, Falschgeld. Zeit geben I, München 1993, S. 33.

101 Proklos, Kommentar zu Platons Parmenides 141 E–142 A, K 46.

102 »o ist die Anzahl, welche dem Begriffe ›sich selbst ungleich‹ zukommt« Und zwar deshalb, weil unter den Begriff »sich selbst ungleich« nichts falle. Anstelle dieses Begriffs könne jeder andere Begriff, unter den nichts fällt, eingesetzt werden. Unverzichtbar ist nur, die Null als jene Anzahl zu verstehen, die einem Begriff zukommt, unter den nichts fällt (Gottlob Frege, Die Grundlagen der Arithmetik, § 74).

103 Ludwig Feuerbach, Zur Kritik der Hegelschen Philosophie, Gesammelte Werke, Bd. 9, Berlin 1982, S. 55.

104 Karen Gloy, Die paradoxe Verfassung des Nichts, in: Kantstudien 74, S. 741.

105 Ludwig Feuerbach, ebd.

106 Ernst Tugendhat, Das Sein und das Nichts, a. a. O., S. 48.

107 Vgl. u. a.: Horst Wessel, Logik, Berlin 1998, S. 36, 41; Helmut Seifert, Einführung in die Logik, München 1973, S. 149.

108 Aristoteles, Met. X, t, 1057 a 33 f.

109 Johannes Duns Scotus, Lectura zum ersten Buch der Sentenzen, Dritte Distinktion 103, Achte Distinktion 107–110.

110 Immanuel Kant, Kritik der reinen Vernunft, a. a. O., S. 43.

111 Vgl. dazu u. a.: R. M. Sainsbury, Paradoxien, Stuttgart 1993; Paul Watzlawick, Janet H. Breavin, Don D. Jackson, Menschliche Kommunikation. Formen – Störungen – Paradoxien, Bern und Stuttgart 1969, 172–174.

112 Vgl. dazu u. a.: Gilles Deleuze, Logik des Sinns, Frankfurt/M. 1993, S 101; Josef Simon, Das philosophische Paradoxon, in: Paul Geyer, Roland Hagenbüchler (Hg.), Das Paradox,

Tübingen 1992, S. 46 f; Kalina Michailowna Schteschegolkowa, Paradoxien in deduktiven Systemen, in: Horst Wessel (Hg.), Quantoren – Modalitäten – Paradoxien, Berlin 1972, S. 246–248.

113 Gilles Deleuze, ebd.

114 Hermann Cohen, Logik der reinen Erkenntnis, Berlin 1902, S. 87 ff.

115 Edmund Husserl, Cartesianische Meditationen, a. a. O., S. 59.

116 Genau in diesem Sinne scheint mir die philosophisch bedeutsame Epoché insgesamt jenen Charakter einer habituellen Einstellung zu tragen, den Husserl an der transzendentalen herausstrich (Edmund Husserl, Die Krisis der europäischen Wissenschaften und die transzendentale Phänomenologie, Husserliana, Band VI, Haag 1976, S. 153/54).

117 Paul Virilio, Der negative Horizont, Frankfurt/M. 1996, S.11–17.

118 Petrus Abaelardus, Theologia summi boni II 1 129–141.

119 Gisleberti Pictavensis Episcopi Expositio in Boecii librum primum de trinitate V 54 f, 66 f.

120 Thomas Aqu., Summa contra gentiles II 93.

121 Friedrich Nietzsche, Die Geburt der Tragödie, Kritische Gesamtausgabe, Bd. III-1, S. 36.

122 Peter Frederick Strawson, Einzelding und logisches Subjekt (Individuals), Stuttgart 1972, S. 31.

123 Willard Van Orman Quine, Theorien und Dinge, Frankfurt/M. 1985, S. 128.

124 Donald Davidson, Handlung und Ereignis, Frankfurt/M. 1990, Kap. 8, s. bes. S. 253-258.

125 Vgl. u. a: Thomas Hobbes, Vom Körper 11, 7.

126 John Langshaw Austin, Performative und konstatierende Äußerung, in:

Rüdiger Bubner (Hg.), Sprache und Analysis, Göttingen 1968, S. 140, 142.

[127] Was Hegel selbst schon näherungsweise ausgedrückt hat, indem er diese Methode die Identität von theoretischer und praktischer Idee vollstrekken sah (Wissenschaft der Logik. Zweiter Band, Gesammelte Werke, Bd. 12, S. 236 ff).

[128] Hans-Georg Gadamer, Hermeneutik I. Wahrheit und Methode, a. a. O., S. 169, 172.

[129] Gilles Deleuze, Logik des Sinns, Frankfurt/M. 1996, S. 101 ff.

[130] Sören Kierkegaard, Die Krankheit zum Tode, in: Gesammelte Werke, Bd. 8, Jena 1911, S. 10.

[131] Eduard von Hartmann, Philosophie des Unbewußten, Berlin 1873, S. 784.

[132] Ernst Bloch, Experimentum mundi, Gesamtausgabe, Bd. 15, Frankfurt/M. 1975, S. 71–73.

[133] Donald Davidson, Wahrheit und Interpretation, Frankfurt/M. 1990, S. 161.

[134] Gottfried Wilhelm Leibniz, Monadologie 13.

[135] Michel Foucault, Überwachen und Strafen, Frankfurt/M. 1976, S. 216.

[136] Ulrich Beck, Die Risikogesellschaft, 5. Kap., Frankfurt/M. 1986, S. 205–219.

[137] Gottfried Wilhelm Leibniz, Theoria motus abstracti, Sämtliche Schriften und Briefe, Reihe VI, Bd. 2, S. 268.

[138] Martin Heidegger, Der Satz vom Grund, Gesamtausgabe, Bd. 10, S. 6.

[139] Friedrich Nietzsche, Die Geburt der Tragödie, a. a. O., S. 36.

[140] Aristoteles, Topik 100 a 18–101 b 6.

[141] Charles Sanders Peirce, Vorlesungen über Pragmatismus, Hamburg 1991, S. 115, 128/29.

[142] Ernst Troeltsch, Der Historismus und seine Probleme, Gesammelte Werke, Bd. 3, Aalen 1977, S. 48/49.

[143] Jean-Paul Sartre, Kritik der dialektischen Vernunft, Reinbek 1980, S. 72.

[144] Wie das u. a. Ernst von Glasersfeld behauptet (Radikaler Konstruktivismus, Frankfurt/M. 1996, S. 148–150).

[145] Wie das etwa Albert Einstein angenommen hat (Grundzüge der Relativitätstheorie, Berlin Heidelberg 2002, S. 5).

[146] Immanuel Kant, Kritik der reinen Vernunft, a. a. O., S. 51–64.

[147] »Der Mensch denkt nicht – er spricht nur« (Boris Groys, Unter Verdacht, München u. Wien 2000, S. 67).

[148] Martin Heidegger, Sein und Zeit, Gesamtausgabe, Bd. 2, S. 561.

[149] Aristoteles, Phys. Δ 11, 219b 2–3.

[150] Plotin, Enn. III 7, 8, 1–4.

[151] Bernard Bolzano, Paradoxien der Unendlichkeit, Hamburg 1975, S. 76.

[152] Vgl. dazu: Norbert Elias, Über die Zeit, Kap. 6, 13, Frankfurt/M. 1987.

[153] Vgl. dazu so instruktive Darstellungen wie die nachstehend aufgeführten: Fintan Kindler, Die Uhren. Ein Abriß der Geschichte der Zeitmessung, Leipzig 1905; Rudi Koch (Hg.), Uhren und Zeitmessung, Leipzig 1987; Rudolf Wendorff, Tag und Woche, Monat und Jahr. Eine Kulturgeschichte des Kalenders, Opladen 1993; Gerhard Dohrn-van Rossum, Die Geschichte der Stunde, Stuttgart 1995; Wolfgang Trapp, Keines Handbuch der Maße, Zahlen, Gewichte und der Zeitrechnung, Stuttgart 1998.

[154] Albert Einstein, Gründzüge der Relativitätstheorie, Berlin und Heidelberg 2002, S. 5.

[155] Stephen W. Hawking, Eine kurze Geschichte der Zeit, Reinbek bei Hamburg 1988.

156 »Die absolute, wirkliche und mathematische Zeit fließt in sich und in ihrer Natur gleichförmig, ohne Beziehung zu irgend etwas außerhalb ihrer Liegendem, und man nennt sie mit einer anderen Bezeichnung ›Dauer‹. Die relative Zeit, die unmittelbar sinnlich wahrnehmbare und landläufig so genannte, ist ein beliebiges sinnlich wahrnehmbares und äußerliches Maß der Dauer, aus der Bewegung gewonnen (sei es ein genaues oder ungleichmäßiges), welches man gemeinhin anstelle der wahren Zeit benützt, wie Stunde, Tag, Monat, Jahr.« (Isaac Newton, Mathematische Grundlagen der Naturphilosophie, Hamburg 1988, S. 44).

157 Hermann Schmitz, System der Philosophie, Erster Band, Bonn 1964, S. 358/59.

158 Ilya Prigogine, Vom Sein zum Werden, München – Zürich 1988, bes. S. 225 ff.

159 Ebd., S. 257.

160 Reichenbach unternahm den Versuch, die Zeitlichkeit, die er vorzugsweise als Zeitordnung des Früheren und des Späteren verhandelt, auf die sogenannte Kausalkettenordnung zurückzuführen. Er unternahm das in der erklärten Absicht, gerade dadurch der Beschreibung von Zeitlichkeit in Zeitbegriffen zu entgehen. Zu welchem Zweck er ein Verfahren entwickelte, wie sich die Ursache von der Wirkung scheiden lasse, ohne bereits irgendwelche Zeitbestimmungen in Anspruch zu nehmen. Seine Theorie weist erhebliche Defizite auf – wie soll zum Beispiel das Künftige als das Spätere vom Gegenwärtigen als dem Früheren vom Standpunkt der Kausalität geschieden werden können, ohne eine fatale Prädetermination der künftigen Ereignisse durch die gegenwärtigen in Kauf nehmen zu müssen – unverkennbar aber ist der Wille, der Zeit auf den Grund zu gehen und alle Beschreibungen der Zeitlichkeit in Begriffen, die selber schon die Zeit gedanklich voraussetzen, zu meiden (vgl.: Hans Reichenbach, Philosophie der Raum-Zeit-Lehre, Gesammelte Werke, Bd. 2, Braunschweig-Wiesbaden 1977, S. 161–164). Das Denken der Zeit im Paradigma der Kausalität findet übrigens bis auf den Tag Zuspruch. Joachim Schröder z. B. schreibt: »Kausalität manifestiert sich direkt als Zeit und indirekt durch Gleichzeitigkeit als Raum« (Zur Axiomatik der Raum-Zeit-Theorie, in: Jürgen Andretsch u. Klaus Mainzer (Hg.), Philosophie und Physik der Raum-Zeit, Mannheim-Wien-Zürich 1994, S. 139).

161 Brian Greene, Das elegante Universum, Berlin 2000, S. 436 f.

162 Ebd., S. 54.

163 Albert Einstein, Grundzüge der Relativitätstheorie, Berlin und Heidelberg 2002, S. 33.

164 Ebd., S. 31.

165 Ebd., S. 33.

166 Zugleich treibt es die Physik oft genug und auf ureigensten Wegen zu Konsequenzen, die rückwirkend die grassierende Gleichsetzung von Zeit mit Uhrzeit untergraben. So gelangt die allgemeine Relativitätstheorie zu dem Schluß, »daß die physikalische Zeitdefinition direkt mit Hilfe von Uhren durchaus nicht jenen Grad der Evidenz hat wie in der speziellen Relativitätstheorie« (Albert Einstein, Über die spezielle und die allgemeine Relativitätstheorie, Berlin und Heidelberg 2001, S. 65).

167 Augustinus, Conf. XI, 33–37.

168 Erwin Tegtmeier, Zeit und Existenz, Tübingen 1997, S. 19.

[169] Paul Ricoeur, Zeit und Erzählung, Bd. I, München 1988, S. 15 ff.

[170] Gilles Deleuze, Differenz und Wiederholung, München 1992, S. 113.

[171] Hermann Lübbe, Schrumpft die Zeit?, in: Kurt Weiß (Hg.), Was ist die Zeit?, München 1995, S. 53 f.

[172] Augustinus, Conf. XI 19, 20.

[173] Alfred North Whitehead, Prozeß und Realität, Frankfurt/M. 1987, S. 237.

[174] Zur Unterscheidung von *in infinitum* und *in indefinitum* vgl.: Immanuel Kant, Kritik der reinen Vernunft, a. a. O., S. 350 f.

[175] G. W. F. Hegel, Enzyklopädie der philosophischen Wissenschaften im Grundrisse (1830) § 258, a. a. O., S. 247 f.

[176] Novalis, Schriften, Zweiter Theil, hg. v. Ludwig Tieck u. Friedrich Schlegel, Berlin 1837, S. 151.

[177] Martin Heidegger, Zeit und Sein, a. a. O., S. 24.

[178] Edmund Husserl, Zur Phänomenologie des inneren Zeitbewußtseins, Husserliana, Bd. X, Haag 1966, S. 64.

[179] Ebd., S. 73–75.

[180] Henri Bergson, Zeit und Freiheit, Jena 1920, S. 79.

[181] G. W. F. Hegel, Enzyklopädie der philosophischen Wissenschaften im Grundrisse (1830) § 258, a. a. O., S. 247.

[182] Immanuel Kant, Kritik der reinen Vernunft, a. a. O., S. 49.

[183] Henri Bergson, Schöpferische Entwicklung, Jena 1921, S. 11.

[184] Henri Bergson, Zeit und Freiheit, Jena 1920, S. 68, 70.

[185] Martin Heidegger, Die Grundprobleme der Phänomenologie, Gesamtausgabe, Bd. 24, S. 375, 385.

[186] Ders., Sein und Zeit, a. a. O., S. 555–564.

[187] Ders., Die Grundprobleme der Phänomenologie, a. a. O., S. 377.

[188] Ders., Sein und Zeit, a. a. O., S. 563/64.

[189] Ders., Beiträge zur Philosophie.(Vom Ereignis), Gesamtausgabe, Bd. 65, S. 372.

[190] Georg Wilhelm Friedrich Hegel, Wissenschaft der Logik. Zweiter Band, a. a. O., S. 241.

[191] Friedrich Nietzsche, Also sprach Zarathustra, Kritische Gesamtausgabe, VI-1, S. 144.

[192] Ebd., S. 36.

[193] Georg Wilhelm Friedrich Hegel, ebd.

[194] Ohnehin eine Metapher, muß *Plethora* nicht allein in dem anthropologischen Sinne verwandt werden, den *Georges Bataille* (Die Erotik, München 1992) dem Wort gab.

PERSONENREGISTER

Kursive Seitenangaben verweisen auf den Anmerkungsteil.

Abaelard, P. 107

Adorno, Th. W. 32, 44, 56, *228*

Aristoteles 9, 11, 41, 44, 137, 147

Augustinus 23, 75, 164, 165 ff., 170, 207, 222, *229*

Austin, J. L. 121

Bataille, G. *225*

Beck, U. *129*

Bergson, H. 182, 193, 204

Berkeley, G. *227*

Berlinger, R. *229*

Bloch, E. 124, 125

Blumenberg, H. *226*

Boethius *229*

Bolzano, B. 11, 147

Bubner, R. 9

Cicero 106

Cohen, H. *93*

Cusanus 71

Davidson, D. 25, 110, 126

Deleuze, G. 8, 20, 60, 91, 122, 170, *230*

Demokrit 107

Derrida, J. 20, 52, 80, 178

Descartes, R. 10, 23

Dewey, J. *31*

Diemer, A. *226*

Dölling, J. *228*

Duns Scotus, J. 86

Eckhart 73

Einstein, A. 155, 160, 162 f., 200, *231*

Elias, N. *231*

Feuerbach, L. 83

Flach, W. 62

Flasch, K. *227*

Foucault, M. *129*

Frege, G. 24, 31, *31*, 83, *93*

Freud, S. 61

Gadamer, H.-G. 9, 121

Gilbert de la Porrée 108

Glasersfeld, E. v. *231*

Gloy, K. *83*

Greene, B. 159, 163

Groys, B. *231*

Guzzoni, U. *229*

Hartmann, E. v. 124

Haug, W. F. *228*

Hawking, St. W. 156, 163

Hegel, G. W. F. 7, 8, 9, 12, 17, 40, 43 f., 47, 48, 56, 59, 74, 83, 121, 178 ff., 184, 224, 225

Heidegger, M. 7, 12, 18, 61, 65, 73, 78, 122, 147, 164, 180, 212 ff., *227*, *228*, *231*

Hobbes, Th. *230*

Hoyningen-Huene, P. *228*

Hüntelmann, R. *227*

Husserl, E. 12, 32, 95, 181 ff., 222

Huygens, Chr. 151

Kant, I. 11, 39, 40, 41, 44, 73, 86, 144, 184, *233*

Kierkegaard, S. 124

Kürschner, W. *228*

Leibniz, G. W. 127 f., *231*

Lévinas, E. 64

Lübbe, H. 170

Lukasiewicz, J. 42

Lütkehaus, L. *226*

Marx, K. 40

Newton, I. 158, 163

Nietzsche, F. 109, 135, 225

Novalis 180

Parmenides 23, 46, 67, 69 f., 75

Paz, O. 8

Peirce, Ch. S. 137

Platon 32

Plotin 11, 147

Plutarch 48

Popper, K. R. 43

Prigogine, I. 11, 158, 161, 163

Proklos *230*

Quine, W. V. O. 25, 63, 110, *228*

Reichenbach, H. 159

Rickert, H. 58

Ricœur, P. 165

Ruben, P. *227*

Russell, B. 24, 57

Sainsbury, R. M. *230*

Sartre, J. P. 7, 137

Schelling, F. W. J. 7

Schleiermacher, F. D. 9

Schmitz, H. 158

Schröder, J. *232*

Schteschegolkowa, K. M. *230*

Searle, J. R. 28

Seifert, H. *230*

Seneca 48

Sextus Empirikus 48

Sigwart, Ch. 28, 41

Simon, J. *230*

Stirner, M. *228*

Strawson, P. F. 110

Szaif, J. *227*

Tarski, A. 41

Tegtmeier, E. *232*

Thomas v. Aquin 12, 108

Troeltsch, E. 137

Tugendhat, E. 63, 76, 83, *229*

Vattimo, G. 63

Virilio, P. 98

Watzlawick, P. *230*

Wessel, H. *230*

Whitehead, A. N. 57, 173

Wilhelm von Shyreswood 70, 75

Wittgenstein, L. 12, 24, 27, 31, 43, *228*

www.ingramcontent.com/pod-product-compliance
Lightning Source LLC
LaVergne TN
LVHW040006200726
843493LV00005B/1148